三峡库区城市体育设施适应性规划研究——理论与方法

Study on the Adaptability Planning of Urban Sports Facilities in the Three Gorges Reservoir Area —— Theory and Method

李长东　著

重庆大学出版社

内容提要

体育设施是人类进行体育锻炼、提高运动水平、保持身体健康的场所,也是城市举办体育赛事、增加运动交流、提升城市知名度和影响力的公共设施,具有"全球化"与"本土化"并存的二元结构特征。三峡库区是我国典型的山地城市区域,地形条件复杂、生态环境脆弱、历史文化独特,经历了大规模移民搬迁后,城镇空间发展出现了时空压缩和错位的特征,区域范围内城镇化程度和城镇规模出现差异,城市发展因人地矛盾问题而呈现高密度发展趋势。在此地域城镇空间条件下,体育设施的规划发展也呈现出独特的空间结构和模式特征。

本书可供城乡规划,风景园林,乡村振兴,城市更新,体育设施,公共服务设施等领域的教学和科研人员参考。

图书在版编目(CIP)数据

三峡库区城市体育设施适应性规划研究：理论与方

法／李长东著. -- 重庆：重庆大学出版社,2024.6.

ISBN 978-7-5689-4461-8

Ⅰ. G818.3

中国国家版本馆 CIP 数据核字第 2024ZU6045 号

三峡库区城市体育设施适应性规划研究——理论与方法

SANXIA KUQU CHENGSHI TIYU SHESHI SHIYINGXING GUIHUA YANJIU——LILUN YU FANGFA

李长东 著

策划编辑:范春青

责任编辑:张红梅　版式设计:范春青

责任校对:王　倩　责任印制:赵　晟

*

重庆大学出版社出版发行

出版人:陈晓阳

社址:重庆市沙坪坝区大学城西路 21 号

邮编:401331

电话:(023)88617190　88617185(中小学)

传真:(023)88617186　88617166

网址:http://www.cqup.com.cn

邮箱:fxk@ cqup.com.cn(营销中心)

全国新华书店经销

重庆升光电力印务有限公司印刷

*

开本:720mm×1020mm　1/16　印张:21.5　字数:308 千

2024 年 6 月第 1 版　2024 年 6 月第 1 次印刷

ISBN 978-7-5689-4461-8　定价:98.00 元

本书如有印刷、装订等质量问题,本社负责调换

版权所有,请勿擅自翻印和用本书

制作各类出版物及配套用书,违者必究

前　言

　　体育设施是人类进行体育锻炼、提高运动水平、保持身体健康的必要设施，也是城市举办体育赛事、加强运动交流、提升城市知名度和影响力的公共设施，而体育活动则是全人类共同倡导的健身方式，具有"国际化"与"地方化"并存的二元结构特征。三峡库区是我国典型的山地区域，地形条件复杂、生态环境脆弱、历史文化独特，在经历了大规模移民搬迁后，三峡库区城镇空间建设表现出了时空压缩性和特殊城镇化发展特征，区域城镇建设表现出特殊性和地区差异性，城镇发展因人地矛盾问题呈现出高密度化。在此地域空间条件下，体育设施的规划建设也呈现出独特的空间结构形式和山地模式特征。

　　适应性是生物在自然环境中为谋求生存与发展，顺应环境而自发产生变化的基本生物现象。随着科学和技术的不断发展，适应性理念逐渐被应用到山地城乡规划理论与实践中。基于体育设施在社会需求与城市发展中的重要作用，以及三峡库区移民迁建发展的特殊形式，本书在三峡库区城镇化发展的时空背景下，以城市规划空间布局合理性和山地城乡建设适应性的理论和方法为基础，提出三峡库区体育设施建设适应库区社会体育需求的基本适应性框架；以"区域"和"城市"两个体育设施建设维度，提出具有山地"流动空间"特点的社会体育"点—线—面"空间需求。本书旨在运用文献整理、田野调查、量化分析、多尺度规划等综合研究方法，以移民城市居民生活现实问题和体育设施发展学术目标为导向，通过城乡规划理论、社会空间发展理论、区域发展理论、人居环境科学理论、山地城市规划理论的吸纳和综合研究，探索"现状问题—理论认识—量化评价—区域空间体系对接—城市空间模式优化"的综合认识与研究路径，形成对三峡库区体育设施适应性规划的理论与方法研究。

　　本书第 1 章为绪论，主要介绍研究背景、研究对象与范围、研究意义、研究方法与路线等内容,为后续研究做准备。

第 2、3 章试图构建以体育设施建设适应社会体育需求为目标的三峡库区体育设施适应性规划理论框架。笔者通过研究认识到,库区体育设施发展现状与库区社会体育需求的适应需要提升。库区体育设施人均规模小、体育设施类型少、体育设施供给结构差异大、体育设施空间布局不均、规划落实有出入,是导致不适应的主要原因。构建体育设施建设对社会体育需求在设施类型、流动圈层与地域特色 3 个方面的适应性规划认识尤其重要。希望本书提出的三峡库区城市适应性规划理论与实践方法,对三峡库区社会体育适应性发展目标的有效规划有帮助。

第 4 章试图通过调查研究,构建三峡库区体育设施适应性规划评价认识。通过对设施多样性类型、均等化布局和特色化空间三要素适应性的评价,笔者分 4 个发展阶段总结库区体育设施适应性量化评价数据,以便分析三峡库区区域整体发展阶段结构,并针对不同阶段的库区城市探讨具体适应性规划方法。结果显示,三峡库区中、小城市体育设施处于适应性起步阶段,云阳县目前是唯一处于适应性持续发展阶段的城区,三峡库区中心城市和重庆主城区处于适应性转型发展阶段。

第 5 章提出适应性规划量化评价三峡库区区域体育设施适应性规划的认识。以山地人居环境理论和区域发展理论为区域适应性规划研究的理论基础,在区域层面提出库区体育设施的适应性规划方法,以空间体系对接为导向,以库区区域赛事、旅游、交通综合空间决策体系为基础,构建能够对接三峡库区城镇体系结构的体育设施空间结构。在区域层面规划中明确未来发展的区域级体育社会空间格局、设施类型及特色项目,使库区区域级体育设施发展能够适应区域社会体育需求。

第 6 章提出适应性规划量化评价三峡库区城市体育设施适应性规划的认识。以山地城市规划理论为基础,提出三峡库区城市体育设施适应性规划的理想空间模式,是一种在日常体育生活圈、社区体育生活圈、城市体育生活圈 3 个层面的发展设想,满足适应性类型多样、空间均等、用地集约三要素的集约化空间规划模式。通过构建这种集约的规划模式,本章试图解决库区城市因为城市规模差异大、空间形态多样、城市空间密度高所造成的体育设施发展现状问题,同时也能满足未来发展中库区城市居民对体育设施的多层次、多样性的需求并与城市空间相互协调和促进。其次分3个适应性要素,针对居住区、社区和城市3个圈层进行具体规划方法的分析,构建三峡库区城市体育设施多样的层级体系、均等的城市体育设施空间布局和城市体育设施集约的用地模式。

综上,笔者认为三峡库区体育设施建设与社会体育需求的不适应问题,在我国由体育大国向体育强国转型发展的背景下既有其时空特质,也具有普遍的学术意义。本书希望通过探索三峡库区城市建设发展中体育设施的规划适应性,在国家新时代高标准、高质量的体育设施建设中,尝试性提出城市规划建设发展对体育设施建设的相互适应关系,构建三峡库区体育设施适应性规划理论框架,解析体育设施与体育国际化、地方化相适应的相关机制,建构起定性、定量相结合的体育设施"适应性评价—区域网络化空间体系对接—城市集约化空间模式优化"的适应性规划方法,同时希望总结出三峡库区多样性体育设施类型、均等性体育设施布局和特色性体育设施空间的规划要素及策略。

在本书撰写过程中,笔者参考了大量学术资料,在此向相关作者表示衷心的感谢。因笔者水平有限,书中难免存在不妥之处,敬请行业同人批评指正。

李长东

目　录

1　绪　论

1.1　研究背景

　　1919 年,孙中山先生在《建国方略之二:实业计划》中首次提出"三峡建坝"的宏伟理想;1944 年,萨凡奇受国民政府邀请,考察三峡,撰成《扬子江三峡计划初步报告》,提出兴建三峡工程;1956 年,毛泽东同志畅游长江后,以诗人的浪漫情怀描画了修建三峡大坝的景象;1958 年,周恩来主持起草《中共中央关于三峡水利枢纽和长江流域规划的意见》,提出"从国家长远的经济发展和技术条件两个方面考虑,三峡水利枢纽是需要修建而且可能修建的";1993 年,吴良镛院士和赵万民教授一行考察三峡,提出三峡库区建设的 5 个问题;1994 年,三峡工程正式开工;2009 年,三峡工程初步设计建设任务如期完成;2011 年,国务院批复《三峡工程后续工作规划》,计划将分期拨款 1 700 亿元用于三峡库区城市后期建设的财政投入,首要任务是用于公共民生建设……时光匆匆,三峡工程从提出到建设、到完成、再到发展已过去百余年。

　　自 2009 年三峡工程进入"后三峡"发展时代以来,对库区 130 多万移民的迁建、安置、社会融合进入新的阶段。而库区依然面临地形地貌复杂、产业升级困难、生态环境脆弱等重大问题(图 1.1)。吴良镛院士不止一次指出三峡工程的综合性,以及移民安置工作的难度和重要性。赵万民教授亦提出三峡库区是山地城市的新型城镇化实践,事关整个长江流域人居环境的建设。随着新型城镇化战略的推进,经济增长方式逐渐转向注重民生质量,扶植文化体育产业发展的内需逐渐增长,这样的转型是库区体育产业发展的重大机遇。体育产业是绿色产业、服务产业,推进体育产业的发展势在必行。而体育设施是体育产业发展的基础。要让体育设施真正惠及民生,需要遵守"理论—方法—实践"的发展规律。然而,目前学术界少有专门针对三峡库区公共民生设施建设、公共体育设施建设的研究,因此,针对三峡库区城市体育设施规划进行研究极为迫切。

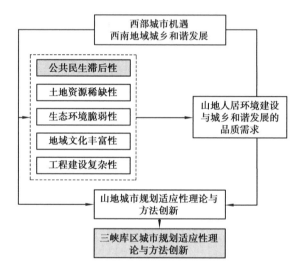

图 1.1 山地人居环境理论与方法创新结构图

资料来源:笔者根据赵万民(2008)研究改绘

1.1.1 中国融入体育全球化

全球化已经成为当今世界的共识之一。在 2008 年北京奥林匹克运动会上,我国金牌总数第一,这无疑加快了我国融入体育全球化的进程。自此,我国举办重大赛事的机会逐渐增多,如北京奥运会后,广州承办了 2010 年亚洲运动会,天津承办了 2013 年东亚运动会,杭州承办了 2022 年亚洲运动会,等等。在专项体育领域,中国足球超级联赛已经吸引越来越多国际知名球星、教练来华,国际网球巡回赛从 2015 年开始专门开辟了"中国赛季",天津、南昌、成都、武

汉、珠海、深圳、上海、北京等城市均有 ATP(国际男子职业网球协会)或 WTA
(国际女子网球协会)的赛事。其他各项运动协会也与国际接轨,多样化的体育
赛事与合作"走出去、引进来"。同时,我国的体育品牌、体育产业、体育明星、体
育资本都逐渐走向全球,中国正在以自己的方式全面、深入地融入体育全球化。

1.1.2 体育强国蓝图

习近平总书记多次谈到和强调,体育"是实现中国梦的重要内容""体育强
则中国强,国运兴则体育兴",他还指出"体育要以人民为中心",只有全民动起
来,广泛开展全民健身运动,才是体育"最好的样子";只有实现全民体育、全民
健身,才能使体育发挥最大价值。2009 年,为了纪念北京奥运会的成功举办,同
时满足广大人民群众日益增长的体育需求,国务院批准,以后每年 8 月 8 日为
"全民健身日",并鼓励国家体育事业目标由"体育大国"向"体育强国"转型。
同年,我国第一部专门性全民健身行政法规《全民健身条例》颁布实施,使全民
健身工作进一步进入规范化、法治化轨道。《公共体育场馆建设用地指标》和
《国家公共体育设施基本标准》的制定,为中小城市建设公共体育设施提供了标
准。《国家公共体育设施基本标准》还要求市、地级应建设一个综合体育场、一
个综合体育馆、一个大型全民健身活动中心、一个游泳馆、一个体育公园(简称
"市、地'五个一'工程",图 1.2);县(市、区)应建设一个田径场、一个综合体育
馆、一个中型全民健身活动中心、一个室内游泳池、一个体育公园(或健身广场)
(简称"区、县'五个一'工程")。

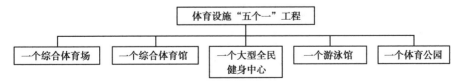

图 1.2 市、地"五个一"工程要素组成图

资料来源:笔者自绘

为进一步发展全民健身事业,广泛开展全民健身运动,加快体育强国建设进程,国务院2011年发布了《全民健身计划(2011—2015)》,2016年颁布了《全民健身计划(2016—2020)》。2012年,国家体育总局发表《〈全民健身计划纲要〉实施十五年》白皮书,同年,国家发展和改革委员会、国家体育总局颁布了《"十二五"公共体育设施建设规划》。2014年10月,国务院印发《关于加快发展体育产业促进体育消费的若干意见》(国发〔2014〕46号),将全民健身上升为国家战略。2016年,中共中央、国务院印发《"健康中国2030"规划纲要》;2019年,国务院办公厅印发《体育强国建设纲要》;2021年,国务院印发《全民健身计划(2021—2025年)》,国家对人民身体健康的重视程度前所未有。

1.1.3 高质量发展和高品质生活目标

党的十八大以来,城乡规划学、建筑学、景观学开始向学术研究转型,传统的城市空间增长的研究逐渐转变为以人民为中心的学术研究。2022年北京冬奥会后,人民对体育运动的热情空前高涨,"城市公共体育设施"作为城市公共服务设施的重要组成部分也同时得到了充分关注。重庆大学山地人居环境学术团队长期致力于库区人居环境研究,针对三峡区域独特的地形地貌和人文社会发展状况,形成了一套科学的地域性人居环境理论体系,即"山地人居环境七论"。这套理论体系形成于三峡库区社会、经济、城市空间剧烈演变时期,植根于经济和城镇化快速发展与社会结构、生态环境、生态安全之间的矛盾,以人居环境科学为基础,以人类聚居为出发点,主要针对三峡库区地域性特点和矛盾,在城乡统筹、城乡规划、历史文化保护、社会、交通、安全、文化等领域展开系统研究。随着库区发展进入新时代,城乡空间研究领域将更加务实地向满足库区人民美好生活愿望转型,向更专业的公共服务领域拓展,如体育设施、文化设施、医疗设施、教育设施等。库区居民不断增长的公共服务空间需求与目前公共服务空间供给短缺是库区城镇化水平和人民生活水平提高带来的主要社会矛盾之一。针对这一矛盾,当前的研究有两个务必解决的关键认识,一是对公

共服务设施的研究通常涵盖所有公共服务设施,而事实上不同功能的公共服务
设施具有相当大的差异,因此,解决库区城市体育公共服务设施供需矛盾,务必
从城市体育空间视角审视其形成机制、配置模式和规划方法;二是对三峡库区
体育设施的研究务必以地域聚居文化和特定的发展阶段为基础,充分分析三峡
库区城市居民的实际需求,探索其空间供需的本质矛盾和适应性规划方法。

1.1.4 三峡库区城镇化的时空特点认识

由于三峡工程的建设,三峡库区城市的时空解体成为客观事实,库区城市
的重构成为客观过程,时空虚化成为主要动力,而时空融合成为总体目标。黄
勇认为三峡库区的移民搬迁打断了库区城市自然的时空延续,造成了时空解
体,这是库区最大的社会现实,也是最重要的社会问题。他同时认为,任何实践
都必然落实到物质层面,解决消费变迁危机的社会策略需要借助物质层面的时
空虚化动力,应该坚持现代化工具与地域文化发展的有机结合,解决人工改造
自然过程的结构性矛盾,最终实现"时空融合"的目标[①]。

与此同时,三峡库区城市经济从 2012 年开始连续数年高速增长(图 1.3),
重庆市统计局公布的数据显示,截至 2021 年,重庆市全年经济总量约 2.79 万
亿,增速约 8.3%,发展势头良好。但生活水平不断提高的同时,工作和生活的
压力也越来越大,这对人的身体和精神产生了负面作用。逐渐地,国民的价值
观发生了改变,文化与健康逐渐成为居民生活的关注点之一。根据马斯洛的需
求层次理论,人在基本物质需求得到满足后,就会对社会交往和自我实现心生
向往,这种向往会随着社会、经济的不断进步逐渐转变成现实的权利实现,即实
现参与体育的权利、观赏体育的权利、享受体育的权利,比如塑身运动,就是满
足人类拥有更美的身体形态的权利。研究表明,恩格尔系数 40% 是国民体育需
求的分水岭,高于 40% 国民体育需求将日益减弱,低于 40% 国民体育需求将日

① 黄勇.三峡库区人居环境建设的社会学问题研究[M].南京:东南大学出版社,2011:54,60.

益增强。重庆市统计局《2021 年重庆创造高品质生活监测报告》数据显示，
2021 年，重庆市常住人口恩格尔系数为 33%，达到中等发达国家水平。三峡库
区城镇化的建设经历了大规模、长时间、巨量人口的移民迁建，各区县的迁建程
度和城镇化基础各不相同，但至今都完成了巨量的城镇化建设，对库区的原生
文化产生了重大影响，既带来机遇，也面临挑战。在移民迁建的这些年中，国家
区域空间格局也在发生微妙变化，城镇群建设成为未来发展方向。三峡库区位
于国家着力建设的成渝城镇群和武汉大都市圈的腹地，与两大城镇群都有物理
上的距离，但也有独特的文化和不可替代的功能，同样是机遇与挑战并存。

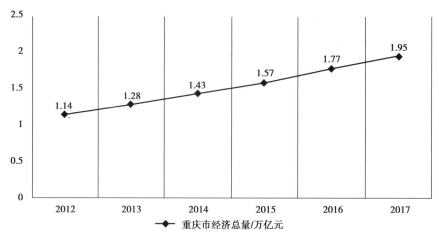

图 1.3　重庆市经济总量增长图

资料来源：笔者自绘

1.2　研究范围与对象

1.2.1　研究范围

1）地理范围

三峡库区是一个特指的区域概念，是因为三峡水利工程的建设造成水位上
升，受新水位影响的区域。库区地处四川盆地与长江中下游平原的结合部，跨

越鄂中山区峡谷及川东岭谷地带,北屏大巴山,南依川鄂高原。三峡库区建设共回水淹没了 20 个区(县),总面积约 5.67 万 km^2,是世界上最大的水库淹没区及世界水利工程史上最大规模的移民工程。

此外,三峡库区曾经也是连片特困地区,其城镇化及城市发展建设都处于一种特殊的情况之中:由于大规模的移民迁入,原来较低水平的城镇化率迅速提高;原来发展缓慢的城市建设开始提速;原有的经济、社会、文化等被重构。基于以上环境的特殊性和研究资料来源的准确性,本书将移民直接影响的区(县),全部纳入"三峡库区"的研究范围,有包括重庆主城区在内的 20 个区(县):重庆市的巫山县、巫溪县、奉节县、云阳县、开州区、万州区、忠县、石柱土家族自治县、丰都县、武隆区、涪陵区、长寿区、江津区、渝北区、巴南区和重庆市主城区(包括渝中区、沙坪坝区、南岸区、九龙坡区、大渡口区和江北区),湖北省宜昌市夷陵区、兴山县、秭归县、恩施州巴东县[①]。

2)空间范围

据列斐伏尔空间生产理论,空间具有 3 种属性:实践性、精神性和社会性。

(1)实践性

实践性是社会关系发展的物质基础,也就是人们看得见、摸得着的围合空间。在体育空间方面是指人们设计、建设和使用的进行体育活动的空间,既有专业的体育设施也有满足大众需求的体育设施,但都可以被视作体育设施的物质空间,如足球场空间、网球场空间和综合体育馆空间等都是体育设施空间,只是针对的人群有所区别。对空间实践性的研究,可通过城市空间、城市规划、城市地理、城市生活圈等理论,解决体育设施空间需求类型、空间布局、空间集约利用等方面的问题。

---

① 根据《重庆市统计年鉴》,重庆有 15 个区县被划入三峡库区:万州区、涪陵区、渝北区、巴南区、长寿区、江津区、丰都县、武隆区、忠县、开州区、云阳县、奉节县、巫山县、巫溪县、石柱土家族自治县。重点库区是指 8 个重点移民区县,包括万州区、涪陵区、丰都县、忠县、开州区、云阳县、奉节县、巫山县。由于渝北和巴南属于重庆市主城九区,所以本书将重庆主城区一并纳入研究范围。

（2）精神性

体育设施改善城市形象的作用,其实就是通过体育设施的设计和建设,在精神上鼓励城市居民,让城市居民产生认同感和满足感,也对知道这个设施空间的人产生吸引力。在精神空间领域,凯文·林奇和诺博格·舒尔茨分别给出了他们的理论解释,凯文·林奇运用行为心理学提出"城市意向",诺博格·舒尔茨根据胡塞尔现象学理论提出"场所理论",分别从城市视角和场所空间视角解释精神空间。这种精神空间的塑造,很大程度上是由设计师结合本地的文化、经济、社会特征以及对未来的共同价值观决定的,也受到时代精神的影响。例如,东京代代木国立综合体育馆(图1.4)的设计就是当时日本经济、社会、科技蓬勃发展的缩影,有一种符号化的寓意,是典型的城市空间现代性思想的体现,具有强烈的形式感、简洁的线条构成、工业化生产的建筑材料和明确的功能定位。这种思想在奥斯曼对巴黎城市空间进行改造的时期就已经开始显示出其对城市建设的巨大影响,后来的"朗方规划""巴西利亚规划""昌迪加尔规划"是城市空间现代性思想的集中体现和发展高潮。而同样是日本的体育馆,藤泽市秋叶台文化体育馆的设计,则是一种平和的设计语言,设计师桢文彦希望将体育馆与整个社区融为一体,功能更加全面、开放,能够承担较多社区职能(图1.5)。藤泽市秋叶台文化体育馆的设计走到了另一个方向,即是以人的需求、文化传承、生产效率为考量的人文思想的体现。这种思想运用在城市规划起源于芝加哥规划,后来的"邻里单位"城市思想、大伦敦规划、哥本哈根规划和日本"新陈代谢"运动都是这一思想的传承和发展。因此,虽然这两个体育设施都是具有专业体育赛事功能的物质空间,但是却体现了不同的精神空间。笔者总结,规模越大、功能越专业的体育设施空间其象征性意义被赋得更加充分,而越是贴近居民日常活动的体育设施,其社区性和生活性意义也更容易被放大。

图1.4　代代木国立综合体育馆

资料来源:网络

图1.5　藤泽市秋叶台文化体育馆

资料来源:网络

（3）社会性

列斐伏尔对社会空间的定义是一种社会关系和生产关系,包含着特定的社会意识形态或政治内涵①。列斐伏尔认为,"空间里弥漫着社会关系,它不仅被社会关系支持,也生产社会关系和被社会关系所生产"②。第一,体育设施空间因为其规模较大,场地空旷、平整,又具有象征性作用等特点,可以发挥体育运动以外的社会功能。在社会关系层面,爱德华·苏贾提出"第三空间"理论,比如家庭的体育活动就是一个最基本的社会单位,那么体育设施就是这个最小社会单位的社会空间,同时,社交关系和社会体育组织关系也会经常地在体育设施空间中体现。比如,朋友之间约一场网球训练或比赛,那么网球场地就具有承载这两个人社会关系的社会空间作用;再比如,两个民间足球组织在周末约一场足球友谊赛,那么这个足球场空间在这个时间里就具备了这两个民间体育组织之间社会空间的作用。第二,这种社会空间作用还能够延伸到公共领域,通过汉娜·阿伦特、哈贝马斯提出的"公共领域"理论能够解释城市体育设施的社会空间作用,体育设施由于其标志性意义可以成为公众参与政治决策、城市治理和发出民众呼声的物质空间载体,比如,群众游行、市民集会等公共领域活

---

①　曹琳琳.资本空间的伦理研究[D].南京:南京师范大学,2017.

②　包亚明.现代性与空间的生产[M].上海:上海世纪出版集团,上海教育出版社,2003:47.

动,是一种公共领域的物质空间表现形式。第三,体育设施空间能够作为城市的应急避难场所使用,也是其社会空间作用的体现,比如,地震之后,很多市民选择在学校的运动场、体育中心的运动场聚集、留宿,成为暂时的聚集场所。社会空间的另一种关系是生产关系,体育赛事、训练、培训、围绕体育活动和赛事的旅行等生产行为就是这种生产关系的主要载体。这时候,体育设施空间也可被看作一种生产资料,运动员、教练员团队、观众、裁判、赛事推广和管理者、赞助商成为这种生产关系的主要生产力构成,背后是巨大的商业利润。

本书的主要研究目标是适应性规划,因此,研究范围包含三峡库区体育设施的物质空间领域,对精神空间和社会空间将有所涉及,但不属于主要研究范围。

1.2.2 城市体育设施的概念解析

城市体育设施(city sport facilities),是指由政府直接或间接供给的、城市居民进行体育运动的场所。我国城市体育设施的概念在1986年由原城乡建设环境保护部、原国家体育运动委员会颁布的《城市公共体育运动设施用地定额指标暂行规定》(以下简称《暂行规定》)中有了解释,即向公众开放、供人民群众进行体育锻炼、观赏体育竞技、运动员进行训练的体育设施。

但《暂行规定》并未明确城市体育设施的建设主体、权益分配等问题,在长期建设与运用实践中,规划学界对城市体育设施概念的深入解释逐渐形成两种观点(图1.6):一种是从体育设施经费来源的角度,认为城市体育设施不应包括企事业单位、学校或一些私人会所的体育设施;另一种是从社会权益角度,认为应该包括所有主体和性质的体育设施。

总的来说,前一种更倾向于与城市各级规划中的体育用地相联系,而后者更侧重于与使用中体育设施的具体情况相衔接。两种观点各有侧重,可根据不同作用、不同领域进行选择(图1.7、图1.8)。

笔者认为,按服务大众的观点来看,从公民的角度,自下而上地认识城市体育设施更符合未来城市体育设施发展的趋势以及"全民健身"的国家战略,也更有利于规划方法与机制的创新。但一直以来,我国城市规划的重点是通过对用地的控制来明确主导功能和建设主体。因此,从城市规划角度看,应该汲取两种认识的优点,以服务大众、自下而上的思路,立足于城市现状和城市的地域特殊性,探索在公共服务视角下的规划模式创新。同时,本书提出的城市体育设施概念,一是要与农村体育设施区别开,将研究范围限定在"城市";二是不包括一些纯私人的体育设施和供特定人群使用的体育设施(如养老院体育设施、智障人群体育设施等),由于数量太少,服务人群又是特定的,故不在研究范围内。

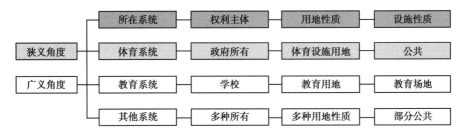

图 1.6　城市体育设施概念说明图

资料来源:笔者自绘

图 1.7　体育系统体育设施　　　　　图 1.8　学校体育设施

资料来源:笔者自摄　　　　　　　　资料来源:笔者自摄

1.2.3 城市体育设施的内涵分析

1）准公共产品属性

城市体育设施作为一种准公共产品,公共属性并非其根本属性。随着中国特色社会主义市场经济的确立,现在的城市体育设施越来越表现出社会与经济属性兼有的特征,承载着越来越重要的社会责任和经济责任。

城市公共体育设施和非公共体育设施的主要区别就在于是否具有"公共性"上。对城市公共体育设施的"公共性"的解读可以有两个方面,一是公益性,二是经营性。公益性体育设施是指政府无偿提供给城市居民的体育设施,是社会福利的一种。经营性体育设施是任何人只要支付相关费用就能够享受相应服务的体育设施。城市体育设施根据其不同级别和使用功能,两种性质兼具,归纳起来是一种城市准公共产品。

2）城市公共服务的支撑系统

城市公共服务设施根据功能不同可分为教育设施、医疗设施、体育设施、文化设施、商业设施、福利设施、行政设施、邮政电信设施等八大类。

城市体育设施属于城市公共服务设施系统的子系统之一。按照系统论的观点,城市公共服务设施系统是由若干支撑系统所构成的,是一个具有要素性和结构性的巨系统。根据不同的判断标准,我们对城市公共服务设施有不同的分类方法。

首先,城市公共体育设施系统是直接隶属于城市公共服务设施这个总体框架的,因此,它具备城市公共服务设施的基本属性:一方面,城市公共体育设施作为本体,是城市空间组织、综合交通体系、建筑体系、服务设施体系、景观设施体系等各种相关组织和设施体系的总和;另一方面,作为公共服务设施系统中的重要支撑系统,它又具备形成自身内在逻辑结构的特质,即本体是以体育为主题的城市综合设施系统,但它同时会受到所处的自然地理环境、历史文化习惯和社会经济发展水平的制约。

其次,城市体育设施作为城市公共服务设施巨系统中的一个支撑系统,其本体也是由不同类型和不同等级构成的,根据其发展程度可判断一个城市的发展水平。

1.2.4　城市体育设施的影响要素

1)受社会经济条件影响

对城市体育设施水平影响最大的因素是经济因素。根据大卫·哈维的资本循环理论,资本第一次循环是在工业生产领域,第二次循环是在空间和延伸领域,第三次循环才会进入社会领域。体育设施属于社会服务产品,是资本在第三次循环中青睐的产品。从世界体育产业和体育设施发展格局也可以看出,发达工业化国家整体体育设施发展情况更好,而发展中国家体育设施发展则受限。因此,经济基础是城市体育设施水平的首要影响因素。

2)受规划思想和指标影响

目前我国城市体育设施的类型多样,各城市体育中心设施的建设主要由政府提供规划和建设,用地规模和建设规模主要按照服务城市的人口指标进行核算。社区体育设施、专项体育设施的建设资金来源与合作模式较为多样,但多由社会资金承担。

3)受供给主体影响

三峡库区城市体育设施是城市公共服务设施的重要组成部分,也是为库区提供体育服务的物质空间系统,其空间供给质量将直接决定体育公共服务质量,影响库区居民的体育活动愿望。同时,公共体育设施由于层级和类别多样,其投入金额和用地规模不尽相同,供给政策也随国家和库区体育事业和公共服务事业发展持续变化,目前其供给存在政府供给和社会供给两种基本形式,相应的供给主体也分为政府供给主体和社会供给主体两种。

（1）政府供给主体

如前文所述，三峡库区体育事业发展长期属于政府治理体系，由政府决定体育服务空间资源配置。虽然近几年社会治理在体育公共服务上越发起到重要作用，但在三峡库区公共体育设施的发展中，政府供给依然是主体。在空间上，政府的主体供给作用体现在体育设施规划、体育设施用地、体育设施建设方面。除此之外，政府在三峡库区体育政策、体育赛事、体育产业发展、体育传媒、社会体育组织管理和引导方面也发挥着主体作用，并且就目前而言，政府在区域和城市层面的公共服务政策和规划中发挥的作用不可替代。

（2）社会供给主体

三峡库区城市体育事业发展的社会力量一直在推动城市公共体育设施合法的社会供给方式，包括营利性和非营利性公共体育设施供给。营利性公共体育设施供给是由体育产业公司通过对体育场馆的专业化运营，即向库区居民提供体育运动的空间资源，又通过运营实现盈利的供给方式。同时也有非营利性公共体育设施供给，即由非营利性社会组织为社区、学校或城市居民提供的公共体育服务设施。总体来说，社会供给是城市公共体育空间的重要补充，也是公共服务领域社会治理的重要体现。在学校、社区及居住区层面，社会供给可与政府供给形成有效互补。

4）受土地性质影响

2003 年，国务院颁布《公共文化体育设施条例》（以下简称《条例》），为公共文化体育设施的建设与发展提供了保障，其中还涉及了公共体育设施用地的保障和使用程序。根据《条例》精神，在城市公共体育设施用地系统中，按照使用功能分，有体育设施用地、功能综合用地、临时用地和混合用地四大类。

（1）体育设施用地

体育设施用地是指专用的体育设施用地，依据《城市用地分类与规划建设用地标准》（GB 50137—2011），A 类公共管理与公共服务设施用地中包含体育用地(A4),是城市体育场馆和体育训练基地等用地,包括城市社区体育设施用地,不包括学校等机构专用的体育设施用地。结合城市公共体育设施的分类,城市体育中心设施和城市社区体育设施属于 A4 体育用地范畴,市郊休闲体育设施属于 B32 康体用地范畴。

（2）功能综合用地

为满足城市发展的现实需要,在具体规划实施过程中会对城市总体规划、控制性详细规划进行针对性调整,同时用地功能的复合化也是规划发展的方向,特别是城市绿地、居住区用地都可以进行综合功能的配置。在这些功能用地的建设中,形成的边角用地、剩余用地或与已有体育设施形成联系的部分用地都会被选择转变为体育设施用地。

（3）临时用地

针对全民健身的体育设施需求,在质量上不需要与竞技体育设施媲美,因此,利用预留的或是待开发的城市建设用地也可以建设城市公共体育设施。只要进行科学的规划、管理,就可使这些城市用地不至于长时间处于荒废状态。广场舞的兴起,也可看作将城市广场用作临时体育设施的具体表现。依据日本、韩国城市公共体育设施建设的经验,城市公共空间也可以被改造成体育设施,比如,运用初级体育设施的材料进行铺装,并划上体育项目场地范围就能将其变成简易的羽毛球场、足球场等,成为解决基本体育需求的设施,当有经济实力时再对其进行品质提升。

（4）混合用地

目前,城市规划思想日益倾向于集约化,城市用地功能混合使用越来越常见,也使得城市用地和空间产生高性价比。如果因地制宜进行规划建设,体育设施就是很好的功能混合使用载体:与绿地系统混合,可以形成城市绿地景观、城市体育公园;与城市周边旅游开发用地混合,能够形成体育旅游目的地;在商业综合体或商业设施中可以发展健身、瑜伽、搏击等运动设施;还能借助城市体育设施用地缓解城市停车的问题。

1.2.5 城市体育设施的作用

1）城市全面发展的强大动力

城市体育设施可以极大地提高城市影响力，即使只举办一次全国性、全省性的综合赛事，也可以有效促进和提升城市基础设施建设，留下一批高标准的体育设施（图1.9、图1.10）；推动体育文化、体育装备、体育经济、体育教育、身体康复等服务产业的发展，拓宽经济增长领域，助力经济繁荣（图1.11、图1.12）；同时吸引人才、提升幸福指数、促进健康生活，产生积极、持续的影响，成为城市发展的强大动力。

图1.9　国家体育中心

资料来源：笔者自摄

图1.10　天津体育场

资料来源：笔者自摄

图1.11　体育器材售卖店

资料来源：笔者自摄

图1.12　上海大师赛球票

资料来源：笔者自摄

2）完善城市公共服务功能

如前文所述,体育设施是公共服务设施的支撑系统之一,城市需要不断地更新公共服务设施才能满足日益变化的需求,才能提升城市竞争力。体育设施是满足市民体育活动的服务空间,它的供给一方面有政府保障城市居民基本体育活动的公益性供给;另一方面,也有面向市场的,满足城市居民需求甚至刺激需求的营利性供给,两者共同构成了体育服务设施体系,共同完善城市的体育服务功能。法国全国运动训练中心就是完善城市服务功能的典型,它位于巴黎市郊,不仅是法国多个项目国家集训队的训练场所,也有计划地对市民开放,训练中心有餐厅、咖啡馆、电影院、图书馆等设施,还有专业的运动教育和医疗康复中心。另外,在法国还有 10 个地区性运动训练中心,为城市提供更专业、更完善的公共服务。

3）提升城市影响力

城市体育设施被称为标志性空间,可提升城市影响力,最典型的例子是2008 年北京奥运会主体育场——鸟巢,其新颖的设计理念和奇特的外观为北京和中国赢得了更多关注。又比如,国家游泳中心水立方,其采用了钢架和薄膜结构——这是当时最前沿的建筑科技,它见证了中国实力,让建筑界叹为观止。奥林匹克公园成为北京市民休闲娱乐和各地友人旅游度假的好去处。另外,几个举办洲际运动会的城市如广州、南京、天津的中心体育场同样是当地居民引以为傲的建筑。在世界范围内,著名的城市拥有著名体育场的案例很多,比如,纽约拥有麦迪逊广场花园球馆,这里不但是 NBA 纽约尼克斯队和 NHL 纽约游骑兵队的共用主场,还以承办重量级拳击赛著称。伦敦拥有举世闻名的温布利球场(英格兰国家队主场)(图 1.13)和伦敦网球场(英超西汉姆联队主场),巴黎拥有王子公园球场(巴黎圣日耳曼足球俱乐部主场)和罗兰·加洛斯网球中心(法国网球公开赛中心球场)。同时也有不少因一家体育俱乐部的主场或网球中心等体育设施而闻名的小城,比如,德国不莱梅的威悉球场,凯泽斯劳滕的瓦尔特球场,位于美国坦帕的 Pete Times 体育馆(坦帕湾闪电队的主场),克利夫兰的 Quicken Loans 球馆(骑士队主场),还有著名的温布尔登网球公开赛中心球场,它极大地提升了温布尔登这座小城的知名度(图1.14)。不光大型赛事和设施有此功能,社区体育设施同样能提升城市形象,比如,重庆市渝中区的山城步道修缮完成后,由于交通方便、特色鲜明,很快就成为众多文艺青年休闲、摄影、聚会的去处,也成为不少单位接待合作伙伴的地方。

图1.13　温布利球场　　　　　　　　图1.14　温布尔登网球场

资料来源:网络　　　　　　　　　　　资料来源:网络

4)改善城市居民生活质量

城市公共体育设施为城市居民日常体育运动提供了场地和设施保障,有助于提高人们的身体运动能力,促进身体健康。特别是目前全民健身战略的深入推进,社区体育设施和体育公园的逐步建设,人们参与体育锻炼的机会增加了,部分城市居民已养成晨跑、晚间散步、跳广场舞等体育运动习惯。城市郊区体育设施的供给让周末或节假日将体育运动作为休闲方式的市民有了可选的场所,在这些地方能够体验爬山、钓鱼、极限运动、赛车、自行车等多种体育项目,亲近自然、挑战自身潜力,提升不同人群的生活质量。

对城市公共体育设施功能的认识,除训练、比赛、体测之外,还有许多维度,笔者从不同视角对其进行了功能解读:第一是休闲功能,具备活动空间、绿地及活动设施,作为群众运动、休闲及调节身心之环境;第二是经济功能,城市体育设施在必要时可以转化为非体育功能,举办包括演唱会、展览会、招聘会、交易会在内的公共集会活动;第三是应急避难功能,城市出现突发事件时,可作为城市的应急避难场所;第四是宣传教育功能,可以就体育、文化、生活、社区、消防、卫生等专业知识对人民群众进行宣传教育;第五是城市景观功能,可以举办各种比赛活动或表演,丰富群众的文化生活。

1.2.6　城市体育设施的分类标准

城市体育设施主要有两种,一种是按照体育设施的服务范围划分,另一种是按照体育设施的运动项目划分。

1)按照体育设施的服务范围划分

我国城市总体规划将体育设施按照服务范围的级别划定:最高级别是国家级体育设施,如国家体育中心、国家游泳中心;其次是省级体育设施,如重庆大田湾体育场(图1.15)、重庆奥体中心等;第三是区县级体育设施,主要为区县的体育竞赛或文化活动服务;第四为街道、社区体育设施,如社区公共运动设施、社区运动中心等;服务范围最小的是居住区体育设施,主要是日常休闲与健身设施等,器材简单,使用频率高。

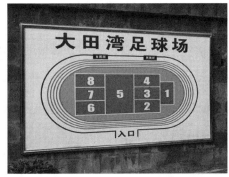

图1.15　重庆大田湾体育设施

资料来源:笔者自摄

2)按照体育设施的运动项目划分

根据体育运动所涉及的设施种类不同,体育设施可分为5个大类:

(1)球类运动设施

球类运动设施包括足球、篮球、排球、网球、羽毛球、乒乓球、橄榄球、棒球、门球等运动设施。

（2）户外运动设施

户外运动设施包括滑雪、登山、越野跑、山地自行车、徒步、探洞、溯溪、岩降、骑马、钓鱼等运动设施。

（3）休闲体育设施

休闲体育设施包括飞镖、台球、保龄球、射箭、滑冰、健身、瑜伽、普拉提、健美操、跑步、公路自行车等运动设施。

（4）极限运动设施

极限运动设施包括滑板、攀岩、小轮车、跑酷、赛车、摩托车、高山滑雪、悬崖跳水、飞行、跳伞、动力伞、热气球等运动设施。

（5）水上运动设施

水上运动设施包括游泳、潜水、冲浪、皮艇、划艇、摩托艇、帆船、漂流等运动设施。

3）其他分类

此外还有其他的分类方式帮助学者进行研究判断,比如,按照设施功能可分为专项体育设施和综合性多功能体育设施;按照专业性程度分为专业体育设施和日常休闲体育设施;按照设施的属性分为公共体育设施和私人体育设施（图1.16、图1.17）。

图 1.16　专项体育设施空间

资料来源:笔者自摄

图 1.17　库区城市万州(左)和忠县(右)公共空间的体育活动

资料来源:笔者自摄

1.3　科学问题与主要研究内容

1.3.1　拟解决的科学问题

本研究尝试解决两个科学问题。

其一,三峡库区城市体育设施适应性规划要适应什么? 三峡库区建设以来,内、外部环境都发生了深刻变化,库区城市经济发展稳步提升,社会发展稳定,生态保护成效显著,城镇化水平逐年提高;从全球看,过去十年,深度的信息化加强了人与人、人与世界信息的连接,时空约束逐渐弱化;我国正通过"一带一路"倡议在国际上发挥更重要的作用,通过城市群建设战略,继续加快城镇化进程,提高城镇化质量。在这样的背景下,现有规划模式和研究思路已经难以准确适应库区体育设施需求的变化,研究运用"社会变迁—人居建设"双螺旋时空结构化研究框架和流动空间、人居环境科学理论,提出三峡库区城市体育设施适应性规划需在区域和城市两个人居尺度上解决体育设施规划对细分化人群需求、圈层化交通流动需求与地域的特色化空间需求 3 个方面的适应问题。首先在区域层面,库区体育设施发展战略要适应该区域整体发展定位以及因自然环境的独特性而可能产生的地域性体育项目及设施,这对制定城市体育设施适应性规划目标具有重要作用,同时还要适应区域间相互连接和同步化建设的社会需求。其次在城市层面,库区城市体育设施规划要适应库区社会对体育设施类型、设施布局和用地模式的需求

其二,怎样适应?目前国内外对体育设施规划的研究非常丰富,但缺乏针对三峡库区适应性规划的研究。首先在区域层面,三峡库区复杂的地形地貌和时空压缩的客观现实,使区域人居建设具有不可复制的独特性。在这种环境下,城市体育设施的供给应该在区域层面以库区城镇空间体系为基础、以赛事—旅游—交通综合空间决策体系为指引,施行区域体育设施空间结构及功能分区。其次在城市层面,应针对 3 个适应性要素的多样化类型,分别提出均等化布局和集约化空间的规划方法。

1.3.2 主要研究内容

三峡库区在地形条件和聚居文化方面具有较大的特殊性。同时因为城市移民迁建,产生了该区域独特的城市背景。本书希望立足于城市体育设施规划对库区城市地域特殊性、需求特殊性的适应关系,进行基于三峡地域的适应性研究。体育设施是服务社会民生的城市公共服务设施之一,基于体育设施供给的中立价值逐渐让位于私有化立场成为可能的现实背景,以山地人居环境理论、流动空间理论、适应性理论和人居环境建设时空结构化 DNA 模型(黄勇2009)为基础,建立三峡库区城市体育设施适应性规划研究框架。以流动空间理论分析三峡库区城市社会体育需求的变迁规律,并在区域和城市两个人居尺度上根据笔者的理论认识和客观量化评价,总结现有规划模式下三峡库区体育设施建设的不适应问题,并提出三峡库区区域和城市两个尺度的适应性规划方法。同时,以该区域多个城市体育设施规划为例,归纳研究结论和创新点(图1.18)。

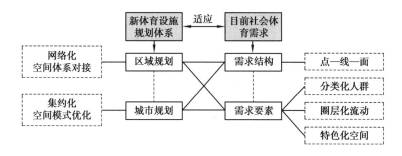

图 1.18　主要内容分析图

资料来源：笔者根据相关研究总结绘制

全书具体分为 7 个章节：

第 1 章，绪论。本章介绍研究的缘起和研究背景，说明研究的范围、研究对象和研究的意义，阐释城市体育设施的概念并对其内涵、功能和特征进行研究；对相关研究进行文献综述，系统总结主要研究内容，提出拟解决的关键问题，并从理论和实践两方面论述为什么要做这项研究，归纳研究方法，梳理研究技术路线。

第 2 章，现状及关键问题分析。本章首先从 5 个方面研究三峡库区城市体育设施的发展现状，然后分析库区城市体育设施空间的 5 个特征，最后总结 3 个层面的发展困境，并提出破解困境的 6 点优化路径。

第 3 章，适应性规划理论框架构建。本章首先研究交叉学科理论，借助理论分析，提出体育设施具有"全球"与"本土"并存的二元性结构特点。将这种二元性放在信息化、全球化时代流动空间的"点—线—面"空间结构下分析，可以总结出对点（设施）空间的多样化需求、对线（交通）空间的圈层化流动、对面（地域）空间的特色化模式 3 个适应性要素。以 3 个适应性要素为核心、包含供给完成度和需求满意度的适应性量化评价体系，尝试量化分析库区体育设施建设与社会体育需求的适应性关系，并分别在区域与城市两个人居尺度进行适应性方法研究，形成既具有三峡库区问题针对性，又具有普遍意义的体育设施适应性规划理论框架。

第 4 章,适应性评价研究。本章针对三峡库区城市体育设施的适应性程度,构建供、需双向适应性评价指标体系,建立模糊综合评价模型,划分 4 个适应性阶段,对 9 个区县进行具体调查研究,将调查结果分中心城市、中等城市、小城市进行逐一分析。最后总结出缺乏适应性规划方法体系和适应性选址技术。

第 5 章,区域体育设施网络化空间体系对接。本章根据前文量化评价结论,对三峡库区城市体育设施的区域适应性规划方法进行研究,提出网络化空间体系对接的适应性规划目标。首先从国家、区域层面分析三峡库区城镇体系空间格局,然后建立关于赛事、旅游、交通三位一体的区域体育设施空间结构综合决策体系,构建区域空间结构及功能分区,并提出区域体育设施空间规划要点。

第 6 章,城市体育设施集约化空间模式优化。本章根据前文量化评价结论,提出以集约化空间模式优化为城市体育设施适应性规划研究目标,依据城市生活圈理论、集约规划理论,研发库区城市适应性规划方法。首先构建 3 个城市体育设施规划层级,然后提出基于多样性、均等性、集约性的库区城市体育设施规划类型和理想空间结构,结合城市规划实证,提出 3 个层级的集约规划方法。

第 7 章,结论。本章明确提出本研究的主要结论,归纳研究的一个理论创新点和两个方法创新点,归纳本研究的不足之处,并展望未来城市体育设施规划的研究方向和可能聚焦的关键问题。

1.4 文献综述

1.4.1 国内体育设施研究综述

国内关于体育领域的研究非常丰富,近些年来更是大量出现,主要涉及体育设施、体育行为动机、公共体育服务、体育政策、体育产业、体育建筑、学校体育等方面,其中跟本书直接相关的体育设施的研究主要集中在城市体育设施布局研究、城市体育设施层次与结构研究、体育设施服务范围研究、不同地域体育设施研究、体育设施理论研究、体育设施公共性与产业化研究和不同项目体育设施专项研究。

1)城市体育设施布局研究

关于城市体育设施的布局,田至美(1995)、马志和等(2004)学者提出,以"中心地理论"作为城市体育设施空间布局的理论基础和布局原则。田至美认为,体育设施布局的"中心"原则,应该在职业体育和体育市场化程度均非常充分的背景下使用。马志和、马志强总结了"市场—交通—行政"的城市体育设施布局三大原则。狄耿华、李建国(2004)从时间地理学角度出发,基于生活圈理论,对城市居民的体育行为与时间和空间的关系进行研究,总结了居民日常和周末的体育行为规律,提出了 3 种城市体育圈构型。申亮、岳利民、肖焕禹等人(2005)认为都市体育圈是城市体育发展的一种新模式,形成圈层分布,并由核心体育圈层、城市体育圈层以及郊区体育圈层 3 个板块组成,体育空间布局的重要影响因素包括:体育运动发展规律、人口数量、居住区形态分布、地域环境特征及城市体育文化和资源等。金银日(2013)提出,应该构建满足不同层次体育需求的金字塔式布局模式,满足休闲体育设施的带状模式和城市郊野体育设施的圈层模式,综合为一体,来取代体育设施简单的服务半径研究模式。彭立新、郭卫勇(2011)认为,城市体育设施选址问题类型繁多,可根据研究者最佳布局的认识情况和使用研究工具不同而得出不同结论,但对于城市体育设施的选址问题,出于对城市公共服务均等性的考虑,可采用最优路径的研究方法。

(1)布局现状研究

到目前为止,我国进行过 6 次全国体育场地普查,普查范围广、数量大,掌握了翔实的体育设施数据,成为众多学者研究体育设施布局的主要参考。同时,北京申办奥运会成功后,国内对体育设施的研究不断增加,数量增长的同时,体育设施布局也成为该领域研究的核心内容之一。

朱丽娜(2008)提出完善山东省体育设施的布局目标和方法。郭敏、刘聪(2009)认为城市规划缺乏整体性,各行业体育系统各自为战,主要满足本单位利益和设施标准较低是导致体育设施布局问题的主要原因。稂勇峰(2009)对国内外城市体育设施空间布局的方法和现状进行了比较研究,以北京市为案例,认为北京市体育设施供给数量情况较好,但因为经费投入原因存在供给不平衡的严重问题,阻碍了全民体育活动的开展,不利于体育可持续发展。窦海真(2011)提出了5类影响体育设施布局的重要因素,深入城镇群调查研究,解释了城市等级与体育设施发展的现状关系和内在逻辑。

(2)布局模式研究

缪建奇、丁健(2009)提出城市大型体育设施有集中式、分散式和"集中+分散"式3种空间结构。集中式就是将大型综合运动会所需要的体育场、网球中心、射击场、乒羽球馆、篮球馆等设施集中在一地,可以减少赛会组织的交通麻烦,也使体育中心的集聚度更高。分散式则是将体育设施分布在城市空间的不同位置,使城市居民能够在赛后充分利用这些场馆进行运动。张萍、张楠(2005)提出,通过对国内亚运会场馆的研究,提出了洲际运动会举办场馆的3种空间形态,并从赛事推广和交通运输的角度分析了各种布局形态的优劣。杨磊(2008)同样对国内的体育赛事场馆进行布局研究,提出了集中与分散相结合的布局形态,能够既满足比赛时峰值人流的集中和疏散,又能在赛后很好地利用这些设施满足全民健身的需要。从事城市规划学和建筑学领域的学者多采用空间规划的方式来判定体育设施布局模式,比如,张井岩(2007),朱小地、张果(2009),徐鹏(2010),提出场馆布局可分5个步骤来选取最优方案,并以最新的科技手段来决定体育设施的定点、定位。

(3)布局影响因素研究

张文新(2003)通过实证研究,提出人口因素是影响城市体育设施布局的最重要因素,因为人口的聚集情况决定了城市交通、教育等公共服务资源的布局,进而对体育设施使用产生影响。由于各因素对体育场馆布局的影响权重各有不同,相互之间存在一定的差异,原玉杰(2007)综合考虑不同环境因素对体育设施影响的大小,用实证数据比较得出,社会经济的发展是影响体育设施布局的主要因素,并且我国城市体育设施空间布局与社会经济发展相比,相对滞后。王西波、魏敦山(2008)提出,体育设施的选址需综合考虑城市各种问题,社会、经济、文化、地理、交通等要素是城市体育设施选址的影响因素。韩佐生、杨兰生(2007)强调,各种城市因素对体育设施的影响权重不同,不同层级的设施,影响因素也有差别,区位是重要的影响因素,在布局中权重较大。樊可(2007)认为,对体育设施的评价时间较长,需在设施使用一段时间后才能做出较准确的判断,而布局是否合理,还要看其他体育设施和公共服务设施的布局情况,是一个整体,不应单一进行评价。

另外,还有不少学者对体育设施布局的原则[刘波(2006),王小慧(2008),马志和(2004)]和目标[徐卫华(2005),陈元欣、王健(2010),张萍、张楠(2005)]进行了有益的研究和总结。

2)城市公共体育设施层次、结构研究

蒋蓉(2007)在成都市公共体育设施布局规划实践研究中,将公共体育设施设置为市级、区级、片区级和社区级四级进行布局。柏慧敏(2009)根据社会阶层差异下休闲体育活动项目选择的不同,以底层阶层、中层阶层、上层阶层相对应的休闲体育活动项目划分。蔡玉军(2011)在城市公共体育空间结构研究中,将城市公共体育空间分为城市级、地区级、街道级、居住区级和小区级 5 个等级。徐会夫(2008)主张大城市总体规划中,公共设施按照市级、片区(区域、地区、区)级、居住区级进行分级(表 1.1)。另外,郑皓怀(2008)认为,发达国家体育设施有四项成功经验,分别是规划的网络化、功能的复合化、设施的开放化以及赛事推动体育设施建设。王志勇等人(2011)提出城市体育设施的多功能化趋势和网络式与组团式两种空间模式。

表 1.1　已有公共设施总体分级情况

规范、标准及法规	分级规定
《城市公共体育运动设施用地定额指标暂行规定》	市级、区级、居住区级和小区级
《城市规划定额指标暂行规定》	市级、居住区级、小区级
《城镇老年人设施规划规范》	市级、区级、居住区级和小区级
《城市规划编制办法》	市级中心、区级中心
《城市商业网点规划》	市级、区域级、社区级
《公共图书馆建设用地指标》	中型馆、小型馆

资料来源：笔者根据徐会夫（2008）论文绘制。

关于大型城市体育场地设施建设的研究，王西波（2008）认为，城市体育设施主要有近郊型、远郊型和城市型 3 种选址类型，他认为近郊型体育设施应成为发展主要模式，因为城市型体育设施在城市之中发展受限，规模较小，而远郊型体育设施则由于交通原因，使用效率不高。吴贻刚等人（2007）提出城市体育设施与城市新兴区域应该有效结合，规划合理，使用便捷，功能复合。张玉良等人（2011）认为，应从体育产业发展的角度考虑重要的体育设施。林显鹏（2005）总结奥运会场馆在赛会后的 4 种常用模式，首先希望能够继续承办高质量赛事，并对体育运动做推广，依然保持体育功能，如果不能满足则转化为多功能利用。陈元欣等人（2010）认为，按照大型体育场馆的物品属性，即使交由社会机构进行管理运作，但依据国家法律法规，政府部门仍然在供给环节起主导作用。

关于居住区级体育场地、场馆建设的研究，钱文军等人（2011）首先明确了居住区体育设施的重要作用，同时提出 3 个主要问题：首先是立法有失，其次是功能定位不明，第三是选址失当。赵克等人（2004）归纳出居住区体育设施的 4 种基本形式及 4 种补充形式。王乔君（2004）通过社会调研，认为我国对社区体育设施有明确的国家规范，但在执行层面非常薄弱，目前全国社区体育设施对国家指标的完成度差距较大，城市居民进行社区体育运动受到阻碍，故应针对

不同年龄的人群建设满足各自需求的体育设施空间网络。该级别设施的法律
保障也是刻不容缓需要解决的问题。当然,地产开发商对体育设施规划建设的
重视程度,也在很大程度上影响社区体育设施的质量。

3)城市体育设施服务范围研究

在国内学者对城市体育设施服务范围的研究中,城市生活圈(体育设施服
务圈)理念逐渐成为研究的新模式。

李建国、卢耿华(2004)提出,社区体育活动绝大多数在生活性日常体育运
动圈范围内进行,辐射人群区间为 $5×10^3 \sim 1×10^5$ 人,居民到达小区或社区体育
设施的步行距离为 $500 \sim 1\ 000$ m;提倡建立周末体育生活圈、节假日体育生活
圈结构。徐会夫等人(2008)将城市公共服务设施的覆盖范围看作圈层状,通过
社会调研总结出城市公共服务设施的服务圈层范围(表1.2)。陈旸(2010)认
为,社区体育公共服务设施服务半径在 300 m 以内,出行时间是步行 5 min 内。

表1.2　大城市公共设施分级及服务范围表

分级	服务人口/万人	服务半径/km	出行时间/min
市级	500 ~ 100	4 ~ 10	公交40
片区级	15 ~ 20	2 ~ 3	自行车20
居住区级	3 ~ 5	0.8 ~ 1	自行车5 ~ 8 步行15 ~ 20

资料来源:笔者根据徐会夫(2008)论文绘制。

如前文所述,申亮、岳利民、肖焕禹(2005)研究了体育设施的布局原则与模
式,认为城市体育设施应由 3 类体育运动生活圈层构成。任平等人(2006)对都
市体育圈发展模式进行了探讨。周亦瑾等人(2008)认为,都市体育圈是在都市
圈范围内,以体育为载体依托环境资源建立体育场所、设施等组成的圈层结构,
以及其体育功能扩散和影响所及的区域范围。常乃军等人(2011)认为,经济因
素是影响城市体育空间最直接、最有力的因素。王茜等人(2009)提出,休闲体

育场所的空间组织与人类社会关系密切,相互影响。

在体育设施承担城市服务功能的常规研究中,王玉扩等人(2005)认为,体育设施是重要的城市公共服务设施,是社会经济发展到一定量级后开始逐渐有所需求的服务设施,人们有了较充分的经济物质保障后,对身体健康的需求就会强烈地表达出来。都胜君(2006)认为,我国不少地方,城市群众体育设施数量与质量均不高,没有建立可持续发展的理念。刘华冰(2007)认为,城市可持续发展离不开体育设施,体育设施可以改善城市面貌,对城市形象的塑造具有重大意义。徐向阳、张俊伟(2007)认为,应该将体育服务做进居民生活区,为居民的日常生活服务就是以人为本的体现。

4)地域公共体育设施的研究

杨风华(2007)发现,我国体育设施供给存在巨大差异和不平衡,发达地区体育设施种类丰富,供给充足,而非发达地区则问题较多,主要是缺乏有效的管控。上海体育学院蔡玉军(2012)、金银日(2013)以上海为例,分别从体育设施结构和体育行为及体育设施方面进行研究,前者分析得出上海市体育设施总体服务水平不高,乡镇街道服务水平较好,居住区级体育设施严重缺乏,公共体育活动空间具有场所固定化和功能多样化的特点。后者通过对居民行为的分析,建立了一套城市休闲体育空间研究体系,总结了上海休闲体育空间的八大特征,并提出了针对组团布局、带状布局、圈层布局和广域布局的优化方案,形成了4点启示。浙江大学金坤(2013)以浙江省体育建筑为例,聚焦体育产业对体育事业发展的积极影响,详细分析了浙江省公共体育场馆的设计演变趋势及其动力机制,总结出综合化、高效化、专业化、多元化的发展趋势,并与体育产业的特性和发展相符合。福建师范大学王占坤(2013)同样以浙江省为研究区域,以公共体育服务体系建设为出发点,分析得出浙江省平均水平不如发达省份,提出了体育场馆在政策法规和财政经费方面的优化策略。西南大学李蓉(2009)以重庆市为例,对主城区公共体育设施需求及分布与城市景观结合进行研究。西南交通大学郑志明(2009)对成都市公共体育设施进行研究,总结了特大都市及高密度城市的体育设施的规划布局原则,规划分级策略和规划用地指标明确。还有前文叙述的朱丽娜、稂勇峰分别对山东省和北京市的公共体育设施进行的研究,卢耿华对上海城市体育设施功能形态布局的研究,以及窦海真针对五大城镇群地级以上城市的研究。

5)公共体育设施空间理论研究

在城市公共体育空间理论研究方面,田至美(1995)在《体育文化的地理学解析》中分析了"体育地理"理论的兴起和发展状况。巴艳芳(2006)在《城市体育设施空间分布与体育产业发展对策研究》一文中建立了城市体育设施空间分布理论。史兵(2007)首次提出了运用地理学理论与方法研究体育空间。同济大学郑皓怀(2008)在《城市社区体育建设研究》中探讨并提出了城市社区体育设施建设的理论。上海体育学院金银日(2013)以系统论、行为学、心理学、城市地理学理论为支撑,提出了城市休闲体育空间建设理论,并以上海作为研究案例。

6)体育设施公共性及产业化研究

在体育设施公共性及产业化研究方面,马国馨(1998)提出了体育设施的可持续发展理念,并从体育产业角度研究体育设施的定位与发展。马志和、马志强(2004)从投资角度研究体育设施的权力与收益分配关系。体育设施属性一直是研究的重点和难点,马志和认为,目前相关研究主要是从设施的消费属性视角切入,该方法能够在一定程度上解释城市体育设施的属性问题。李建国(2010)强调公共体育政策对体育产业化发展的影响,提出公共体育政策向弱势群体倾斜的主张。谢洪伟等人(2011)用经济学理论分析社区体育设施,解释社区体育发展的重要性,是体育产业的支撑部分,但我国还处于起步阶段。王进(2008)认为,由于历史原因,我国体育产业化道路并不顺利,需找准突破口,逐渐培育体育市场。王子朴、梁金(2010)提出体育设施的建设已经开启,但设施管理水平还有待提高,特别是要从持续发展、综合发展的视角研究体育中心的经营问题。李南筑、陆林飞(2010)运用经济学和城市学理论,提出体育空间的集聚特征。史兵等人(2010)从全国地域气候和人口的角度发现体育设施的建设规律。

7)其他对体育设施产生影响的研究

(1)体育动机研究

关于人类体育需求动机和影响因素,卢峰等人(2003)研究了人参与体育运动的5种动机。郭继平(2002)提出居民体育需求的5个因素。徐波等人(2012)认为人们参与体育活动,根本上是源于对体育休闲的需要。俞琳(2005)提出,体育行为存在正向动机因素,同时也存在来自其他替代娱乐方式的竞争等反向动机因素。

(2)公共体育服务研究

近年来,国内对公共体育服务研究非常活跃,主要有9个方面:①公共体育服务体系建设的意义(尹维增,张德利,2009;李建国,2009;刘鹏,2011;胡庆山等,2011);②公共体育服务体系建构(王才兴,2008;肖林鹏,2007;范冬云,2010;戴健,2012);③城市社区公共体育服务体系建设的研究(刘玉兰,张明,2008;胡茵,2009;孔祥,2011;陈新生,2012;周涛,2012;郑卫民,2012);④农村公共体育服务体系研究(张洪武,2007;郝军龙,2010;刘玉,2011;余涛,2012;吴文峰,翟从敏,2012;张世威,2012;刘睿,2012;周建新,2012;王辉,2012);⑤区域公共体育服务体系建设研究(沈建华,2008;蔡景台等,2009;陈琦等,2011;周良君,2011;付强等,2013;牛宏飞,刘一民,2013;熊飞,朱梅新,2012);⑥弱势群体公共体育服务体系研究,主要针对残障人士的服务研究(肖丽琴,2012;王秀丽,2013;郎海波等,2013);⑦针对老年人的公共体育服务研究(刘永强,屠其雷,2012;施学莲等,2012;杨高习,李丹,韩丽菲,2013;彭艳芳,2013;王占坤,2013);⑧关于青少年公共体育服务研究(刘艳丽,龚晓洁,2006;沈时明,沈逢元,徐永,2012;邢金明,2013);⑨关于高校公共体育服务的研究(陈颖川,吉建秋,2002;王芹,吴瑛,2010;王芹,王必琪,2012)。

（3）体育政策研究

目前国内对体育政策的研究可分为七大方面：①政策现状研究（杨卫东，2004；门阑，2005；徐金尧，李启迪，2005；王世洲，2006；苗治文，2006；刘玉，2009；阳剑，2010）；②竞技体育政策研究（张中秋，石磊，朱学雷，1999；卢志成，郭惠平，李斌琴，2008；李瑞林，刘铮，2011）；③社会体育政策研究（冯火红，2006；李建国，2008；段长波，钟小燕，2011）；④社区体育政策研究（宋杰，李丰祥，2004；赵克，徐卫华，黄文仁等，2004；陈永生，2007）；⑤学校体育政策研究（罗建河，谭新斌，2008；彭雪涵，2009；刘宁，刘静民，张威，2009）；⑥体育产业政策研究（刘远祥，田雨普，2009；郑志强，2010）；⑦国外体育政策研究（王力军，石磊，2000；孙金蓉，2003；崔颖波，何志林，李建国，2003；崔颖波，赵广辉，2004；朱寒笑，苗大培，2009；刘小平，陈华荣，2010；汤际澜，2010；高丽，2011；王英峰，2011）。

（4）学校体育设施研究

学校体育设施的研究主要集中在3个方面：①有关学校体育设施管理现状的研究（向京，2005；王菁，2012；牛同舟，张博，2008）；②有关学校体育设施对外开放的研究（吕时珍，2007；冯炎红，2007；徐鸿鹏，2008；毛俐亚，2009；陈林会，覃文林，2009；朱文英，2010；谭仲秋，2010；黄群玲，张得保，2011；张磊，2012）；③国内外学校体育设施对比研究（苏连勇，1994；钱宏颖，1995；崔颖波，何志林，李建国，2003；牛同舟，张博，2008；张金超，2009）。

综上所述，我国对体育设施空间布局、层次、类型的研究较为丰富和成熟，选取案例比较丰富，也有许多对体育设施政策、体育空间权属等方面的深刻探讨，但对体育需求的研究内容还比较宽泛，体育需求有许多不同。目前相关研究还没有将体育需求进行明确的分类研究。同时，我国地域辽阔，南北差异、东西差异巨大，地形差异也较大，对体育设施的需求、规划、建设都有很大的不同，因此，地域体育设施的针对性研究还有待产生新的认识和研究成果。

1.4.2 国外公共体育设施研究综述

国外公共体育设施的专项研究比国内开展得早许多,在城市体育设施规划范畴内,主要有针对公共体育设施布局研究和针对社区公共体育设施专项研究两大类。

1)公共体育设施布局研究

(1)布局演变研究

国外研究者特别关注公共体育设施布局、选址、空间结构等方面的研究,研究内容主要涉及设施布局的历史演变、空间布局方法及布局策略等。

Barclay(1983)将罗马奥运会到莫斯科奥运会(第17—21届)的奥运场馆的布局及演变规律进行了比较研究,提出自1960年以后,奥运比赛场馆的规划布局呈现出"集中—分散"的二元模式,且主办城市将场馆布局与城市总体规划相结合,出现了更能支撑自身城市发展的布局模式,如"单中心—分散"、多中心等多种场馆布局模式。Brian(1986)对美国20世纪五六十年代人口迁徙与体育设施布局的变化进行了关联性研究。他提出,因为美国城市的郊区化发展模式和美国西部、南部城市的快速发展,体育职业联赛开始寻找新市场,主要办法是增加新的城市球队和原有球队的体育场馆搬迁。自20世纪50年代以后,有3/4的城市居民迁移到郊区。美国这一时期体育场馆布局呈明显的郊区化趋势。Comer(1996)分析了20世纪60—90年代体育设施的空间演变郊区化过程及其特征。

Euchner(1993)、Tim Chapin(2000)、Tracy(2000)都认为,从第二次世界大战后到21世纪这50多年来,在现代工业及技术影响下发生剧烈变化的城镇化形态对城市体育设施空间带来了很大影响,城市的扩张和郊区化过程使商业区和居民区远离城市中心,大量的人口和消费市场随之迁移到了新的城市空间,带来了市中心的衰败。体育设施也开始被布局到距离老城区比较远的区位,更接近新的人口聚集点,并因此要提供足够的停车设施等公共服务设施,造成到

20世纪70年代,许多体育设施被建造在郊区。然而,20世纪80—90年代,由于大量移民和城市中心区的更新,城市重新变得有活力,人口消费被重新唤起,因此,体育设施布局又逐渐返回至市中心,形成一个体育设施再城市化的过程,体育设施数量在这一时期得到明显增加。Richard(1999)谈到有两种方式共同对体育设施空间变化起作用,分别来自外部扩展和内部组合,两者形成稳定的空间结构。

综上所述,可能跟体育设施发展的历史较长有关,发达国家学者对体育设施的研究关注来自时间线索,较注重以历史发展作为设施空间研究的主要切入点,并且跟踪时间线可持续三四十年时间。长时间的跟踪研究确实对研究对象的整体性把握有帮助,得出的结论也更加大气、悠远而非注重一时一地的变化。

(2)布局要素研究

Rosentraub(1994)提出,体育设施是城市更新的重要动力,可承担发展服务业、健康产业、体育产业的重任。Baade(1996)探讨了设施布局与整个城市区域的关系。Melaniphy(1996)认为,体育场馆的布局与城市中产阶级的空间分布和流动有关。Danielson(1997)提出了体育设施与城市标志性建筑之间的关系,即使体育设施建筑本身不是标志性的,但与标志建筑之间有着密切空间联系。Neil(1998)谈到城市土地资源与体育设施建设的问题,土地价格高的城市与体育设施布局的影响关系。Rhee(1998)指出,体育设施可建设在城市周边区域,逐渐吸引人流参与体育活动。Raymond(1999)认为,体育设施最大的投资者也应是最大的受益者,无论是政府还是社会企业。

综上所述,国外学者对体育设施在城市中的空间布局问题进行过全面、深入的研究,其主要研究内容是在各城市城镇化扩张的过程中,体育设施空间布局所发生的改变及其规律,这种规律与城市扩张、收缩、更新的趋势有着密切联系,而产生这种联系的动力机制则在于人流的聚集情况。同时,依据不同时期的发展特点,也是分析运动场馆布局的主要因素,特别是体育产业发达时期,人流和消费对体育设施布局的影响更加明显。另外,用地区位条件、场馆规模、交通条件等也是需综合考虑的重要因素,对本书的研究具有参考价值。

（3）布局空间研究

Rod Sheard（1988）在《体育场馆：设计和开发指南》（*Stadia：A Design and Development Guide*）一书中谈到了体育设施的可持续发展策略。Danielson（1997）认为政府的支持与否是体育设施区位的重要决定因素。Bachelor（1998）研究体育设施区位以及收益关系,认为体育设施能够成为城市经济的增长点。Raymond（1999）分析了政府投资与体育设施布局的关系。Frank（2003）对美国职业联盟球队的迁移进行分析,提出球队在城际间的分布是决定球馆分布态势的主要因素。同时,在对不同国家的研究中可以发现,英国、澳大利亚两国政府都通过长远的计划来推动和协调体育设施空间布局。

从国外学者关于体育设施空间的研究中不难发现,体育设施空间布局受城市规划、政府财政的影响较大,而职业俱乐部体育场馆的分布主要受影响于市场规模及发展前景预测。

2）社区体育设施研究

从1885年美国著名社会活动家玛丽·林奇（Merry Lynch）开始探讨可以开展多种体育活动的社区体育中心模式开始,经过半个世纪社会各专业学者的共同努力,社区体育设施的研究走向多元化发展方向。从发达国家近年来的研究情况看,多运用城市社会学理论、环境行为学理论、群体动力学理论、城市社区规划理论对社区体育活动的人群参与、社区体育活动的环境体系、社区体育设施建设模式等方面进行探索。

（1）社区体育活动研究

20世纪60年代,日本提出"体育参与"理论。在体育活动评价研究中,已经逐步摒弃就事论事的现状分析方法,更多地从社会生活角度研究体育活动与居民生活的相互关系。学者 Troped（1993）在对社区体育设施的研究中发现,居民选择体育运动会因为年龄、性别、个人兴趣爱好等不同而有很大差异,社区体育设施应以此为基础,规划不同年龄的设施。加利福尼亚大学 Lamont（1996）在奥克兰市社区的体育游憩设施状况调查中,首先对居民体育活动时间、活动频度、行为分布等微观行为模式进行研究,并通过参与者主观评价的方式调动设计思维。

（2）社区体育设施标准研究

发达国家学者特别注重对社区体育设施标准的研究,以人口基数为设施标准的参照是众多学者共同的研究方法。由于发达城市的划分以社区为主体,其社区体育设施网络建设的一个重要环节就是对社区体育中心的建设标准研究。美国学者 Thomas H. Sawyer（2002）在《康体设施、游憩设施、体育设施规划》中提出体育与游憩设施规划的程序与标准。Richard B. Flynn（1999）在《体育休闲设施规划设计》中研究了影响社区体育设施的新概念和新趋势。另外,日本和英国也通过立法的方式制定了国家社区体育设施相关标准。

（3）社区体育设施的管理研究

由于新自由主义的兴起,西方国家的社会力量逐渐替代政府,管理城市社区体育设施,20 世纪 80 年代,英国政府立法要求社会力量进入到社区体育设施的管理及服务中。1989 年,澳大利亚要求政府管理的社区体育设施全面采用竞争投标的办法让社会参与竞争,以提高服务质量。Peter J. Farmer（1996）在《体育设施规划与管理》一书中对体育设施规划、经营、管理、维护等方面进行系统的研究。2005 年,查尔斯·布彻尔和马奇·克洛迪拓展了社区体育设施研究范围,将其与学校、娱乐设施、公共空间结合起来。

（4）体育设施促进社区发展研究

第二次世界大战后一直到 21 世纪初,西方国家总体来讲内部政治稳定,经济增长迅速,同时也经历了人口的迅速增长,这一段时间公共设施的服务需求也随之增加。美国学者 Gerald A. Porterfield（1966）曾在其著作《社区规划概要》中提出,在社区的所有地块中应该用尽可能多的方法来服务社会各年龄段和各阶层的人群。允许一些地区成为一些相对集中的体育设施聚集地,进行体育场馆的综合利用,比如,球类综合馆也可开展滑板、小轮车等极限运动,使用者的来源范围也随之不断增加。Gerald A. Porterfield(1995)还对体育休闲设施的纲领、区位、设计方面提出自己的见解。他明确地提出,社区体育设施要与社区公共空间紧密联系,或是给公共空间综合利用开发,让社区居民能够享受体育服务,使社区体育设施的利用效率提升,而不是提供一些体育设施但不使用这些设施,使设施长时间处于无人问津的状态。

综上所述,国外研究在20世纪90年代前更注重空间布局的研究,而进入90年代后,国外关于体育设施的研究综合性增加了许多,关于社区体育、场馆综合运用开发等研究逐渐上升。这一阶段的研究将体育设施与人群生活结合起来,探讨在不同生活场景中体育设施的作用及问题,研究更加生动、更加接地气。对当今生活条件得到极大改善的三峡库区区域来讲具有极大的借鉴意义。

1.4.3　适应性城市规划研究

我国学者将适应性理论系统运用于城市规划研究领域的时间不长,冯伟(2007)对我国大学科技园的适应性规划进行研究,开启了我国博士论文对适应性规划的探索。探讨社会、自然、建筑3类环境之间的互动关系,研究大学科技园的适应性规划模式。王中德(2010)从复杂性的角度,研究山地城市公共空间的适应性规划和演化规律。肖哲涛(2013)以适应性保护理念对秦岭北麓(西安段)适应性保护模式及规划策略进行研究。陈崇贤(2014)研究了河口型城市、海岸灾害适应性风景园林设计,归纳了4个层面和范围的特殊灾害风险,并针对这4个层面提出了具体的不同适应性设计实施策略。方小山(2014)进行了亚热带湿热地区郊野公园气候适应性规划设计策略研究,基于 ENVI-met 软件模拟研究了郊野公园景观设计因子对室外热环境的影响,提出了基于气候适应性的郊野公园规划设计策略。郭晓峰(2015)进行了城市地域性特征的适应性研究。袁艳华(2015)进行了山地城市复杂系统生态适应性模型研究。史靖源(2018)对重庆乡村人居环境规划的生态适应性进行了研究,从村域、村落、农宅3个层次有针对性地提出了重庆乡村人居环境生态适应性规划路径。

适应性城市规划的研究具有显著的地域特征,我国幅员辽阔,地形差异、地质差异、气候差异极大,使用的研究理论和方法各不相同,三峡库区的生态特殊性和文化特殊性使这一区域需要有针对性的体育设施适应性研究。

1.4.4 三峡库区城市发展研究综述

三峡工程是我国能源、水利领域的战略工程,其中一个重要难题是对一百万多移民的搬迁、安置和生存发展问题。因为涉及文化、社会、经济、生态、交通等重大问题,对移民的安置及与原住民的融合、共生一直是一个世界性复杂问题。自三峡工程建设以来,由于水位影响,湖北宜昌沿长江上游20余座城市成为三峡库区城市,因地域距离条件和城市发展需要,三峡库区城市成为移民的主要安置地。也因为移民,库区城市建设开始加速,城市规模迅速扩大,城市人口逐渐提升,这种时空压缩式的巨变也带来了诸多城市问题。重庆大学赵万民教授(1997)在三峡工程建设之初深入库区城市考察,从三峡库区城市城镇化、生态和历史文化城镇保护对三峡库区人居环境进行研究,成为吴良镛院士人居环境科学理论在山地地域的践行和发展。以此为基础,西南山地人居环境理论体系逐渐形成,为三峡库区人居环境研究提供了科学依据及核心理论。李泽新(2006)基于山地城市特点,做了关于三峡库区交通体系的综合研究,包括航运、铁路、水路、公路四大类,研究分析了4种交通综合形成的历史演进与技术方法。黄勇(2009)针对三峡库区人居建设的社会问题,运用吉登斯社会"结构化"理论进行了研究,提出了社会学与人居环境最终在时空结构化的地平线相遇,形成了社会变迁与人居建设的双螺旋形结构,解释了产生库区城市社会变迁的人工时空结构化机制,分析了在时空压缩情景下三峡库区人居环境建设的时空结构化技术过程和未来图景,构建了人居环境建设的"推—拉"模型,形成了社会学与城市规划学科的交叉性研究范式。段炼(2009)对三峡区域新人居环境进行研究,提出三峡库区城镇化进程的"人口、产业、空间"三大支撑体系及其相互影响关系;聂晓晴(2010)聚焦于三峡库区城市居住空间重构研究,总结库区城市因居住空间重构带来的关键问题和空间特征,探寻其形成机制,分析居住空间重构对三峡库区城市、社会带来的影响,并结合渝中区、万州区、开州区、奉节县等地的实证研究探究未来发展途径。魏晓芳(2013)对三峡人居环境的文化地理变迁进行了探索,主要解释了三峡地区地域文化的兴起与发展,分析了三峡地域文化地理的变迁机制,并结合库区行政管理案例提出文化发展策略;郭辉(2016)对三峡库区城市的公共安全问题进行了研究,提出了"公共安全空间单元"概念,从"容灾机制"(理论)和"规划干预"(技术)研究库区城市公共安全问题,结合3个典型区域进行实证研究;刘畅(2018)对三峡库区生态经济进行了研究;周琎(2018)对三峡库区城市社会基础设施进行了"理论—方法—实证"的协同规划研究。纵观山地人居环境学科团队二十多年来的研究成果,在人居环境科学理论五大系统、五大类型的基础上,形成"宏观(区域)—中观(城市)—微观(建筑)"的地域化人居环境研究思路,在"纵—横"两个维度形成了科学的研究范式和丰富的研究成果,"纵向"形成一套以关键问题为导向,"理论—方法—实证"为主要体系的研究范式,"横向"对三峡库区交通、社会、居住、文化、公共安全、生态、经济、社会基础设施等多个领域进行深入研究,这些研究综合形成《山地人居环境七论》的理论支撑和主要内容。

三峡库区体育发展的研究百花齐放,长江师范大学成立了巴渝体育文化研究中心,将三峡库区纳入"三区一域"(巴渝地区、武陵山区、三峡库区、乌江流域)的主要研究版图。在体育经济与消费领域,重庆大学潘建华(2007)对三峡库区移民体育消费进行研究,为移民形成积极健康的消费模式提供破解策略;并对三峡库区社区体育与经济发展相关性进行研究,以库区6个区县为案例,揭示了库区社区居民消费水平的提高带动了库区体育产业得到快速发展(2008);重庆大学娄方平(2009)对三峡库区体育一体化发展进行了研究,提出3个层面的城乡体育发展差距和三峡库区城乡一体化体育发展模式并总结了对策建议;长江师范学院张世威教授,构建了民族传统体育与区域文化通融发展的"文化空间体"模型框架和长效机制,并对三峡库区体育旅游发展提出了构建

"一江两河四岸"体育旅游长廊的空间构想。总体看来,近年来对三峡库区体育发展的研究主要集中在库区体育旅游[张世威(2011,2008)、向家俊(2007)、刘平清(2007)、马勇(2007)]以及库区移民的体育发展[孙君怡(2014)、申存生(2012)、潘建华(2007)、袁革(2005)]上,对三峡库区体育设施的研究较为薄弱。

1.4.5 研究综述总结

1)研究综述总结

本书对城市体育设施相关的空间结构、供需关系、空间均等化、空间可达性、规划方法、评价方法等多方面进行理论综述,获得了我国城市体育设施规划研究的整体发展格局和研究关切,笔者总结为3种主要论点,包括空间决定论、指标决定论和品质决定论。空间决定论是指研究以空间布局为切入点,以空间公平为结论假设,以体育设施服务半径对城市的覆盖率、体育设施的服务人口规模、体育设施的空间公平性为研究对象,主要目的是研究体育设施的空间是否公平合理,城市居民是否能均等享受服务;指标决定论是指研究以现有规划参考工具——法定规划指标数据为切入点,以指标的科学性为结论假设,以城市体育设施供给数据满足法定规划指标与否为研究对象,主要目的是研究城市体育设施的建设对法定指标的体现度和完成度;品质决定论是指研究以体育设施的建设标准和服务品质为切入点,以体育活动受体育设施服务品质影响为结论假设,以体育设施对人类体育需求及体育行为影响、体育设施类型、体育设施投入、体育设施管理为主要研究对象,主要目的是体育设施质量与体育行为的关系(图1.19)。3种思路各抒己见,都取得了丰富的成果,也让笔者从中获取了丰富的营养,在此基础上,笔者尝试指出目前规划工具、规划研究和地域体育设施研究中的三类缺位,为本研究寻找精准突破点和构建研究创新点确立目标方位。

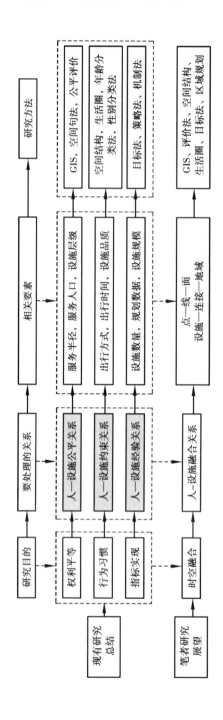

图1.19 研究综述总结图

资料来源：笔者根据相关研究总结绘制

2) 适应性规划研究缺位

适应性规划研究缺位,包含 3 个方面:①注重单一城市体育设施空间发展的模式研究思路,导致地域性、区域性及中小城市体育设施规划研究缺位,同时导致研究的同质化趋势。以三峡区域为例,三峡库区城市居民的经济和社会状态正在发生改变,库区城市的规模和形态也在快速变化,服务人口增加,并且库区城市的山、水地理条件与平原城市有很大不同,空间约束力较大。但也是发展山地体育项目、户外体育项目、水上项目、滑雪项目的优势所在,但在目前基于三峡库区得天独厚的地理条件来研究体育设施规划的案例尚比较缺乏,对库区城市人工和自然环境的考虑不够,更没有针对库区城市体育设施进行区域性、地域性的适应性规划研究。②注重对体育设施空间覆盖范围公平的兜底研究思路,导致专业性、全球性的体育设施规划研究缺位。由于研究目标的设定是解决体育设施布局公平性和可达性问题,因此,对体育设施在地理空间范畴的内涵挖掘充分,但在社会空间范畴的内涵挖掘还有所欠缺,因为注重共性需求的空间公平而忽略了个性需求的空间差异,导致体育设施供给的多样性类型和专业性设施空间不足,体育爱好者可选择的体育设施有限。另外,少有考虑自然环境对体育运动类型及体育设施布局的影响。③注重对体育设施使用者的理性人假设思路,导致多样性、精准性的体育设施规划研究缺位。目前的体育设施研究中采用的人的行为习惯和选择动机多以理性人假设为前提,这种思路在体育设施布局和类型方面占据主导作用,其基本结论可总结为城市应该为居民提供 5~15 min 步行范围能够到达的、满足日常体育运动的社区、小区类体育设施。在笔者看来,这虽然比线性化的体育中心供给有所进步,但仍然只满足了一部分体育需求。因为人的需求是千差万别的,是非理性的(威廉·巴雷特,1962),城市体育设施是为全体市民服务的,而人群是多样化的,人群的需求规律、行为模式和分布特征都不能靠理性的假设来完全概括和对应,各得其所、各取所需、各享其利才是更客观、更合理、更具适应性的研究目标。清华大学尹稚教授认为,现在的城市规划要讲究"以人为本",这个"人"不是一个抽象概念,不是一个概念人,而是现实中各种不同的人群。人群的结合是自由组合的结果,是因为需求的多样性而逐渐细化的,要做好人的研究,就要深入研究现在细分化的人群。

3)城市体育设施主要顽疾

城市体育设施的研究存在两大顽疾,一是承办国际性综合体育赛事的体育设施群的赛后运营和利用问题,大型综合性赛事需要大量专业体育设施和服务设施,对举办城市的财政平衡和持续运营能力是不小的考验,各国学者从多领域、多角度进行了众多研究,但问题依然存在,雅典、索契、里约热内卢都成为这方面的受害者,导致近年来重大赛事的申办城市数量一降再降,2024 和 2028 年奥运会主办城市靠国际奥委会的积极运作才最终选择巴黎和洛杉矶,但也无法掩盖重大综合性赛事从"香饽饽"逐渐变成"烫手山芋"的问题。这种趋势可看作极端工业化的失语,这类设施代表人类技术与审美的最高形式,但缺点在于除"大事件"外,对人没有日常性吸引力①。二是日常性、生活性体育设施的建设落地问题,目前国内不少城市已经开始编制体育设施专项规划,规划蓝图更加注重社区级别以下的生活性体育健身设施,科学布局的方法也被广泛研究,但就像迪尔描述的那样,"城市规划由土地使用和空间形态控制技术还原和降格为用以进行控制和城市压迫为目的的险恶工具"②,规划成为一项"必须完成的任务",而落地性成为实现规划的重大阻碍,造成有规划、无落实的困境。这是另一种人性化的极端,代表对人类自由、平等和行为习惯的最大尊重,但缺点在于除在图纸上尊重以外,在现实中由于各种矛盾难以落地实施,成为城市规

---

① 张京祥以北京奥运设施为例,证明在全球化过程中,"大事件"营销成为大都市实现从流动空间到场所提升的重要途径,"大事件"也因而成为众多城市在全球竞争中捕捉发展机会的一个重要手段,成为在要素流动世界中粘连甚至固化发展要素的重要媒介。

② Michael J. Dear. 后现代都市状况[M]. 李小科,等译. 上海:上海教育出版社,2004:198.

划业主化倾向的具现实表现①。

在对国内外体育设施研究及适应性研究进行综述后,本书立足于三峡库区这一明确的地域环境,希望在目前研究积累的基础上,提出针对性更强、更具地域适应性的三峡库区适应性规划方法,能够科学地指导三峡库区体育设施规划建设,并能够为解决两大顽疾提供理论和方法支撑。

1.5 研究意义

1.5.1 理论意义

城市体育设施规划是城镇化过程中一项重要的民生规划建设工作。城镇化的建设实践离不开持续的城镇化理论创新,吴良镛院士的人居环境理论在长期的建设实践中不断地完善,积极地引导了中国城镇化建设。吸纳这一理论的营养并作为该理论在地域规划建设中的延伸,赵万民教授建立了山地人居环境理论,经过大量的、长期的西南山地规划建设实践,在山地人居环境理论 4 个方面内容的基础上形成了山地人居环境理论的 7 个理论支撑。本书以人居环境和山地人居环境理论为基础,重点吸纳空间形态论、"聚居"文化论、城乡统筹论的理论内涵,结合规划理论、行为理论,对三峡库区这一敏感区域的城市公共体育设施进行分析和规划研究,能够成为一项以山地人居环境理论的区域视角进行城市功能设施研究的探索,并用人居环境和山地人居环境理论与其他理论融贯综合,多学科交叉研究的案例,并为解决三峡库区城市的体育设施空间规划

---

① 黄勇(2009)认为,城市规划的业主化倾向体现在两个方面,一方面由于政府缩小行政权限,规划机构或人员不断流向市场;另一方面,私人规划机构大肆增长,规划作为一种技术咨询与服务业越来越壮大。其结果是规划服务的产品化或商业化,这导致在规划技术上不容易被商品化,承担着公共利益而难有利润的时空将遭到压缩/冷落甚至遗忘。这样的时空技术过程使"有规划无建设"成为无奈的现实。

问题提供可用的规划方法,同时为山地人居环境理论的内涵起到充实作用(图1.20)。

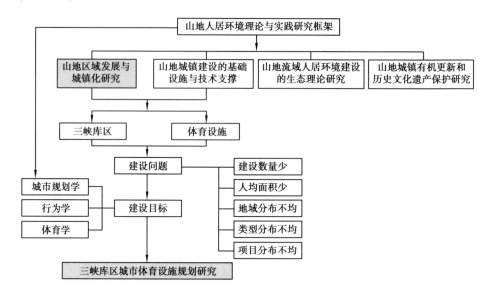

图1.20 理论意义说明图

资料来源:笔者根据赵万民(2011)研究改绘

1.5.2 实践意义

首先解决三峡库区城市体育设施的适应性规划问题,让规划供给更适应库区社会发展需求。近年来,三峡库区城市发展面临转型升级,当人们的生活水平提高后,精神消费、健康消费的规模极大提高,体育运动在这一消费领域占有重要地位。国家已经在《国务院关于加快发展体育产业促进体育消费的若干意见》中把全民健身上升为国家战略。体育设施的规划研究能够提升公共体育服务水平,助推本地区新型城镇化发展。三峡库区是因为三峡工程和百万移民等重大战略任务而形成的一个重要区域,这里的生态环境、经济发展、城镇化建设都具有较强的时空压缩特性,导致三峡库区体育发展的实际情况与《国务院关于加快发展体育产业促进体育消费的若干意见》提出的人均体育设施 2 m²、

15 min 健身圈、两个 100% 全覆盖的战略目标有不小的差距,即便脱离这些行政目标,库区城市在经历移民迁建这一突发城镇化过程后,体育设施供给实际情况与社会体育需求也差距较远。研究立足于三峡库区城镇化发展的实际水平,通过适应性评价和规划方法研究,希望能够找到三峡库区城市体育设施规划建设的有效途径和策略,并成为山地城市、中小城市公共体育设施发展可以参考的研究依据。

其次帮助解决困扰我国体育设施发展的两大顽疾,一是重大赛事体育设施使用效能低,需要提升效能的问题;二是生活性体育设施落地性差,需要让规划得到落地实施的问题。从区域层面网络化规划重大赛事体育设施,并且加强虚拟的信息连接和物质的交通连接,突出其特色性、唯一性,能够有效提升赛事体育设施的使用效率。在城市层面通过增加体育设施类型,大力发展非独立占地体育设施,提高体育设施用地的灵活性、集约性,让体育设施与商业设施、公园设施、绿地设施等集约布局,或有效利用城市边角用地,这一系列适应性规划方法能够提升生活性体育设施的规划落地问题。

1.6 研究方法与路线

1.6.1 研究方法

1)文献查阅法

通过万方数据知识服务平台、中国知网(CNKI)、百度学术、Google 学术、EBSCO 运动科学数据库、国家图书馆、重庆大学图书馆等科技资源平台,对相关资料进行搜集、下载和查阅。对体育设施文献的查阅主要有以下几类:首先是对山地人居环境学术团队的研究成果进行系统学习和研究,主要有《山地人居环境七论》《三峡库区人居环境建设发展研究——理论与实践》《山地人居环境科学集思》,以及三峡库区规划研究专著《三峡库区人居环境建设的社会学问题研究》《三峡区域新人居环境建设研究》《三峡库区人居化境建设综合交通体系研究》《三峡库区城市居住空间重构研究》《三峡库区人居环境的生态及产业发展研究》《三峡库区社会基础设施协同规划理论与方法》。其次是对体育历史、体育文化、体育设施规划、体育产业等相关专著进行学习和研究,将国外的公共体育设施建设情况,与研究对象相比,以利于学习先进经验,发现关键问题,系统梳理我国体育及体育设施发展的脉络,了解研究对象的生成机制。再次,仔细查阅 2015—2020 年《体育事业统计年鉴》、2015—2020 年《中国统计年鉴》、2015—2020 年《重庆统计年鉴》、2015—2020 年三峡库区城市年鉴、2015—2020 年重庆市体育年鉴、2020 群众体育蓝皮书、2020 中国体育产业发展报告等资料,长期关注国家体育总局、重庆市体育局及其他官方体育网站,并对相关资料进行系统的分类、总结、整理,最后提炼出对研究有参考价值的理论和资料,成为本研究的知识积累和研究基础。

2)实地调研法

实地调研法又称田野调查法,是一种广泛应用的调查方法。本书将山地城市特征明显的三峡库区城市作为调研对象,在 2015—2020 年 5 年间,多次对案例区域城市进行实地考察调研,调研素材涉及城镇体系规划、城市总体规划、公共服务设施规划、体育设施演变、经济社会发展等多个领域,参与具体项目的规划实践并数次前往工程现场。其间运用摄影、观察记录、问卷调查等形式对当地居民、体育从业人员、部门领导进行访谈,希望获得支撑本研究的全面、真实、客观的第一手资料。

3)学科交叉法

三峡库区城市体育设施规划研究融合了城市规划、山地人居、社会体育、体育产业、体育行为、绿地景观等综合背景的论题,涉及面广。同时,本书以山地作为研究的基底,也涉及特殊的地域文化、民族文化、生态保护和地理环境、气候环境等相关内容。据此,笔者采用多学科交叉研究法,综合分析解决山地体育设施规划在内因、外因、策略方面的问题,提出以城市规划学、山地人居环境为主干,社会体育学、体育文化学、行为学、生态学、景观学为支撑,整合多学科研究成果,创新山地城市体育设施规划的研究方法,使研究结论更具科学性和实践性。

4)案例分析法

本书是偏重实践的研究。欧美国家及日本、韩国、新加坡由于经济支持和文化影响,长期以来对体育事业发展特别重视,体育设施规划建设的先进理念和成果经验值得借鉴;我国沿海地区也注重吸取国外经验,立足地区实际状况,进行了有效的体育设施规划探索,取得了成功。这些都可为库区城市在新型城镇化战略背景下的体育设施规划建设提供有益借鉴。同时对库区范围内找到的不同层次的多个实践案例进行研究反馈,检验应用的理论是否符合实际状况需要,提出的优化策略是否能解决实际问题,使研究更具有客观性和可操作性,成为"能落地"的研究。

1.6.2 研究路线

本书的研究路线如图1.21所示。

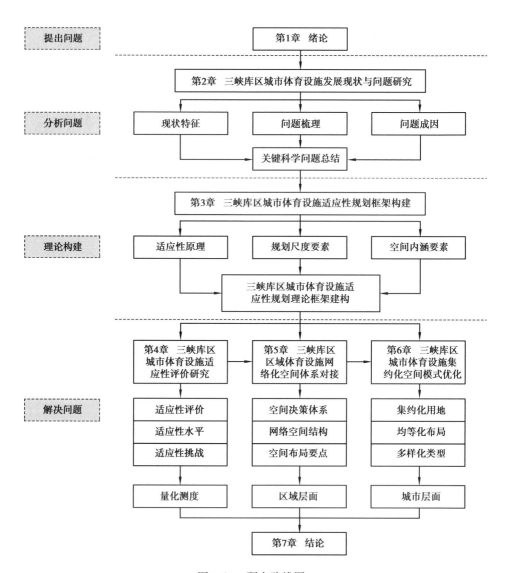

图 1.21   研究路线图

资料来源:笔者自绘

2 三峡库区城市体育设施空间发展现状及问题研究

　　自三峡库区建设开始后,特别是 2009 年进入"后三峡"时代以来,库区城市体育设施建设快速发展,各区县都积极规划和建设了一批城市体育设施,形成了一定规模的体育场地和各类体育馆,为库区的新型城镇化发展提供了体育公共服务设施保障,为全民健身战略提供了场地和设施支持。可以说库区城市公共体育设施发展势头良好。但不可否认的是,目前已有的体育设施数量和规模还不足以满足库区居民多样化的运动需求,也不足以满足国家对体育设施人均面积的硬性指标,并且还存在体育设施布局不尽合理、设施类型较为单一、设施使用效率不高等一系列重要问题。笔者依据第六次全国体育场地普查数据及笔者的调查结果,在本章对三峡库区城市公共体育设施空间发展现状、特征、矛盾进行研究,为后续的深入分析奠定基础(图 2.1)。

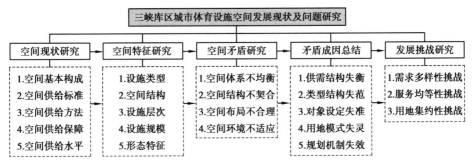

图 2.1　第 2 章研究结构关系图

资料来源:笔者自绘

2.1   三峡库区城市体育设施空间发展现状研究

本节通过分析三峡库区城市公共体育设施的基本构成、规划依据和标准、空间供给思想和供给方法等要素,力求全面、综合地剖析库区城市体育设施发展现状及原因。

2.1.1   体育基本构成

国内外学者在对体育的分类研究中,多把体育分为学校体育、大众体育和竞技体育三大部分。根据《中华人民共和国体育法》,我国体育也可分为 3 部分,即社会体育、学校体育和竞技体育。

其中,社会体育是现代体育最重要的组成部分,参与的人数最多,范围最广。通过体育运动提高身体素质和生活质量可以说是所有人的愿望,同时社会体育也是竞技体育的基础;学校体育是体育的重要部分,主要是对学生的身体素质进行培养。卢梭认为,教育除了知识的教育,还应该包括德育、体育和美育;竞技体育是现代体育的精华,是为了发现和突破人类极限,追求更高、更快、更强,同时也考验和培养人类的团队配合精神。目前,体育事业在各种类型上有了更均衡的发展,社会体育的蓬勃兴起标志着体育本质的回归;学校体育的发展日益成为社会必需的公共服务;竞技体育不断追求更高、更快、更强的精神,成为探索人类身体极限、弘扬团队精神、发展体育产业的重要平台。体育运动的发展已经不再局限于体育运动范畴,呈现出全球化、复杂化的趋势,体育已成为独立的文化体系,占据重要的社会和经济地位。

参照上述体育分类方法,体育设施也可相应地分为社会体育设施、学校体育设施和竞技体育设施。尽管在现实生活中体育设施细分成了多种类型,但其功能作用都涵盖在上述 3 类设施中。因此,三峡库区城市体育的构成也基本划分为以上 3 类。

2.1.2 空间供给标准

目前我国城市公共体育设施用地标准主要分为国家标准和地方标准两大类。国家标准主要有《公共文化体育设施条例》《城市公共体育运动设施用地定额指标暂行规定》《城市社区体育设施建设用地指标》《体育建筑设计规范》(JGJ 31—2003)、《城市社区体育设施技术要求》(JG/T 191—2006)、《城市居住区规划设计标准》(GB 50180—2018)、《国家公共体育设施基本配置标准》《体育公园设施建设要求(标准)》。三峡库区城市所用的地方标准是《重庆市城乡公共服务设施规划标准》(DB 50/T 543—2014)。

1)国家标准

现行国家制定的公共体育设施用地相关标准主要包括《城市公共体育运动设施用地定额指标暂行规定》(2003)、《城市社区体育设施建设用地指标》和《体育建筑设计规范》(JGJ 31—2003),规定了各级城市市级、区级、居住区级和居住小区级体育设施及体育建筑的等级、功能、用地面积等指标,是目前我国城市规划中应用最广的 3 个体育设施供给标准。

例如,《城市公共体育运动设施用地定额指标暂行规定》规定,100 万人口以上城市对应人均公共体育用地面积千人指标为 716 ~ 1 084 m^2,其中市级 109 ~ 294 m^2,区级 262 ~ 315 m^2,居住区级和居住小区级均为 200 ~ 300 m^2(表 2.1)。

表 2.1 《城市公共体育设施标准设施用地定额指标暂行规定》表

设施类型	100 万人口以上城市			
	规划标准	观众规模/千座	用地面积 /(m^2·千人$^{-1}$)	千人指标 /(m^2·千人$^{-1}$)
1.市级				
体育场	1 个/100 ~ 200 万人	30 ~ 50	86 ~ 122	40 ~ 122

续表

设施类型	100 万人口以上城市			
	规划标准	观众规模/千座	用地面积 /(m²·千人⁻¹)	千人指标 /(m²·千人⁻¹)
体育馆	1 个/100~300 万人	4~10	11~20	5.5~20
游泳馆	1 个/100~300 万人	2~4	13~17	4.3~17
游泳池				
射击场	1 个/100~200 万人		10	5~10
合计				54.8~169
2. 区级				
体育场	1 个/30 万人		50~63	167~210
体育馆	1 个/30 万人		10~13	33~43
游泳池	2 个/30 万人		12.5	42
射击场	1 个/30 万人		6	20
合计				262~315
3. 居住区级				200~300
4. 小区级				200~300
总计				716.8~1 084

资料来源:《城市公共体育运动设施用地定额指标暂行规定》

第二是在《城市社区体育设施建设用地指标》中将居住区与居住小区合并,统一看作城市社区,提出对体育设施集中与分散布置相结合;规定 3 万~5 万人建设一处大型社区体育设施;将常见体育项目面积指标进行对照,约束不同项目体育场地的面积指标和配套设施面积指标;提出依据《城市居住区规划设计规范》中的分级控制规模来控制人均体育设施用地指标(表 2.2);规定人均室外用地面积 0.3~0.65 m²,人均室内建筑面积 0.1~0.26 m²;提出城市社区体育设施的规划建设应根据不同气候条件和体育项目的特点,适当考虑建设室内和室外体育设施的比例,鼓励适当增加室内设施或加装雨棚的体育设施,并对运动场地和服务场地面积指标提出控制要求。

表2.2　城市居住区规划设计规范人口规模与设施面积对照表

名称	人口规模/人	室外用地面积/m²	室内建筑面积/m²
小型	1 000 ~ 3 000	650 ~ 950	170 ~ 280
中型	10 000 ~ 15 000	4 300 ~ 6 700	2 050 ~ 2 900
大型	30 000 ~ 50 000	18 900 ~ 27 800	7 700 ~ 10 700

资料来源:《城市居住区规划设计规范》

第三是《体育建筑设计规范》(JGJ 31—2003),对大城市公共体育设施面积做了明确规定,但该规范只针对大城市或特大城市的大型公共体育设施,是对以竞技为主的体育中心面积的规定,不适用于社区体育设施、体育公园等社会和学校体育设施(表2.3)。

表2.3　城市体育设施用地面积指标

设施类型	人口100万人以上		人口50万~100万		人口20万~50万		人口10万~20万	
	规模/千座	用地面积/m²	规模/千座	用地面积/m²	规模/千座	用地面积/m²	规模/千座	用地面积/m²
体育场	30 ~ 50	86 000 ~ 122 000	20 ~ 30	75 000 ~ 97 000	15 ~ 20	69 000 ~ 84 000	10 ~ 15	50 000 ~ 63 000
体育馆	4 ~ 10	11 000 ~ 20 000	4 ~ 6	11 000 ~ 14 000	2 ~ 4	10 000 ~ 13 000	2 ~ 3	10 000 ~ 11 000
游泳馆	2 ~ 4	13 000 ~ 17 000	2 ~ 3	13 000 ~ 16 000	—	—	—	—

资料来源:《体育建筑设计规范》节选

规范同时还将体育建筑按承办赛事的级别分为特级、甲级、乙级、丙级,并规定相应的使用年限标准;规定体育设施建设标准为特大型、大型、中型、小型4种(表2.4、表2.5)。

表2.4   大型体育设施承办赛事等级划分

承办赛事等级	主要用途	使用年限/年
特级	举办奥运会、亚运会及世界级比赛	>100
甲级	全国性运动会和单项国际比赛	50 ~ 100
乙级	地区性运动会和单项全国比赛	
丙级	群众性运动会	25 ~ 50

资料来源:笔者根据《体育建筑设计规范》总结

表2.5   体育设施规模标准

类型	体育馆容量/人	体育场容量/人	游泳馆容量/人
特大型	10 000 以上	60 000 以上	6 000 以上
大型	6 000 ~ 10 000	40 000 ~ 60 000	3 000 ~ 6 000
中型	3 000 ~ 6 000	20 000 ~ 40 000	1 500 ~ 3 000
小型	3 000 以下	20 000 以下	1 500 以下

资料来源:笔者根据《体育建筑设计规范》总结

2013 年,中华人民共和国住房和城乡建设部(以下简称"住建部")依据《体育建筑设计规范》及相关法律法规编制了《"十二五"公共体育设施建设指导手册(试行)》,明确阐述了公共体育设施的建设原则、建设选址、建设项目、场地要求、安全防护、检测与验收等要求。在人均指标方面,除已有的社区人均指标外,在我国《全民健身实施计划(2016—2020 年)》中明确我国人均体育场地面积达到1.8 m²。《国务院关于加快发展体育产业促进体育消费的若干意见》指出,到 2025 年达到每人 2 m²。可以看出,国家标准存在两个重大问题,第一,数量多,因为编制部门不同,关注重点不同,因此各有特点,难以协调;第二,最高人口预设为 100 万以上已经跟不上高速发展的城镇化需求,重庆市主城区人口超过 700 万,且我国目前城市人口超过 500 万的特大城市和超过 1 000 万的超大城市数量已经不少,规范显得有些滞后,这也从一个侧面表明应该尽快制订国家层面的、针对不同级别城市的、有效的、统一的体育设施规划建设标准。

《城市公共设施规划规范》(GB 50442—2008),明确了城市体育设施规划用地指标和市级、区级体育设施规划用地指标(表 2.6、表 2.7)。

表 2.6 城市体育设施规划用地指标表

分项	小城市	中等城市	大城市		
			Ⅰ	Ⅱ	Ⅲ
占中心城区规划用地比例/%	0.6~0.9	0.5~0.7	0.6~0.8	0.5~0.8	0.6~0.9
人均规划用地/m²	0.6~1.0	0.5~0.7	0.5~0.7	0.5~0.8	0.5~0.8

资料来源:《城市公共设施规划规范》(GB 50442—2008)

表 2.7 市级、区级体育设施规划用地指标表

分项	小城市	中等城市	大城市		
			Ⅰ	Ⅱ	Ⅲ
市级体育设施/hm²	9~12	12~15	15~20	20~30	30~80
区级体育设施/hm²	—	6~9	9~11	10~15	10~20

资料来源:《城市公共设施规划规范》(GB 50442—2008)

2)地方标准

重庆市关于城市体育设施的建设标准是 2014 年颁布的《重庆市城乡公共服务设施规划标准》(DB 50/T 543—2014)。其中规定了区级、居住区(街道、镇乡)级和居住小区(社区、村)级体育设施用地标准,区级体育用地千人指标为 210~302 m²,居住区级体育用地千人指标为 190 m²。居住小区级体育用地户均配置标准 1.5 m²/户。该标准颁布时间较新,且配置体系与行政区划(街道、社区)相结合,更符重庆市经济社会发展的实际情况(表 2.8)。

表2.8 城镇公共体育设施配置标准表

设施等级	设施名称	规划服务人口/万人	最小规模/(m²·处⁻¹)		配置标准/(m²·千人⁻¹)		观众规模(千座)	承办赛事等级	备注
			用地面积	建筑面积	用地面积	建筑面积			
区（县）级	体育场	≥50	60 000	—	≥120	—	20～40	甲级、乙级	有条件的区（县）体育中心可配置热身场地与训练馆
	体育馆		20 000	—	≥40	—	3～6	甲级、乙级	
	游泳馆（池）		17 000	—	≥30	—	1.5～3	甲级、乙级	
	体育场	15～50	60 000	—	≥200	—	10～20	乙级、丙级	
	体育馆		15 000	—	≥40	—	3～4	乙级、丙级	
	游泳馆（池）		15 000	—	≥42	—	<1.5	乙级、丙级	
	全民健身活动中心（中型）	≥15	4 000	2 000	≥20	—	—	—	
居住区级	全民健身活动中心（小型）	4～8	2 000	1 500	≥40	—	—	—	应配置网球、乒乓球、羽毛球、健身路径、儿童游戏场、标准篮球场、游泳池、门球场、5人制足球场等活动设施
	健身广场	4～8	7 000	—	≥150	—	—	—	可在体育用地中单独设置，也可与绿地、广场等用地混合设置

续表

设施等级	设施名称	规划服务人口/万人	最小规模/(m²·处⁻¹)		配置标准/(m²·千人⁻¹)		观众规模（千座）	承办赛事等级	备注
			用地面积	建筑面积	用地面积	建筑面积			
居住小区级	社区多功能运动场	0.8~2	—	—	—	—	—	—	配置标准为每户1.5 m²，可结合居住、绿地、广场等功能混合设置，体育设施应均衡布局，满足设施类型多样化要求

资料来源：《重庆市城乡公共服务设施规划标准》(DB 50/T 543—2014)

2.1.3 空间供给方法

1)体育发展战略规划

三峡库区城市体育设施的供给,首先在体育发展规划层面明确体育事业发展思路及目标,《重庆市体育发展"十四五"规划(2021—2025)》中明确指出,到2025年,重庆市要承办国内外重大竞技体育赛事超过20场,创造市级以上知名赛事品牌20个,新建、改建体育公园50个,全民健身中心30个,数字化升级改造公共体育馆50个,新建健身步道1 000 km,社会足球场300个。人均体育场地面积至2022年超过2.2 m²,每万人拥有足球场0.9块。改造完成大田湾体育场,恢复大田湾全民健身体育中心的功能。在长寿、武隆举办具有国际影响力的户外精品体育赛事,构建"区区有品牌,县县有特色"的全民健身体系,着力打造全国户外运动首选目的地。依托解放碑、南滨路、巴滨路、广阳岛、南山、缙云山、歌乐山、铁山坪等都市旅游景区,支持发展都市马拉松、自行车、攀岩、登山、城市登高等都市运动项目。沿长江、嘉陵江、乌江等具有滨湖水域资源的区县,支持发展龙舟、游泳、钓鱼、漂流、溪降、摩托艇、皮划艇等水上运动项目。依托黑山谷、老瀛山、四面山等山地资源,支持发展山地马拉松、山地自行车、极限运动、越野赛、定向赛等山地运动项目。依托仙女山、金佛山、红池坝等高山草甸,大力推广和普及冰雪运动项目。

2)体育设施规划

体育设施规划包括重庆市主城区和各区县两部分,其内容主要有定级、定量、定点、定项 4 个方面。

①定级,确定城市体育设施的级别。重庆市体育设施分为市级、区级、居住区级体育设施,市级体育设施根据《国家公共体育设施基本配置标准》的规定,需供给"五个一"体育设施,包括一个综合运动场、一个综合体育馆、一个游泳馆、一个市级全民健身中心、一个市级体育公园;区县总体规划按城市大小的实际情况有所区别,中等城市分为区级—社区级—居住区级或区级—居住区级,小城市因为体育设施需求有限没有明确的级别划分。在区级城市中,也应该按照《国家公共体育设施基本配置标准》供给"五个一"体育设施。

②定量,按照体育设施级别、功能、服务范围的不同给予一定的用地面积,避免浪费土地。《体育建筑设计规范》规定,承办重大综合性运动会的体育场馆的用地规模在 20 hm² 以上,而举办亚运会、奥运会的体育中心的用地规模则应在 50 hm² 以上,区级体育设施占地规模 7 ~ 20 hm²,集中性社区体育设施用地 1.25 ~ 2.5 hm²,分散型社区体育设施,单处用地面积不小于 200 m²,社区体育设施不少于 0.1 m²/人。

③定点,体育设施总体规划必须将城市各级体育设施按照相应服务范围、人口和规模在城市总体规划图上定位,并在规划文本和说明书中说明,是具有法定效应的规划条文,目前空间定位的依据有很多,以服务半径或以 15 min 健身圈为依据。重庆主城区和三峡库区城市体育设施是以服务半径进行定位的,市级体育设施服务半径 1 000 m,区级服务半径 800 m,居住区级服务半径 300 m。

④定项,在《城市社区体育设施建设用地指标》中制订了社区体育设施的项目范围,城市体育设施以球类和休闲体育类项目为主,其中,跑步、足球场可考虑设置小型运动场,广场舞、儿童轮滑等可利用室外城市广场解决,部分运动项目可利用室内运动设施解决。

2.1.4　空间供给保障

三峡库区城市体育设施在全民健身服务、赛事活动创新、管理机制改革、绩效考核评估等方面给予了空间保障。

1)多途径完善全民健身服务

目前,三峡库区市、区(县)、街道(镇)多级别公益性城市体育设施已实现全覆盖。市、区(县)、街道(镇)三级网络联动的立体服务体系不断完善,逐步推进各级体育主管部门做好体育赛事和训练工作;加强公共体育服务的工作职能,最大限度地调动社会体育资源;引导建立各级体育指导员体系,进一步巩固和完善政府主导、部门协同、社会共同参与的工作格局;同时完善国民体质测定与运动健身指导站网络功能,实现体育大数据采集、监测、运用。

2)多维度赛事活动创新

近年来,三峡库区城市打造了重庆马拉松、长寿湖铁人三项赛、武隆国际户外越野赛、忠县国际电子竞技邀请赛、国际足球友谊赛等品牌体育赛事,并且积极承办高水平赛事,争取"以赛带建",在引进赛事的同时将高质量的体育设施和服务设施建设起来,快速体育产业及周边服务业。

3)多类型的管理运行机制

根据《关于加快发展体育产业 促进体育消费的若干意见》的精神,三峡库区城市体育部门也积极进行机制创新。目前重庆市和湖北省对城市体育设施的规划建设,主要有3种机制。第一种是事业单位的配套建筑,由这些单位公共体育文化服务部门自行管理,如市、区(县)两级体育场、体育馆、全民健身中心、游泳馆等。近年来,这些机构加大了体制改革力度,如组建重庆市社会体育中心等机构,完善事业单位治理结构;第二种是政府组织机构运行管理,社会招聘负责人,如成立重庆渝越体育产业公司;第三种是委托或培育非营利性民办机构管理,使管理机构类型更多,体制更加灵活、有效。

2.1.5 空间供给水平

1)大型体育场馆数量少

重庆市是 5 个国家中心城市之一,城市职能特别重要,但由于地处西部,经济发展水平与东部发达城市差距较大,在城市"软实力"上也存在明显差距。在体育设施方面,重庆市中心城区大型体育场馆数量稀少,只有国内大城市的 $1/7 \sim 1/5$,从未举办过高级别的体育赛事,这种情况在直辖市中比较罕见(表 2.9)。与其他大城市相比,中心城区大型体育场馆数量处于劣势。因此,从与重庆市国家中心城市定位的匹配度来看,体育设施规模、数量、等级都还存在较大差距。

表 2.9 重庆与国内大城市综合场馆状况比较表

城市(主城区)	大型体育场馆设施/个	国家级以上综合性体育赛事	千人体育场地指标/m²
北京	14	北京奥运会(2008) 北京冬奥会(2022)	1 700
上海	10	协办奥运会(2008) 东亚运动会(1993) 全运会(1983、1997)	1 720
广州	10	亚运会(2010)	1 910
深圳	9	世界大学生运动会(2011)	1 700
南京	6	世界青年奥运会(2014)	

续表

城市（主城区）	大型体育场馆设施/个	国家级以上综合性 体育赛事	千人体育场地指标/m²
天津	6	协办奥运会（2008） 东亚运动会（1993） 全运会（1983、1997） 亚运会（2017）	
成都	4	无	
重庆	2	无	340

资料来源：《第六次全国体育场地普查数据分析总报告（2014）》

2）人均体育设施面积小

《重庆市体育发展"十四五"规划（2021—2025）》数据显示，2020 年重庆市人均体育设施面积 1.84 m²，较 2015 年的 1.37 m² 有了较大的提升，但落后于北京、上海、广州、深圳，也少于《城市公共体育运动设施用地定额指标暂行规定》（2003）中 100 万人口以上城市对应人均公共体育用地面积千人指标 716 ~ 1 084 m² 的标准（表 2.10）。

表 2.10　2020 年多个城市人均体育设施面积比较表

城市	重庆	北京	天津	上海	成都	武汉
人均体育设施面积/m²	1.84	2.57	2.39	2.35	2.10	2.00

资料来源：笔者整理绘制

同时，三峡库区各城市的人均体育设施拥有量水平差距较大，发展极不均衡，中心城区数据最好，达到 1.91 m²，属于发展比较集中的区域，另外一些中等城市发展尚属稳定，人均面积约为 1.4 ~ 1.7 m²，属于稳步发展型，部分库区小城市的体育设施人均面积在 1.4 m² 以下，属于发展比较落后的城市，但体育设施人均面积的增长潜力大，是潜力发展城市。

2.2 三峡库区城市体育设施空间特征研究

2.2.1 设施类型

1）城市体育中心设施

城市体育中心设施是城市的标志性建筑,属于城市最高级别的体育设施,有"一场两馆"(一个标准体育场、一个游泳馆、一个综合运动馆)或"五个一"(一个标准运动场、一个游泳馆、一个综合运动馆、一个全民健身中心、一个体育公园)工程的说法,主要功能是承办专业体育竞赛、运动会及其他体育、文化活动,同时作为公共服务设施向居民开放。其空间分布因城市发展水平的不同存在差异,是城市公共体育服务的中心。三峡库区各城市近20年来都相继建设了体育中心、体育场等设施,重庆主城区、涪陵李渡和万州区还建设了能够承办国际级综合赛事的奥体中心(图2.2)。

图2.2 重庆奥体中心(左)和万州三峡体育馆(右)

资料来源:笔者自摄

2）城市社区体育设施

社区体育设施规模从中到小不等,一般可为周边多个居住小区服务,主要功能是为街道或社区居民提供运动、健身、娱乐服务,具有多元化、复合性、整体性特征(图2.3)。三峡库区城市近5年来陆续建设了公共的社区体育设施,特别是从2019年起,重庆主城区提出利用城市边角用地,建设92个社区体育公园,有70个公园已相继投用,各区县也开始规划利用城市边角用地的社区体育公园。

图2.3　重庆市覃家岗社区体育设施

资料来源:笔者自摄

3)学校体育设施

国家对学校体育设施的建设高度重视,制订了多项办法保障学校体育设施与学校等级和学生人数相匹配。三峡库区学校体育设施数量最多,各城市的小学、中学、高校都配套建设体育设施,其中高校体育设施向社会公众开放程度较高,部分中、小学体育设施并未对社会开放(图2.4)。

图2.4　云阳中学操场(左)和重庆三峡学院体育场(右)

资料来源:笔者自摄

从历史传承来看,学校体育设施一直是城市体育设施供给的主要类型,全国第六次体育场地普查数据显示,重庆市教育系统管理体育场地 17 196 个,占全市体育场数量的 42.3%,场地面积 23 564 661 m²,面积占比 58.02%。其中,高等院校管理的场地有 1 690 个,数量占比 4.16%,场地面积 2 466 409.53 m²,面积占比 6.07%;中职中专(含技工学校)管理的场地有 402 个,数量占比 0.99%,场地面积 852 041.3 m²,面积占比 2.1%;中小学管理的场地有 14 943 个,数量占比 36.76%,场地面积 20 054 635.96 m²,面积占比 49.38%;其他教育系统管理的体育场地有 161 个,数量占比 0.4%,场地面积 191 574.21 m²,面积占比 0.47%。可见,学校体育场地一直是城市公共体育设施的重要来源。其中,中小学体育设施又是数量最庞大的体育设施资源。

4)其他城市体育设施

除上述 3 种类型的体育设施外,还有青少年比较喜欢的滑板、小轮车、攀爬车、跑酷等极限运动设施、充分融入自然环境的攀岩、划船、速降等户外体育设施和供人们休闲娱乐的骑马、台球、射箭、飞镖等休闲体育设施等。这些体育设施是体育运动需求和生活水平发展到一定阶段的产物,也是体育设施体系的组成要素,在本研究中统一称为其他城市体育设施。

2.2.2 空间结构

1)体育中心空间结构

体育中心是三峡库区各城市最重要、最高端、最有影响力的体育设施之一。重庆市级体育设施有 3 个,其中两个在主城区(奥体中心、大田湾体育场),一个在涪陵李渡,从设施功能来说均采用集中式布局,将大型体育场、体育馆、网球中心、游泳馆设施集中起来,这种布局增加了市级体育设施的集聚性,所在场地是无可争议的城市体育中心,但均等性不够,不利于公共服务设施的公平性体现(图 2.5、图 2.6)。从空间布局上看,位于重庆主城区的两个市级体育中心距离非常短,10 min 车程,进一步加大了设施的集约性(图2.7),造成主城的江北、渝北、南岸、沙坪坝、北碚、巴南等区没有市级体育设施布局。另一市级体育中心在涪陵李渡,李渡是涪陵的新城区,距离涪陵老城20 min 车程,距重庆主城车程2 小时,周边人口有限,小区入住率暂时还不高,并且周边有长江师范学院等大专院校,除了是重庆市第五届市运会赛场,其市级体育设施的功能性体现不足(图2.8)。

图2.5　重庆市奥体中心

资料来源:笔者改绘

图2.6　重庆市大田湾体育场

资料来源:笔者改绘

图2.7　市级体育设施位置图

资料来源:笔者改绘

图2.8　李渡体育中心及周边空地图

资料来源:笔者改绘

区级体育设施有两种空间结构,一种是集中式,将区级的体育场、游泳馆或综合体育馆集中布置,突出其体育设施的集聚度和区级体育场的功能集中性,如长寿、涪陵、开州、巴南、北碚等区都是采用这种空间结构(图2.9、图2.10)。

图 2.9　巴南区体育中心　　　　　　　　图 2.10　涪陵区体育中心

资料来源:笔者改绘　　　　　　　　　　资料来源:笔者改绘

第二种是分散布置,将区级体育设施各功能空间拆分开,安排在城市的不同空间组团,如江津、万州、云阳等区(县)就是采用这种空间结构(图 2.11、图 2.12)。

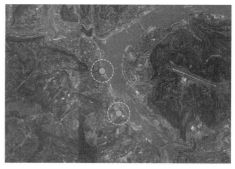

图 2.11　江津区体育中心　　　　　　　　图 2.12　万州区体育中心

资料来源:笔者改绘　　　　　　　　　　资料来源:笔者改绘

2)学校体育设施

在三峡库区城市中,学校体育设施的供应量占体育设施比例超过 60%,可分为两种类型,一种是高校,这类学校体育设施开放程度较高,设施运营模式较为丰富,周边居民可以在高校体育场运动休闲,但空间结构比较集中,比如,重

庆大学城、万州、涪陵都相对集中地安置大专院校,因此体育设施的服务范围有
所打折(图2.13);第二类是中小学校,这类学校的开放程度低,周边居民不便
使用,但空间结构呈网络状分布于城市之中,特别在三峡库区的中小城市,可以
说是空间结构的主要影响因素,在中等城市(如涪陵区和万州区)、小城市(如长
寿区、云阳县、奉节县、巫山县),如果加上中小学校体育设施,覆盖率会增加一
倍以上,可以说目前学校体育设施开放与否对库区中小城市的体育服务影响特别
大(图2.14)。

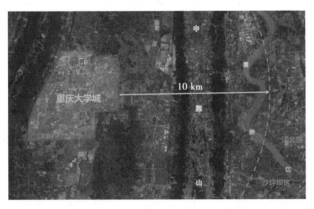

图2.13 重庆大学城

资料来源:笔者改绘

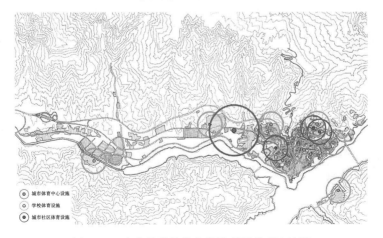

图2.14 奉节县学校体育设施利用前后比较图

资料来源:笔者自绘

3)社区及其他体育设施

三峡库区城市社区及其他体育设施的发展极不均衡,在中心城区,社区体育设施发展非常迅速,首先各居住小区都配建了体育设施,基本满足小区居民日常运动需求,休闲体育设施近年来发展迅速,在主城的中心区和边缘区都有布局,并且模式多样,成长非常快,甚至还有专门的极限运动公园,可见主城区体育设施供给越来越多元化,空间分布也呈"中心+边缘"向网络化逐渐演变的趋势。但三峡库区其他城市社区和其他体育设施的空间结构不容乐观,主要原因是由于数量原因难以形成网络化效果,在空间结构上总体布局不均,偏重于城市的新城、经开区或开发区。这些区域得益于"后三峡"发展时期规划的理念已经变革,同时资金容易得到保障,从而造成了新城与旧城的空间结构差距(图2.15—图2.18)。

图 2.15　云阳县老城体育设施布局图

资料来源:笔者改绘

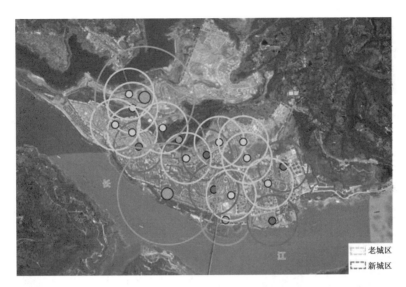

图 2.16 云阳县现状体育设施布局图

资料来源:笔者改绘

图 2.17 长寿区老城体育设施布局图

资料来源:笔者改绘

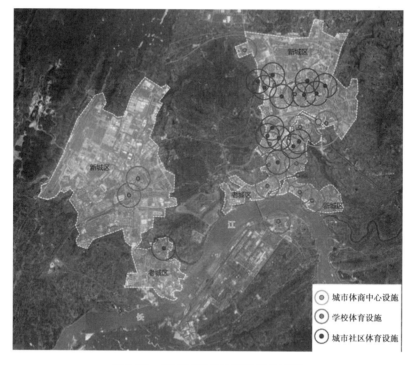

图2.18　长寿区现状体育设施布局图

资料来源:笔者改绘

2.2.3　设施层级

体育设施层级应构建一个科学的体系,服务不同需求的体育人群,不同等级规模、不同功能类型的城市体育设施应在空间上、功能上密切联系、相互依存,形成一个多层次、功能复合的城市体育服务体系。根据城市体育设施的不同职能属性、不同服务档次和不同服务范围,三峡库区城市体育设施根据重庆市总规的描述和笔者结合体育设施分级研究可分为以下3个层级。

1)市级体育设施

市级体育设施是以全市及更大区域为服务范围的大型公共体育设施,主要满足城市重要专业体育比赛、大型运动会的体育需求,由能容纳三万人以上的体育场、一万人以上体育馆、八千人以上游泳跳水馆、标准训练场地等组成。三峡库区城市中有 3 个市级体育设施,分别是重庆奥体中心(2003 年建成)、大田湾体育中心(1958 年建成)和涪陵李渡奥体中心(2016 年建成)。市级体育设施占地面积较大,设施的资本投入巨大,后期维护费用高,高级别赛事的承办比较少,使用效率不高(图 2.19、图 2.20)。

图 2.19　重庆奥体中心平面图及游泳跳水馆

资料来源:笔者自摄

图 2.20　涪陵奥体中心平面图及篮球馆

资料来源:笔者自摄

2)区级体育设施

区级体育设施是根据各行政区空间边界进行划分,在各行政区范围内,满足该区体育发展需求配置的体育设施,是各区的体育活动中心,同时承担起一定的城市综合功能,如中、大型演出,集会,应急避难等。区级体育设施的空间面积、设施规模和投入规模低于市级体育设施,承办赛事的级别也不如市级体育设施。三峡库区城市只有沙坪坝区等极少数区(县)没有专门的区级体育设施,但存在设施配置不满足标准、设施因管理问题无法承担相应体育功能等问题(图2.21)。

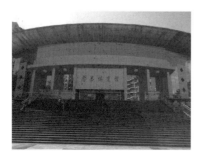

图2.21　三峡库区城市区(县)体育设施(忠县、长寿)

资料来源:笔者自摄

3)居住区级体育设施

居住区级体育设施是以居住区为空间载体和服务主体,为城市居民提供日常的、普遍的体育服务,是居住区功能配套的一个方面。居住区级体育设施是与日常生活关系最紧密、使用频率最高、服务范围最小的体育设施,主要在居住小区、居民区内部。三峡库区城市居住小区体育设施的完成度较高,特别是龙湖、金科、融创等地产企业非常重视体育设施和体育产业开发(图2.22),但城市居民区、老旧小区的体育设施现状堪忧。

图2.22　重庆居住小区体育设施

资料来源:笔者自摄

　　三峡库区城市体育设施对城市规划的完成度较高,逐渐形成了一个等级结构完整的有机整体,在重庆主城、涪陵区、万州区等城市具有能承办重大国际、国内比赛的奥体中心,在区(县)城市有能举办市运会、区运会级别的区县体育中心设施,不少城市也在逐步建设社区级、居住区级体育设施。总体来说,三峡库区城市形成了明显的市级、区级和居住区级三级结构,社区和街道级别的体育设施供给还存在明显缺失(图2.23)。

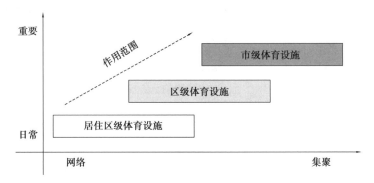

图2.23　各级城市体育设施布局特征图
资料来源:笔者根据相关研究总结绘制

2.2.4　形态特征

　　三峡库区城市因这一区域独特的地理环境多建于依山傍水之处,因为山势的高低起伏和与长江干流的落差,形成了特征鲜明的城市形态,建筑根据山势起伏,城市天际线层次分明。就单体建筑形态而言,天桥、隧道、架空都是山地城市建筑的惯用手法,还有穿楼而过的轻轨更是重庆一景,是山地特殊建筑形态的最好诠释。山地城市中体育设施的形态和位置和平原城市相比也有较大的不同,笔者总结了6种典型的山地体育设施形态特征。

1)阶梯型

　　阶梯型体育设施是最常见的山地体育设施形态。受坡度条件所限,平地面积不足以安排一定规模的体育设施,最常用的办法就是根据地形的起伏做成不同标高的多层台地,根据实际情况搭配各种项目的体育场地,形成高低错落的设施形态(图2.24)。

图2.24　阶梯型体育设施

资料来源:笔者自摄

2)凹地型

凹地型体育设施是在地形低洼处,四周都是山地或台地,将体育设施建于地下或是半地下,有利于一些城市边角用地的使用。有看台的体育设施可将出入口与城市道路保持同一标高,方便观众进入,是一种国际通用的设计,在山地城市中,只要对地形合理利用就可以通过原有高差达到分流观众的效果(图2.25)。

图2.25　凹地型体育设施

资料来源:笔者自摄

3)山顶型

在山地城市中有部分建设用地因为面积或坡度原因实在无法建设体育设

施,而将场地修建在地形高处,成为山顶型设施形态,这类布局可获得极好的景观视野,但会使交通可达性及服务配套设施兼容性难度增加。

4)临江型

前些年三峡库区多个城市热衷于建设滨江路,以缓解城市交通压力,但也因此影响了城市景观和城市公共服务。近年来,三峡库区城市在滨江空间的处理上有了重大的设计进步,将城市休闲公园、公共服务设施、商业设施与交通设施综合布局在滨江空间。这种空间充满了丰富性,部分体育设施沿江布置,有非常丰富的层次和美丽的景观效果(图2.26),成为居民乐于去体验的空间。同时三峡库区城市桥下空间是非常独特的空间。近年来,随着城市化进程加快,三峡库区城市的桥梁工程越来越多,如何充分科学地利用桥下空间的问题开始显现,特别是城市城区的桥下空间,如果不设置任何功能则容易成为城市消极空间。在此布局体育设施可以激发空间活力,借助地形条件合理设置看台能够营造出功能丰富、有趣的空间,也能提升城市的安全度(图2.27)。

图2.26　临江型体育设施(忠县)　　　　图2.27　桥下型体育设施
资料来源:笔者自摄　　　　　　　　　资料来源:笔者自摄

5)堡坎型

堡坎型体育设施是在山地地形的坡面直接下切形成的体育空间,是三峡库区很多高校和中学体育设施的常见布局,学校用地有限,体育设施配置指标又很高,只能运用这种方式设置体育设施。这样的布局能够使设施产生一种威严感,是人与自然进行博弈的充分体现(图2.28)。

图 2.28　堡坎型体育设施

资料来源:笔者自摄

6)屋顶型

山地城市地形复杂、空间集约,为了提高用地效率,有的体育设施甚至建在屋顶或裙楼顶,这是"体—商"结合的有益尝试,屋顶体育设施以休闲体育和球类体育项目为主,儿童、青少年参与性强,是城市体育设施的重要补充,也是一种新的业态趋势。重庆爱琴海商业综合体的裙楼开设了重庆第一家儿童骑马场地(图2.29)。

图 2.29　屋顶骑马运动场

资料来源:笔者自摄

2.3 三峡库区城市体育设施发展困境

在本节中,笔者基于三峡库区各城市体育设施发展的现状和特征,总结库区城市体育设施在两个层面上的 3 个规划发展困境:区域体育设施供给线性化、城市布局中心化、设施建设模式化。

2.3.1 区域体育设施供给线性化

未达到规划指标的线性化配置思路,将导致时序性、关联性的体育设施规划工具体系缺位。现有体育设施规划体系的指标要求沿用改革开放初期的线性供给思路,主要参考城市的行政组织体系来划分体育设施规划指标,指标规模以人口规模和 GDP 规模为配套基础。人口多、GDP 高的城市,体育设施指标就更高,功能更多、更综合;而人口少、城市规模较小的城市则体育设施指标规模也相对较小,基本可以分为省级、市级、区(县)级、居住区级体育设施,其中居住区级体育设施是为了对应街道一级的行政组织。这些体育设施都是其行政区划内优质、高端的体育资源,而对当时是否是必要的需求缺乏考虑,同时更注重设施的上下层级关系,缺乏对设施与设施之间的功能网络关联性考虑。

1)区域总体空间体系不均衡

如前文所述,重庆市城市公共体育设施的供给水平在全国直辖市中处于全面的落后位置。从竞赛和体育产业角度来说,体育设施级别不够高,专业化程度也有待改善,体育产业的规模还有巨大的挖掘潜力。从群众体育来说,重庆市人均体育设施面积比较小,学校体育设施面积占比大,但开放程度低,因此,真实的人均面积会更低,社区体育设施发展还处于起步阶段。目前这种发展模式也导致了三峡库区整个区域体育设施空间体系的失衡。从城市体育设施的布局类型和分布来看,库区城市存在明显的因为城市等级差异造成的不均衡问题,重庆市主城区设施类型和规模都远远高于三峡库区其他中小城市,而城市人口在 20 万以下的城市体育设施空间体系尚未成型,发展前景堪忧。

从三峡库区城市体育设施的空间体系情况来看,主要是城市发展水平、经济发展情况、自然环境和人口聚集度为影响因素,三峡库区城市发展不平衡情况比较突出,是制约体育设施发展的主要因素,导致城市体育设施空间体系发展也极不平衡。《重庆市全国第六次体育场地普查数据》显示,无论是数量规模,还是人均体育设施面积,重庆市中心城区均优于三峡库区其他城市。更重要的是,多个区(县)体育设施空间体系并不完善,区级体育设施建设滞后,布局较为偏远,可达性不足(图 2.30),社区体育设施数量极少,居住小区缺乏体育设施,学校体育设施开放程度极低,不利于城市居民使用。三峡库区中等城市的发展显示出强烈的差异性,在涪陵区布局有重庆市体育中心(李渡),但社区体育设施的建设极其匮乏,居住区配套体育设施的质量难以保证。万州、江津、开州和长寿等区没有市级体育中心,区级体育设施的布局由于城市组团形态明显的原因,万州区、江津区选择分散布局,长寿区、开州区则是集中布局,体现出完全不同的规划思想,社区体育设施建设同样落后,学校体育设施质量差异明显。万州区因有高校集中的区域,开放程度尚可,其他中等城市的学校体育设施则难以起到城市公共服务的效果,造成空间体系失衡。

图 2.30 奉节体育馆与城区位置图

资料来源:笔者改绘

　　从主城九区来讲,各区之间体育设施数量分布不均衡问题也十分明显,与城市主要拓展方向趋同,体现出几个基本特征:中心区域外围区不均衡,城市南、北不均衡,体育中心设施与其他类型体育设施不均衡。重庆主城区城市发展向北拓展的趋势明显,体育设施呈现"北重南轻"的格局;城市老区、中心区域体育设施少,但级别高,相对外围区域和新城则主要是社区和居住区体育设施。

　　2005 年,我国首次提出"按照公共服务均等化原则"布置公共服务设施,三峡库区城市体育设施要适应均等化原则,在空间体系上还有很多不足,主要体现在空间类型的针对性供给不足和空间布局的均等性供给不足,既没有达到国家标准,同时也不符合库区居民的实际需求。

2)区域供给与生产关系模式不适应

　　政府公共财政支出投入体育设施建设,属于政府对公共设施供给的集体消费①,是一种公益性的、非营利性的公共服务保障模式。但这种建设模式却导致了城市的体育流动空间,因为在三峡库区城市中,由政府财政支出建设的体育场、体育馆都是该城市最大、最专业的体育设施。这类设施本应吸引更多要素流的聚集,但在目前的建设模式下,公共体育设施用地属于划拨性质,不能进行经营性活动,因此,汇聚要素流的动力缺乏,形成了卡斯特所描述的"结构性矛盾"②。因此我们经常看到的体育设施闲置问题,或者是在重大体育设施中进行日常性、社区性体育活动的问题都源自这种建设模式与消费模式的不适应。

---

① 列斐伏尔强调空间的生产,而卡斯特则更强调消费是城市发展的核心,他认为都市系统不能脱离整个社会系统进行分析,而消费是都市系统在资本主义空间中的特定功能。他强调:"消费过程就其性质和规模,其组织和管理只能是集体供给。"集体消费就是国家用于教育、医疗、文化、公共住房、公共设施等方面的非营利性支出,换句话说,集体消费形式是无利可图的,需由国家或地方来支持。

② 在《发达资本主义的集体消费与城市矛盾》一文中,卡斯特解释了集体消费是由政府公共部门决定的,非竞争性分配这种集体消费模式与生产关系模式在城市中也会产生矛盾:"在城市问题里,社会不平等表达了一个更为普遍的问题:由于通过消费过程客观社会化所具有的集体特性、集体消费模式和作为阶级体系核心的生产关系模式之间的结构性矛盾就使危机和困难更为加剧。"

2.3.2　城市体育设施布局中心化

公共体育设施用地(A4类用地)集中建设体育中心模式,导致体育设施均等性、可达性缺失。在市场力量或行政力量的驱使下,城市公共政策表现出显著的区域倾斜性。从三峡库区城市体育设施的发展现状来看,设施总量已经越来越接近国家标准,甚至有些城市已超过标准,但目前供给的体育设施多数分布在城市中心区或城市新区的核心区,并没有以满足城市形态特殊性条件下城市居民享有体育设施的均等性为目标,而是更加注重的是体育设施建设效率,在时间点之前完成建设工作,很少关注城市各区域、各阶层居民的真正需求,造成工作总量虽然按时完成却并不能让大多数人因此获益的局面。在目前这种城市体育设施主要是集中配置的模式下,设施的空间布局对城市居民能否获得优质的体育公共服务有极大影响。

1)体育设施与城市空间结构契合不足

城市空间结构是城市各功能区的地理位置其分布特征的组合关系,它是城市功能组织在空间地域上的投影(Gallion,1983)。三峡库区城市多为依江靠山的山水城市,由于三峡库区的建设,为了安置移民和平稳、快速地发展区域经济,三峡库区城市的规模在近十年时间里迅速扩张,由于地理条件的限制,山地城市不可能运用平原地区城市空间增长的办法,而是在发展实践中形成了独具特色的城市空间增长模式和城市空间形态。典型的城市空间为组团型结构,如涪陵区有老城和李渡两个大型组团,万州区有龙宝、天成、江南、经开区等多个组团(图2.31),即使是20万人口以下小城市的城市空间也没有形成明显组团格局,但在中、远期规划中具有组团城市形态特征(图2.32)。

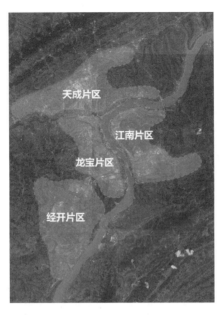

图 2.31　万州区城市规划四组团

资料来源:笔者改绘

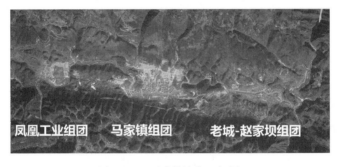

图 2.32　巫溪县城市三组团

资料来源:笔者改绘

　　目前三峡库区城市体育设施空间结构不适宜组团式的城市空间结构,没有做到"点—轴—网"结合。首先"点"要素,即城市的体育中心设施过于集中,没有形成适合组团式空间的布局结构。各区县重要体育设施应该分散到各个主要城市组团,而不是一味地聚集在一起,"点"与"点"之间的有机联系没有得到体现。其次"轴"要素,即城市重要体育设施或公共服务设施形成的公共服务主轴线。在山地城市中,轴线并不一定是直接或对等的,它更多是通过形态、功能、文化等要素的有机统一而形成的。在三峡库区,体育设施与行政办公、城市广场结合布置是常用的规划方法,但这种方式同样造成了服务过度集中,均等性不够,有机性不强。此外,不同组团的体育设施互补性也不足,没有发挥体育运动轴或公共服务轴的应有功能。第三"网"要素,即是各类体育设施在城市中组成的疏密有致、错综复杂、互有联系的空间结构,是规划供给思想和环境适应方法的最好体现。但三峡库区城市体育设施还达不到这样的理想模式,原因有二:第一,类型不明确。要形成"网络"状的空间结构需要有明确的体育设施分级,并且是能够解决居民需求的有效分级,但显然,三峡库区城市有针对行政管理权划分的体育设施级别,但没有针对居民需求的体育设施层级划分。第二,数量不够。充足的设施数量是形成"网络"空间结构的基础,然而三峡库区城市体育设施数量有限、布局随机,难以形成有规划的供给网络。

2)体育设施空间布局不合理

城市体育设施空间布局是不同等级、不同类型、不同功能的体育设施在城市空间范围内形成的空间布局形态,空间布局问题是一种中观的、城市层面的问题分析。三峡库区城市体育设施布局主要有3个不合理之处,一是城市高级别体育设施多布局在各城市中心区,与城市居住空间没有形成有机的联系。这类设施能够举办体育比赛,是城市的重要公共建筑,但因为修建的时间较长而面临活力和使用效率不足的问题,比赛的关注度也随之降低。比如,长寿区区级体育中心与长寿中学相邻布局,中心感很强,但是该地区体育设施面积和人均面积特别大,服务范围却有限,这是因为体育设施过于集中布局导致对整个城市服务的均等性降低,无法公平地满足该区体育爱好者的运动需求,同时也造成该地段的体育设施使用率不足,浪费了公共体育资源(图2.33)。二是由于建大学城的热潮,高等学校过于集中,使得占有公共体育设施半数以上比例的学校体育设施被边缘化,与城市人口分布并不吻合,可达性差,公共资源使用效率有限。例如,重庆大学城在沙坪坝区虎溪镇,与主城人口密集区之间有歌乐山阻隔,只能通过隧道连通;万州区高校集中于长江东岸的五桥片区,与万州区人口密集的城区隔江相望,服务能力没有充分运用。三是社区体育设施布局差异明显。在中等以上城市,新城建设中能够发现一些有社区体育设施配套的居住小区也有不同规模的体育设施,但在老城或一些老旧居住区,情况却不乐观,部分老旧小区拥有健身器材,但城市体育设施严重缺乏。

图2.33　长寿区体育中心与长寿中学集中布局

资料来源:笔者改绘

3)体育设施与城市环境不适应

城市空间是一个综合各种功能的整体,除体育设施空间外还包括城市商业空间、广场空间、绿地空间、居住空间、交通空间等。体育设施作为城市公共服务的重要组成部分,首先要融入其城市空间中,与城市环境或功能空间产生有机联系,与自然山水环境产生有机联系,才能有效发挥其作用。然而,三峡库区城市体育设施布局与建设跟库区特色鲜明的山地城市空间之间缺乏这种有机联系,目前采用两种简单的方式,一种是推迟地形约束或技术难度大、造价成本高的建设,有的土地被调整为其他用途;另一种情况则是必须建设,比如,学校体育设施是按预计学生人数的刚性配套需求,这一类建设由于是必须完成的指标任务,往往缺乏对设施空间地形条件的仔细调查,缺乏针对地形条件的精细化设计,缺乏对整体城市环境和功能的充分调研,导致体育设施与整个城市环境或地形环境产生非常生硬的衔接,不仅对体育设施使用造成不利影响,还会对城市公共服务发展、生态环境保护,以及场馆自身的可持续发展带来不利的影响。三峡库区城市体育设施布局与城市整体空间、自然环境关系缺乏科学的融合,主要表现在以下3个方面。

一是体育设施与城市总体发展不协调。重庆是我国第四个直辖市,西部唯一的直辖市,也是国家中心城市之一,但从未举办过全运会及以上级别的大型综合性赛事,而承办这类体育赛事是一个城市空间、交通、服务能力等综合实力的体现,重庆得不到主办权,与重庆市体育设施的发展和布局有重大关系。在重庆主城区有两个市级体育中心设施,大田湾体育场修建于 20 世纪 50 年代,是有着悠久历史和市民认知度的重要体育设施。20 世纪 80 年代起,围绕大田湾体育场修建了其他项目设施,形成市级体育中心,由于周边土地的开发,大田湾体育场周围功能越发混乱,用地局促,无法再扩建新的体育设施。21 世纪伊始,重庆奥体中心开始建设,目前是重庆市规格最高、规模最大、质量最好的体育设施。但有两个问题,第一是该中心与大田湾体育中心的距离太近,都处于主城核心区,严重影响大田湾体育场的发展,使其不得不在市级体育设施的用地上去发展一些社区体育场地,不能充分发挥其应有的功能。大田湾的改造在2010 年提出,但进展缓慢,也是出于两个市级体育中心距离太近、供过于求的考虑。第二是奥体中心周边城市环境复杂,功能繁多,奥体中心内部还有不少其他功能设施,各种功能相互交叉,造成其体育功能不够突出,定位不够明确,鉴于产权、用地规模等问题,升级改造的难度相当大,难以承办全运会、亚运会这种高级别综合性运动会。而重庆第三个市级体育中心位于涪陵李渡,是涪陵的城市新区,距主城区有 2 h 车程,离涪陵主城区有 20 min 车程,以大型综合性赛事承办要素来看,区位条件一般。综合来看,3 个有潜力承办大型综合性赛事的体育设施,各有不足,有的区位过于接近,有的又过于远离,造成高规格建设或升级的难度加大,难以与整个重庆市的发展势头相协调。而天津体育中心(水滴体育场为主赛场）和广州天河体育中心都处于城市核心区域,但由于功能定位明确、设施针对性强,因此,能够承办全运会和亚运会(图2.34、图2.35)。

图2.34　天津体育中心　　　　　图2.35　广州天河体育中心

资料来源:笔者改绘

二是体育设施布局与城市功能整合度有限。这一不适应情况主要针对各区(县)的区级体育设施,这类设施既是各区(县)公共体育活动的主要场地,也是重要的标志性建筑,应该起到全面影响城市体育运动的作用,其辨识度和认知度在该区(县)应该非常高,但实际情况却不尽如此。目前区级体育设施与城市功能的整合不适应主要有两个问题,一是场馆集中布置,实际影响范围有限;二是结合其他公共服务功能的选址布局较少,容易陷入单一体育设施或"体育+体育"的怪圈(图2.36)。要么就是"行政+体育",把体育设施作为行政工程的一部分,忽略了"公园+体育""会展+体育""酒店+体育""文创+体育""产业区+体育"等综合性强的布局模式,没有使体育设施与其他城市功能设施相互促进、共生发展,导致使用范围和认知程度有限,没有体现出应有的社会经济价值。

三是设施与区域自然地理条件不相适应。如前文所述,三峡库区城市大部分体育设施选址和建设忽视了地形、地貌、气候等客观影响因素,造成体育设施的利用率有限,高级别设施和学校体育设施能够因为其强制性而以一些简单、直接的方式置入城市空间。但与城市居民联系最紧密的社区、居住区体育设施就常因地形条件而流产,没有按照社区体育需求,因地制宜地开发一些占地面

图 2.36　开州区体育设施集中布置

资料来源：笔者改绘

积小、灵活机动的体育设施,如山地跑步道、三人篮球场、山地攀登道等,要将规模颇大的体育场地在山地条件下完整建设也不现实。另外,由于三峡库区夏季炎热、冬季多阴雨,室内设施或带顶棚的设施是必须配备的,目前这样的设施还极其有限,不适应三峡库区气候。

2.3.3　城市体育设施建设模式化

未达到体育设施供给要求的模式化配置思路,将导致多样性、特色性体育设施规划工具体系缺位。目前《国家公共体育设施配置基本标准》要求每个城市建设体育设施"五个一"工程,各城市的体育设施专项规划几乎都以此作为目标。这种思路考虑的是对各城市体育设施发展的公正对待,但不能对城市体育设施发展特色或城市体育多样性需求有科学的解释,难以支撑城市特色体育项目的挖掘和发展。

1）模式化完成度存在差异

在三峡库区城市中,体育设施规划也严格按照城市的等级来进行"五个一"工程的规划,比如,重庆市主城区的奥体中心涵盖了市级体育场、体育馆、游泳馆、网球中心。各区(县)在城市总体规划中也都按照《城市公共体育设施标准设施用地定额指标暂行规定》《体育建筑设计规范》(JGJ 31—2003)(见 2.1.2)等可参考规范或条例,规划建设符合自身级别的体育中心设施。但从规划完成度来看,主城区及区域中心城市基本能够确保各类必要体育设施建设,一般区(县)的完成情况参差不齐,部分区(县)城市还存在缺项。

2）居住区级体育设施存在明显缺失

依据重庆市 2014 年颁布的《重庆市城乡公共服务设施规划标准》(DB 50/T 543—2014),城市体育设施分为 3 级:区级、居住区(街道、镇乡)级和居住小区(社区、村)级。区级体育用地千人指标为 210～302 m²,居住区级体育用地千人指标为 190 m²。居住小区级体育用地户均配置标准 1.5 m²／户。在三级指标中,区级体育设施和居住小区体育设施的建设由于有《城市公共体育设施标准设施用地定额指标暂行规定》《体育建筑设计规范》(JGJ 31—2003)和城市总体规划的保障,规划建设情况较为良好,缺失最为明显的是居住区级体育设施,在各区(县)总规层级受保障的体育设施用地只有区级以上体育设施,居住小区级体育设施由于有《城市居住区规划设计标准》(GB 50180—2018),建设也是受保障的,但是这种模式化的建设方式导致有相关法规、条例保障的体育设施能够完成建设,而缺乏保障的体育设施层级的设施建设都相对滞后。

2.4　三峡库区城市体育设施优化路径

研究归纳了三峡库区城市体育设施发展的 5 个重要问题,指出要解决这些问题不能只以问题为导向,片面地从设施上或是空间上去解决,应该首先挖掘问题背后的深层次原因,并归纳总结这些原因如何影响三峡库区城市体育设施发展,找到关键症结,然后在此基础上提出解决之道,如此才能从根本上有利于体育设施建设。

2.4.1 体育设施空间体系

笔者认为,行政层级结构吸纳了体育设施规划结构,是产生三峡库区体育设施发展时空错位的根本原因。但这种结构从 20 世纪 70 年代后期逐渐形成以来已经过去了 40 年时间,说明其存在必然有其合理性,而这种合理性从改进的视角来看,无疑也是目前困境的成因之一。笔者尝试从权力空间的角度解释这种"合理性",福柯从微观建筑空间构造视角,认为空间是权力的表现,可以通过建筑构造解释人与人之间统治与被统治、剥削与被剥削的社会关系,并列举了体现权力的建筑空间典型——"全景敞视建筑"①,揭示了空间结构反映权力结构的内涵。从本质上讲,空间是任何公共生活形式的基础,空间是任何权利运作的基础。空间是权力存在的"场",因此,空间结构反映了权力结构。福柯认为:"一个建筑物不仅是为人观赏而存在,应该可以改造人,对使用者发生作用,有助于控制他们的行为,便于对他们恰当地发挥权力的影响,有助于了解他们、改变他们。"从机制上说,权力空间并非作为物、财产而存在,而是作为一种关系权力(权力机制)而存在的。这种关系权力的维系依靠的不是强制的暴力,而是自觉遵守的纪律。在结构上,权力通过空间持续运作,形成一种连续的等级体制。不仅在建筑空间,在城市空间或是全球空间也均存在"中心—边缘"的

---

① 在全景敞视建筑中,作为全景敞视建筑的核心,瞭望塔是开放的、自由的空间,是周围信息的汇聚地;而边缘环形建筑位置是封闭的、被割裂的空间,处处受到监视,纵向的墙壁阻断了人与人之间的信息交流,被监视的人只享有极其有限的自由。由其构造可以看出,该建筑构架蕴含着权力结构:处于核心位置的人对边缘的人们享有监视权和控制权,边缘空间的人们任何微小的活动都受到监视。

结构模式,可以看作是权力空间的延伸①。在方法上,一方面利用层级空间的权力机制从肉体上持续训练个人的特定特质;另一方面,利用层级空间的权力关系网络使得规训权力成为一种内在机制,使人们自觉维系整体纪律。符合这种训导的层级形态在三峡库区体育设施规划中的表现就是:省级、市级、区级、社区级、小区级。造成的影响是,层级空间模式带来秩序、安全的同时也带来了封闭、阻隔、压迫。在福柯看来,这种空间对人的规训作用难以察觉,但却有很持续的力量。而我们习以为常的四年一次的全运会、省运会、市运会等以行政层级体系命名的运动会,也可以理解为"用不间断的精心策划的监视游戏取代公共事件的展示"。可以说,空间规训的目的导致了行政管理层级吸纳体育设施层级,从而导致了体育设施层级体系失当。

2.4.2　体育设施时空结构

三峡库区城市体育设施面临的最核心的问题是供需失衡,现有的供给工具无法满足库区居民的体育需求。而这种失衡现象在本质上来源于城市体育设施供需结构的失衡。供需结构是指体育设施供给政策与体育设施需求的相互适应关系。三峡库区城市体育设施供给政策与我国体育设施总体发展政策吻合,从1949年至今历经了3个重要阶段:第一阶段(1949—1978年),为"单位制"体育发展阶段;第二阶段(1978—2008年),为"金牌战略"发展阶段;第三阶段(2008年至今),为"社会体育"发展阶段。更准确地说,2014年颁布的《国务院关于加快发展体育产业促进体育消费的若干意见》为体育强国战略制定了明确的目标和行动路线。

1)第一阶段

总体来说,这一阶段的体育设施政策内容具有全民性、跃进性、军事性,政

---

① 福柯认为,处于核心地位的城市、国家享有获得更优空间资源的权力,空间资源总是倾向于流向核心区域,使得核心空间掌握着边缘空间的主动权和控制权,边缘空间成为核心空间发展的资源蓄水池。当然,如今核心与边缘的差距越来越大,不仅是权力运作的结果,也是资本结构本身不平衡带来的。

策执行体现出了计划性和行政指令性。其间保障体育设施的基本路径有 3 个，一是学校体育设施，因为社会主义教育方针明确了体育在学校教育中的地位。学校体育制度的初步建立，为体育设施政策在教育系统的实施搭建了一个执行平台，提供了一个制度保证。二是在计划经济体制下各单位所属成员的体育发展计划。三是国家体育设施建设相关计划。

这一阶段整个三峡库区城市化水平较低，人民经济收入较低，认知世界的手段有限，因此，城市居民的体育需求并不难满足，"单位"的体育设施承担了绝大多数体育运动职能，单位之间进行的比赛和荣誉成为当时体育锻炼的主要目的。国际局势风云变幻，我国综合国力尚不够强大，从一定意义上讲，体育锻炼也是响应国家号召保卫祖国的需要。因此，这个阶段的供需结构是：体育设施主要由国家或者单位提供，人民群众进行体育锻炼的目的是为单位争取荣誉，锻炼身体搞好生产，锻炼身体保家卫国。从这个意义上讲，供需结构是平衡的，没有出现"供"与"需"之间太大的偏差，大多数需求的目标是因供给程度而决定的。

2）第二阶段

1978 年十一届三中全会后，国家重新出发，对体育事业的总结是，过去十年总量投入上总体不足，但将有限的投入集中起来发展竞技体育是可以有所作为的，与其平均使用造成整体低水平，不如集中使用，重点突破。1984 年 1 月，国务院转发《城市规划条例》。该条例第四十条规定：禁止任何组织和个人侵占风景名胜区、文物古迹、公共绿地和公共体育场地进行建设，或者改变其使用性质，从而确立了体育设施建设与发展的主体地位。1985 年 10 月 15 日，国家体委[①]颁布《全国体育先进县的标准和评选办法》，将体育设施建设情况纳入先进县考核指标，极有力地推动了体育设施在全国范围内的建设与发展。1986 年 4

---

① 中华人民共和国国家体育运动委员会的简称，1952 年 11 月成立，1998 年 3 月 24 日改组为国家体育总局。

月,国家体委印发《关于体育体制改革的决定(草案)》,该决定草案包含了实施"奥运战略"的具体措施,随后又颁布了多项促进体育发展的办法,并在1989年前进行了两次体育设施普查工作,还在1986—1989年规定了中小学体育设施建设标准。1990年3月12日,国家教委①、国家体委联合公布《学校体育工作条例》,对体育场地、器材、设备和经费进行了规定,学校体育设施在此阶段得到了较快的发展。1993年11月,《奥运争光计划》正式提出制定和实施,1995—2011年,相继颁布和实施的一系列文件②,标志着我国体育事业发展到了一个新的历史阶段。

总体来说,这一阶段是我国体育和体育设施快速发展阶段,并且也经历了多次发展思路转折,主要分为两个时期。在第一个时期,我国体育和体育设施发展采取集中力量、集中有限的资源集中培养优秀运动员的战略。据此,国家开始规划和建设"一场两馆",为的是培养好的运动员,三峡库区的好几个体育中心都是在这一时期筹建的。而社会体育需求因为经济水平和信息来源有限,并没有大幅转变。根据当时的国情,体育设施服务于奥运金牌战略,可以说这一时期的体育设施建设很好地完成了国家体育发展战略目标。但随着国家的逐渐强大,人民生活水平逐渐提高,人民不再满足于只是一个旁观者,国家也调整了政策开始倡导"全民健身",于是我国体育发展进入这一阶段的第二时期,然而,虽然提出了全民健身的目标但却没有与之匹配的体育服务要求和满足群众体育要求的设施,各城市体育设施配置指标依然沿用20世纪80年代的标准,虽然在进入21世纪便做过调整,但却并不是彻底改革,国家对三峡库区城市按指标供给的设施比例依然巨大,支撑全民健身的方式就是开始在不同级别的城市建设"一场两馆",各地行政机构和主管单位依然以培养优秀的运动员为

---

① 一般指中华人民共和国国家教育委员会,成立于1985年6月,为教育部的前身。

② 这些文件主要如下:《全民健身计划纲要》(1995年)、《中华人民共和国体育法》(1995年)、《公共文化体育设施条例》(2003年)、《城市社区体育设施建设用地指标》(2005年)、《全民健身条例》(2009年)、《体育事业发展"十二五"规划》(2011年)。

核心工作目标。然而进入 21 世纪以来,三峡库区城市和居民不仅经济有所好转,关键是信息获取渠道增加,表达途径增多,个性化的体育需求被激发,体育运动的目的越来越多元化,不同性质的体育组织逐渐兴起。这个时候,城市体育设施供给目标与需求目标完全不同,供需结构开始失衡,这种根本性的失衡导致了体育设施的供需失衡。

3)第三阶段

笔者把时间限定在 2014 年至今,以《关于加快发展体育产业 促进体育消费的若干意见》的出台为标志,体育事业全面向社会化、市场化转型发展。2016年,又相继印发了《国务院关于加快发展体育产业促进体育消费的若干意见》,《中国足球中长期发展规划(2016—2050 年)》。同年发布了国家和重庆市层面的体育发展"十三五"规划,并且,国家发改委①、体育总局、教育部、中国足协联合印发了《全国足球场地设施建设规划(2016—2020 年)》,规划到 2020 年,全国足球场地数量超过 7 万块,平均万人拥有足球场 0.5 块以上,有条件地区达到 0.7 块以上。

这一阶段以《关于加快发展体育产业 促进体育消费的若干意见》为基础进行供给侧结构性改革,核心就是两个字:转型,即体育设施供给战略逐渐向社会化、市场化、专业化、国际化转型,三峡库区城市体育发展也将顺应这样的转型,做地方性的探索。

从体育事业的 3 个发展阶段可以看出,体育事业的发展目标很大程度上影响了体育设施规划的目标与方法。2008 年之前,三峡库区与我国体育设施的发展目标完全一致,都是采取"单位制"和"举国体制",目标是单一地服从国家利益。而在 2008 年,特别是在 2014 年以后,我国体育事业发展的目标变得多元,体育设施规划的目标与方法应随之变化,体育设施空间结构也应变得更加多元,以满足多个利益主体。

---

① 一般指中华人民共和国国家发展和改革委员会。

　　同时,长期以来三峡库区城市体育设施还存在体育项目投入比例不均衡和城乡体育设施发展不均衡两大难题。受关注度较高的 5 个项目:小型运动场、篮球场、体育场、健身步道、体育馆得到了大比例的财政拨款投资金额(图 2.37)。《重庆市第六次各地普查数据分析总报告(2014)》统计的数据显示,三峡库区城市篮球场、乒乓球场、羽毛球场占全区域体育场地数量的一半以上,占场地面积的60% 以上,难以满足群众体育锻炼的多方式和多途径的发展需求。体育设施城乡分布比例不均衡,三峡库区城市体育设施的数量所占比例超过 2/3(图2.38),城市体育设施面积所占比例更是超过 80%。而在澳大利亚,体育设施在农村的比例占到 60%。

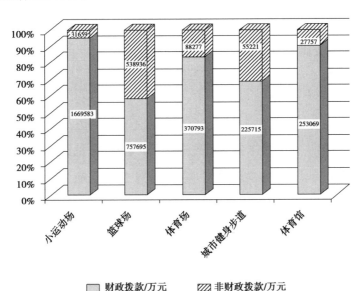

图 2.37　财政拨款前 5 位的体育项目

资料来源:《重庆市第六次各地普查数据分析总报告(2014)》

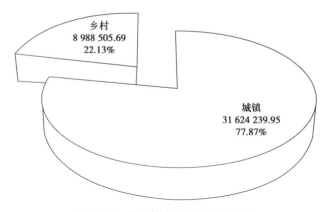

图 2.38　城乡体育设施面积比例图

资料来源:《重庆市第六次各地普查数据分析总报告(2014)》

2.4.3　体育设施对象设定

　　三峡库区各城市总规所依据的《城市公共体育运动设施标准设施用地定额指标暂行规定》的主要服务对象是专业或职业体育运动员及专业体育比赛,而群众体育参与者被放在了体育观众的位置上。这在 20 世纪 90 年代前勉强合适,因为当时库区居民较难有经济条件坚持从事体育运动。但是目前,世界的先进体育理念是全民体育和终身体育,体育设施的主要服务对象不再是专业运动员。据不完全统计,三峡库区体育活动参加最为积极的是老年人,他们用于体育锻炼的时间最有保障也最能坚持。体育消费的主力人群之一属于年轻女性,她们更乐意参加健身、瑜伽、跑步等休闲体育项目。现在对体育设施需求对象的设定已经全面泛化,不同目的的、不同年龄、不同性别的人都是体育设施服务对象,三峡库区城市正进入真正的全民体育时代。

2.4.4　体育设施用地模式

　　城市体育设施的建设需占用城市建设用地,属于 A4 类用地,是划拨土地性质,在现行我国土地利用的法律法规中,这类用地属于公益性质。划拨土地使用权的特点有:公益性目的、行政行为、无偿性、无期限性。这种土地使用模式也就限定了无法将公益性公共体育设施用地转变为经营性用地,造成了难以引进社会资金进行建设,如果政府财政有困难,那么体育设施的建设进度就会滞后,城市居民享受不到公共体育设施,即使有承租单位接手经营,由于缺乏程序合法性,现有体育设施的经营者可能就会出于逐利目的和规避法律约束修建临时性体育设施,这种行为更注重短期效益而少考虑长期的体育产业回报。另外,目前也有利用绿地、公园用地修建体育设施的案例,但均为临时建筑和设施,在现有规范下不能建设永久性建筑,客观上造成了体育设施布局缺乏灵活性和体育设施品质难以提升的问题。因此,体育设施用地模式的僵化也是供需矛盾的根本原因之一。

2.4.5　体育设施规划机制

目前,三峡库区城市体育设施的建设主要是先由重庆市总体规划和各区(县)总体规划预计体育设施服务人口,根据服务人口和半径设定设施级别,划定设施选址,再根据地块的控规进行确定,市级、区级体育设施由市级规划局审批,低级别体育设施由各区(县)规划局审批。这一过程在三峡库区城市面临了两个实际问题,第一是中小型体育设施规划缺乏强制性。目前三峡库区城市的大型体育设施用地保障性较好,但除市级和区级大型体育设施外,社区级、居住区级体育设施在总体规划上没有明确划定用地,并且体育设施的公益性很容易使其成为被调整的对象,而没有强制性和约束监管体系。比如,在2011年重庆市总体规划中,巴南区的一块体育用地就被调整成居住用地;大渡口区规划的区级体育设施到目前还没有动工建设,极大地拖延了规划建设时间(图2.39、图2.40)。并且,大型体育设施的建设也经常出现进度拖延和设施种类不齐全的情况。

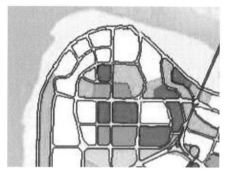

图 2.39　体育设施用地被占用比较图

资料来源:笔者自绘

图 2.40　体育设施用地拖延建设比较图

资料来源:笔者自绘

第二是城市体育设施与居住区体育设施的空间覆盖效能的计算方式存在盲区。目前,三峡库区各城市总体规划的体育设施服务覆盖范围是以行政边界范围内、A4 类用地为原点进行计算的,没有考虑行政区边界的空间相互耦合会造成人口密度、服务半径统计的复杂性,以及居住区体育设施和学校体育设施所具有的服务作用。笔者了解到,目前三峡库区城市各居住小区的体育设施拥有率已经得到极大提高,重庆主城九区,以及万州、涪陵、江津等区(县)的居住小区都要求配建体育服务设施,越是高档的小区,配建的标准越高。同时,高校体育设施的开放程度在三峡库区城市中一直做得比较好,而且国家也在号召各类学校的体育设施有条件向社会开放。根据以上分析,按照目前的规划机制,已经造成了体育设施使用上的失衡,有的地区形成了该建的地方没有建,可以不用建设的地方反而重复建设,客观上加剧了新、老城体育设施供给的差异,降低了体育设施的使用效率。

第三是复合功能用地缺乏合法性。山地城市本来就有许多天然的适合锻炼的场所,但体育设施规划标准还在"总规—控规"两级规划体系,很多社区体育设施都只能以临时建筑的形式建设在绿地、广场用地范围内,这种复合式用地形式缺乏合法的实施机制。

2.5 本章小结

本章主要分析了三峡库区城市体育设施空间发展特征与现实矛盾。三峡库区城市快速的城镇化进程和对国家标准、规划方法、操作方式的复制,导致库区城市体育设施总体规模和人均差距较大,体育设施类型较为集中、供需结构失衡、设施类型失范、设施服务对象失准、用地模式失灵、规划机制失效等。在目前的城市体育设施规划、建设过程中,模式化的供给方法已经难以适应三峡库区城市居民的体育需求,难以适应三峡库区山地条件下的城市空间增长及城市公共服务的转型升级,常常因为标准化的配置而造成公共资源的浪费,因为忽视山地的生态承载力而造成生态资源的破坏,因为有特殊的地形条件而导致体育设施供给的数量减少、规模减小或者配建推迟。综上所述,三峡库区城市体育设施的发展要立足于三峡库区居民的现实需求、公共服务的大趋势以及特殊的地形和生态环境,需要有满足需求多样性、设施均等性与用地集约性3个方面的规划,形成一套针对三峡库区城市的适应性策略。

3 三峡库区城市体育设施适应性规划研究

赵万民(2008)提出构建西南山地城市规划的适应性理论。三峡库区城镇化发展虽然取得了可喜的成就,但依然存在前文所述城镇化发展中产生的矛盾和问题,造成城乡环境资源、地域文化特色、物质空间形态的极大损失。创新研究三峡库区城市体育设施适应性规划的理论与方法,业已成为民生问题的关注点和具有重要学术价值的科学问题。本章针对前文提出的关键问题,结合三峡库区城市城镇化过程特殊、土地资源稀缺、生态环境脆弱、公共民生设施缺乏的人居建设情况,以及地理、水文、文化上的突出特点,构建三峡库区城市体育设施适应性规划研究框架,以期为本书搭建一个多学科交叉、多要素适应的综合研究逻辑框架(图3.1)。

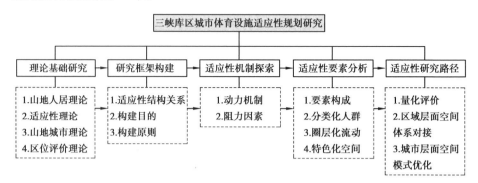

图 3.1　第 3 章研究结构关系图

资料来源:笔者自绘

3.1　三峡库区城市体育设施适应性规划的理论基础

本书是针对体育设施的适应性规划方法的研究,但在研究之前需要有充分的理论支撑。本节尝试探索方法体系背后的理论来源和支撑,使研究内容和创新点具有扎实的理论基础。

3.1.1　人居环境科学理论

吴良镛院士在《人居环境科学导论》中指出,人居环境科学是一门以人类聚居为研究对象,着重探讨人与环境之间的相互关系的科学。其强调把人类聚居作为一个整体,从社会、经济、文化和工程技术等各方面进行综合系统研究,其目的是了解、掌握人类聚居发生、发展的客观规律,以便更好地建设符合人类理想的聚居环境。人居环境科学涉及的学科体系包括广义建筑学、城乡规划学、大地景观及生态绿地、建筑工程技术科学及其与之相关联的学科。人居环境理论包含五大系统和五大层次(图3.2)。其理论结构框架是以"人"为核心,以建筑、地景、城市规划三位一体构成系统主导专业(图3.3),以增加生态意识、经济良性互补、发展科学技术、关怀社会民生、追求文化艺术为5个原则,将5个人居要素系统地与5个人居空间层次关联起来,认识人与居住的相互关系,完成要素结构与空间结构的整合(图3.4),既概括了权力的等级结构,又成功打通了空间与要素的壁垒,使人居环境科学理论体系建构在一种符合权力逻辑、具有生命力的基础之上。人居环境理论体系的方法论有3个方面,一是融贯的综合研究,维纳(Wiener)曾说:"在已经建立起来的科学领域之间的空白区上,最容易取得丰硕的成果。"人居环境科学的方法之一就是在不同学科中抓住与城市规划学有关的部分加以融会贯通,是一种"融贯的综合研究方法"。二是以问题为导向,根据"提出问题—努力求解"的研究模式,从生活本身面临的问题出发进行研究,"简言之,以问题为导向,利用人类已经探索和积累的知识,解决问题,谋求生存与发展的出路"。三是庖丁解牛,把复杂的尖端问题化为可操作的一般问题。比如,中国人的聚居是一个巨型的复杂问题,但可以把这个问题拆解成多个领域加以研究:根据气候条件的不同进行寒地人居环境研究;根据地形地貌的不同进行河网地区人居环境、黄土高原人居环境的研究;根据地域不同进行各地域人居环境的研究。

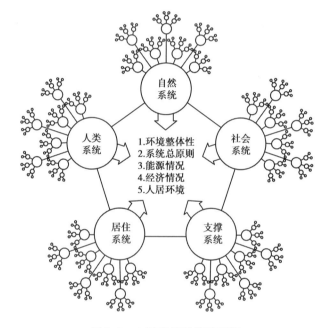

图 3.2　人居环境系统模型图

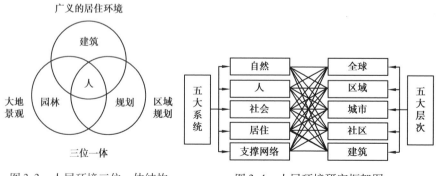

图 3.3　人居环境三位一体结构　　　图 3.4　人居环境研究框架图

　　人居环境科学的另一大要义是描述了在复杂体系中,人居环境规划设计的时空观,即"时间—空间—人间"为一体。这说明人居环境在时间上是绵延的,在空间上是相互联系的,同时还要知晓规划设计对象的来龙去脉。

　　赵万民教授在吴良镛院士人居环境科学的基础上,结合人类在山地这一特殊地理条件下的聚居情况和现实问题,构建了山地人居环境科学理论,指出山地人居环境学的研究目标,主要集中在4个方面:第一是建立理论框架,传承"人居环境科学"思想体系,直面山地城市人居环境的影响要素和关键科学问题。第二是通过在三峡库区、西南山地历史城镇进行的人居环境认识和规划实践,构建理论基础,厘清发展方向。第三是将理论在我国西部地区进行拓展和实践。第四是培养山地城乡规划人才队伍。赵万民教授通过多年的实践经验和理论探索,总结提出山地人居环境理论研究的主要元素是:人、山、水、城(图3.5),学术思想融贯了生态学思想、集约发展思想、防灾减灾科学思想、山地城市设计思想、地域文化思想,主要支撑学科包含山地城乡规划学、山地建筑学、山地景观学、山地建造技术科学,相关支撑学科包括地理学、生态学、GIS、经济学、城市气候学等。理论基本框架为:三类单元(流域、乡村、城镇)①、三个重点(生态、文化、防灾)、一类支撑(工程技术)、一个投影(空间聚居形态)(图3.6)。

　　赵万民教授对三峡库区人居环境的研究源自其博士论文,至今一直跟踪三峡库区人居环境的持续发展,提出三峡库区人居环境研究的理论框架,建立三峡库区人居环境建设科学理论,指导三峡库区城市的迁建及移民安置,提出三峡库区城镇空间研究的3个尺度(流域尺度、城镇尺度、历史街区尺度)。

　　城市体育设施是城市公共服务设施的一个分支,其服务对象是城市居民,跟人居环境和山地人居环境一样,"人"的需求和利益是研究的核心价值。人居环境理论和山地人居环境理论的研究系统中都有"城市"这一系统,三峡库区城

①　流域、乡村、城镇3个研究单元的划分,客观反映了在流域基底上,我国现实的城乡二元结构与空间结构的整合,是山地人居环境科学对人居科学的空间拓展和充分地域化的空间结构模型。

市体育设施的研究就是针对三峡库区城市之一系统展开分析,这是研究的总体范围。人居环境理论在对区域的研究中提出"庖丁解牛"的方法,将复杂问题分解成不同类型,从不同角度进行针对性研究,为三峡库区城市体育设施研究提出了基本方法论。可以说人居环境理论和山地人居环境理论为本研究提供了核心价值、研究范围和基本方法论体系(图3.7)。

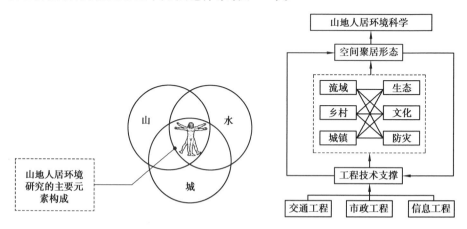

图 3.5　山地人居环境关系构成图
资料来源:《山地人居环境七论》

图 3.6　山地人居环境基本研究框架
资料来源:《山地人居环境七论》

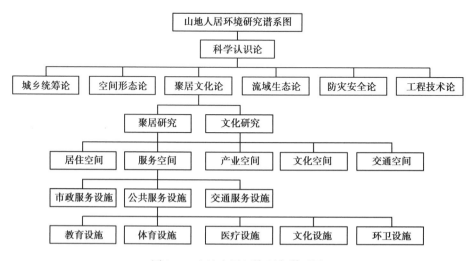

图 3.7　山地人居环境研究谱系图
资料来源:笔者自绘

黄勇(2011)提出人居环境科学是一个包含了不同层次和各种要素的整体性实践过程。基于吴良镛院士人居环境科学理论、赵万民教授山地人居环境理论和安东尼·吉登斯教授的社会"结构化"理论,黄勇为三峡库区人居建设打开了一个研究的时空结构视角,构建了时空结构化的社会变迁与人居建设"双螺旋"结构,并分析了三峡库区人居环境的时空结构化机制,指出了三峡库区人居环境建设的核心伦理是不断走向时空融合①;同时,他还提出了三峡库区社会问题的生成逻辑链条:搬迁安置形成"移民社会"—移民社会导致时空解体—时空解体引发社会问题,并提出了在区域、城镇和街区3个层面的地域化策略。笔者认为,时空结构化互动模型是三峡库区人居环境研究的重大理论突破和创新视角,正如黄勇教授所说,"以时空结构化的历史观和方法论,揭示了在时空压缩情境下的当代三峡库区人居环境的再生产规律"。

综上所述,人居环境科学理论广博、源远流长,构建了以"时间—空间—人间"相互关联的时空观;山地人居环境理论继往开来,立足地域,完善了符合山地地域特征的人居环境科学理论框架,并针对三峡库区区域,构建了人居环境建设的时空结构化历史观和方法论。

3.1.2　适应性理论

适应性理论原本来源于生物学领域,后来逐渐引入到人类学、遗传学、人文地理学等学科研究中。西南山地区域由于地形复杂、文化多样,故适应性理论的运用比较常见。在城市规划领域,王中德(2012)探索了西南山地城市公共空间的适应性规划理论与方法,曹珂(2016)研究了山地城市设计的地域适应性理论与方法,本书立足于适应三峡库区的地理和人文环境,借鉴山地公共空间及山地地域性城市设计对"适应性"的理解,探索构建三峡库区城市体育设施适应

---

① 黄勇认为,三峡库区人居环境建设的核心伦理不是判定人工与自然两种时空的对错,而是坚持科技与人文有机结合的审美标准,解决两种时空的结构性缺席与错位,不断走向时空融合。笔者认为时空融合也是库区城市体育设施适应性规划所要面对的结构性目标。

性规划框架。

1)"适应"的概念解析

"适应"意为"调整、改变",起初多用于表达生物学概念,是指生物为了生存、繁衍而顺应周围环境的变化。随着"适应"这一理念产生的研究成果逐渐被学术界认可,"适应"一词被广泛应用于遗传学、人类学、人文地理学等不同学科,产生了不同影响力(表3.1)。

表3.1 不同学科"适应"概念描述

学科	概念
生物学	生物为顺应客观环境变化,而改变自身行为与机能的生物现象
遗传学	人类或生物种群通过遗传和变异与新的环境条件相协调的过程
地理学	人类活动随自然地理环境改变而相应调整的过程

资料来源:笔者根据相关资料绘制

综上所述,"适应"的概念在学术界与其他研究理念一样是分学科去解释的,从不同角度去认知可以做到各学科对概念的准确解析,而不是单一地去解释一个概念,这样能够更好地进行交叉研究工作。日本学者伊藤真次强调,"适应是一种有机体与环境相互作用的过程表现在机体方面的代偿性反应。但由于环境的概念与类型是丰富多样的,有生物体自身的体内环境,有自然地理环境、有由各种生物组成的生态环境以及由人组成的社会环境等。要把握'适应'的全貌,给其恰如其分的定义便成为一件相当困难的事"。在本书中,"适应"理念是规划方法构建的目标所在,具体来说就是以规划的方法让"有机体"与"环境"达到适应的效果,笔者将其称为"适应性规划"。

2)适应性理论的发展现状

(1)适应性理论在地理学科的发展

随着适应性理论在生物领域的发展,它也逐渐被其他学科用以交叉研究。在地理学科中,适应性理论用于研究人与自然的关系:自然界孕育了人类,而人的行为活动是对自然界的改造,经过改造后的人工环境与自然环境又一起对人产生新的影响。我们熟悉的地理决定论也强调不同地域的地形环境、气候环境塑造了不同肤色、不同体态、不同信仰的人,这是人的基因适应地理环境的最好例证,在此基础上逐渐形成地理学科与适应性理论的交叉。而后相继出现的生态调节论和协调论等,都把人类对自然环境的改造与协调看作一种相互适应关系。

(2)适应性理论在城市学的发展

适应性理论不仅在生物和地理领域得到快速发展,在城市学中,适应性理论也被引入城市内、外部环境及城市形态的分析中。相关研究者循着"适应"是相互关系的基本线索,认为城市也是自然环境与人类建设行为相互适应的产物,开辟了新的城市学研究领域,形成了丰富的研究成果。

霍华德在《明日的田园城市》中以19世纪英国为例,提出解释城市与乡村相互依存和流动的"磁铁"概念,将适应性研究方法引入理想城市空间模式的研究中,提出城市人工环境与自然环境相适应的"田园城市"方案。在苏格兰生物学家帕特里克·盖迪斯的城市思想中,将适应性理论延伸到城市规划研究,他认为城市空间的变化发展其实是与自然环境相互作用和影响的结果,人工环境与自然环境的相互关系才是城市发展的动力。他的思想超越了城市本身的界限,而把自然环境作为城市规划的骨架,提出了城市与乡村结合在一起的"区域规划"理念。芬兰建筑师埃罗·沙里宁则根据生物适应性理论,提出了著名的有机疏散论,他用生物的认识来研究城市,认为城市如同人体一样是由许多"细胞"组成的,城市交通为血脉,街道为毛细血管,城市的不同功能区域则是各种器官,当城市发展到一定规模,血管与器官之间的适应性逐渐衰减时,应定向疏导城市,控制城市的进一步扩张;并提出"城市的空间结构既要符合人类的聚居天性,又不脱离自然环境影响"。同样从生物学角度对城市进行认识的还有城市生命周期论和日本新陈代谢派,生命周期理论提出城市规划要与城市发展阶段相适应,并将城市的发展演化为向心城市化、城郊化、逆城市化和再城市化4

个阶段。新陈代谢派则是 20 世纪 60 年代,在日本著名建筑师丹下健三的影响下,以青年建筑师大高正人、槙文彦、菊竹清训、黑川纪章以及评论家川添登为核心形成的建筑创作组织。新陈代谢派提出了建筑与城市发展的适应性关系,并认为这种共生关系应作为建筑设计遵循的方向和目标。以上关于生物界、自然界与城市学的交叉研究,说明了城市人工环境与自然环境或自然演化的关系。而另外两位城市学研究巨匠勒·柯布西耶和劳埃德·赖特的著作《光辉城市》和《正在消灭中的城市》,则从城市与建设工具、交通工具、通信工具的进步相适应的角度,强调了城市、建筑与自然的既对立又包容的相互关系。

3)三峡库区城市适应性的主要内容

在山地城市中,城市规划的人工环境与自然地域这两大系统也是需要相互适应的。近年来,赵万民教授明确提出,三峡库区的人居环境研究应聚焦于库区特殊的文化性与生态性融为一体的交叉研究领域。落实到三峡库区城市体育设施规划中,则体现在城市居民各不相同的体育需求、以自然地形条件为背景的山水环境影响因素和三峡库区城市规划的服务、支撑要素 3 个方面。第一,体育设施的规划应该首先满足城市居民日益多样化的体育运动需求,人们通过对体育项目的体验、对外界信息的收集、对自己身体状态的把握等,选择适合自己的运动项目或运动方式。第二,三峡库区城市的自然地理环境多样,山水环境复杂多变,城市的空间结构和空间形态多样,为体育设施的选址、布局与建设带来了不可预测的影响,但同时也有利于一些专项的、户外的体育运动的开展,适应性规划就是要趋利避害地引导发挥特色要素,并降低不利因素对体育设施规划的影响。第三,体育设施的供给应考虑设施的公平性、设施的层次类型、人工建设对土地的模式、道路交通的组织、景观环境的调节以及各种服务功能的搭配,从规划设计方法上创造公平、有效的城市体育设施。以上 3 点是三峡库区城市体育设施规划设计需要分析与思考的适应性影响因素。

3.1.3 流动空间理论

在空间理论研究中,曼纽尔·卡斯特尔、列斐伏尔、大卫·哈维等新马克思主义社会空间理论学者被共同誉为是"新都市社会学"的开创者。卡斯特尔早期借鉴马克思空间理论,强调技术发展与阶级斗争,强调"空间即是社会"。他发现,在城市领域,城市空间是社会意识和社会运动的承担载体,并不是动力来源;城市问题是社会和政治图景的表现,需要纳入到整体社会网络中去追根溯源。同时卡斯特尔注意到,空间与资本主义的发展是一体的,资本主义已经进入一种全球化、信息化的新的生产方式中,空间生产方式也将发生相适应的转变。列斐伏尔研究的是空间是什么、空间是怎样产生的,而卡斯特尔在此基础上更加关注全球化、信息化时代中,空间的结构及运行逻辑。

1)流动空间的概念

流动空间概念就是卡斯特尔基于信息化时代提出的。网络空间带来了信息化时代,一切变得更为便捷、快速、多元化,但这并不意味着自由变得更多,反而意味着支配和控制。换言之,网络在他看来,是一种权力关系重组的资源。"信息技术的突飞猛进在社会结构的方方面面产生了一个新的物质基础,它将规范出新的行为准则,显示社会各个支配集团的权力流变分配过程,从而也改写社会结构本身。"

卡斯特尔认为互联网带来了一种"真实虚拟文化",他认为所有传播形式都立足于符号的生产和消费,因此,就我们的体验来说,真实总是虚构的真实,即现实通过表征而被认知。为解释信息化时代的传播系统对人类生活时空观念的改变,卡斯特尔提出了"流动空间"与"地方空间"概念。地方空间是指秉承了人文地理学传统的特殊地方性的空间,蕴含着传统地理空间与文化、历史、道德观念等地方性意义。因此,地方空间的特点是封闭的、有界限的、实体的地域。流动空间是指在经济全球化和信息网络的条件下,资本跨国流动,导致地方空间碎片化,通过符号编码重组进流动网络中,使得特殊地方特性普遍化,这样重组并不断流变的空间。他认为信息空间使地域的概念从文化、历史和地理这种具象意义中解脱出来,重组类似形象拼贴的功能网络里,故而产生了一种"流动空间",替代了传统的"地方空间"。

卡斯特尔从 3 个物质支持层面分析了他的流动空间,分别是现代通信网络、节点和核心构成的层级组织以及占支配地位的管理精英操纵了流动空间。具体说来,一是,现代通信网络,是同时并存的实践的物质支持,由电子交换的回路构成,它们共同形成了信息社会的策略性关键过程的物质基础。卡斯特尔认为:"通信网络是基本的空间样貌:地方并未消失,但是地方的逻辑与意义已被吸纳进网络。这种技术性的基础设施本身,是我们的世界里由权力决定其构造与内容的流动网络之表现。"二是,由其节点与核心("核心—边缘"模式)所构成的地方性层级化网络空间。流动空间奠基于信息网络,但这个网络连接了特定的"地方",它具有完整界定的社会、文化、实在的物理环境与功能特性,因而,此时流动空间逻辑上虽然没有特定的方位,但实际上方位还是存在的。譬如,在全球化的大型都市中,它们不仅是世界经济的交换者,全球信息网络的通信中心,还扮演了协调的角色,使整合进入网络的一切元素顺利地互动。而其他地方性都市则是网络的节点,同样具有次级的策略性重要动能的区位。卡斯特尔认为:"节点和核心都根据它们在网络中的相对重要性而形成有层级的组织。但是,这种层级会随着通过网络来处理的活动之演变而有所改变。事实上,在某些状况里,有些地方会被隔断网络,而这种隔断导致了急速的衰落以及经济、社会与实质环境方面的衰退。节点的特点随着既定的网络所执行的功能类型而定。"三是,占支配地位的管理精英们(而非阶级)的空间组织。流动空间的理论前提是,社会是围绕各个社会集团结构而不均衡地组织起来的。领域被占支配地位的管理精英统治,他们发展出自己的文化代码以主导流动空间。

2)流动空间表现形式

卡斯特尔指出,流动空间具有鲜明的形式表达,在虚拟和现实空间中都能看出其具有"节点—连接—基底"的结构特征,也是其在现实空间的物质表现形式。

"节点"即事件的发生地,具有不同的层次,有可能是一组服务器,也有可能是一台计算机、一部手机,在城市功能空间中一个场所、一栋建筑、一个公共空间都可以看作一个"节点"。无论在现实世界还是虚拟世界,事件都在"节点"中发生,它既是信息传送的枢纽,也是信息接收或发生的终端。

"连接"即是信息流动的通道,在虚拟世界中,是通过光纤传播的信息流动通道,在现实的物质空间中则是交通运输工具和通道,包括全球性、洲际性的交通,如大型客机、邮轮等;也有城市间的交通,如汽车、公交、地铁等;还有日常性的非机动交通形式,如步行、自行车等。这些共同构成物质世界的连接方式。

"基底"则是节点与连接发生的平台。信息传输需要先进设备、基站及光纤网络,这一系列的工具组成信息化的"基底"。在物质空间中,世界各个国家的版图就是空间分界"基底",联合国或贸易组织、安全组织也就是全球各国对话的"基底",不同地域、不同气候条件就是各种文化孕育的"基底"。

以空间语汇进行解释,"节点—连接—基底"结构可用"点—线—面"结构进行表达:"点"是事件具体发生的空间,"线"是事件集聚或传播的途径,"面"是空间与途径所发生和存在的地域和时间(图3.8)。

3)流动空间的特征

在全球化、信息化时代,空间总体上是流动的。无论是实体还是虚拟的空间,它们都是空间层面相互补充的两大系统,而从存在方式上都是流动的。当然,尽管人类改造世界的工具快速发展,流动空间已经客观上进入人类生存空间的大多数领域,但并不是存在于人类空间认知的所有领域。还有多数人生活在熟悉的、安全的场所空间里,每个人生活的大多数时间依然在这种可预知的、身临其境的物质空间中,并没有被流动空间全部代替。流动空间的出现可以摆脱身临其境的空间关系,这也是科学发展、工具发展所带来的新机遇。它与传统的物质空间共同形成了新的社会空间结构。而这种新的空间形式的产生和接纳是因为流动空间所具备的流动性、时效性、多样性和网络性四大特征。

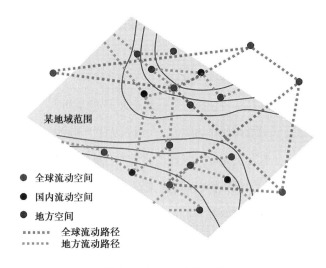

图 3.8　流动空间模式图

资料来源:笔者自绘

（1）流动性

流动空间最基本的特征是其流动性,由于信息工具和交通运输工具的快速
发展,人类已经在虚拟世界和现实世界开启了全球流动的时代,也因此产生了
新的逻辑观和价值观。流动空间对社会空间的影响力与日俱增,已经与传统
的、身临其境的物质空间形成了空间的存在形式。并且流动性也成为世界发展
的新动力所在,依靠信息工具和交通工具,组织起巨量人流、物流、信息、资金等
要素流动,这些要素可以超越国家、城市的边界实现整合配置,提升效率,这种
流动性特征也带来国家、社会组织形式和人类行为的适应性转变。

（2）时效性

流动空间的第二个特点是高时效性。日常生活的传统空间具有固定的地
域文化特征,受交通运输手段和传统媒介传输工具的限制,不具备高时效性。
信息化和全球化时代最显著的特征就是提速。而提速则带来空间对自身"物
理"属性的超越,使空间具有高时效性。在信息城市空间在互联网、通信卫星等
高科技的支持下,资本、信息、技术、组织的交流跨越地域的限制,组成一种高时
效的流动空间。在全球尺度的流动空间内,弱化了地理空间的区位功能,强化

了空间联络,二者合力的结果是以压缩时间的方式换取空间上的高时效性。流动空间内即时效应的实现,乃是基于 IT 技术和产业迅猛发展,同时也有赖于全球物流技术及基础设施的不断更新。

(3)多样性

实体空间是刚性的,有边界的物质空间形式,而虚拟空间则是柔性的,难以界定其边界的空间形式,卡斯特尔强调的流动空间则是两特点的融合,是具有多样性表现形式的空间。信息时代加速了知识、资本、技术和人才的快速流动,从而改变了原有的相对静止的地理位置和空间范畴。城市空间不再停留于单一的、小范围的物质使用空间,而是通过"流动",形成一个在功能、形式、区域上互相融合的多样性空间。

(4)网络性

流动空间的空间构成体系呈现出鲜明的网络性特点。这种网络特征超越了在城市或区域发展过程中形成的道路或城市节点网络,流动空间形态下的网络是以先进的信息、通信技术为基础,打通全球物理与虚拟空间的综合网络体系。随着理论的发展和技术突破,该网络仍处于不断扩展之中。卡斯特尔概括这种网络的特征为有等级、没中心、节点间呈非对称关系;斯芮夫等人预测全球经济空间结构将逐渐向网络化格局转变;萨森提出集聚和扩散是网络应用的表现形式,以全球驱动或地方驱动为主导。城市是这种网络的节点,城市的功能就是网络的服务、管理和控制。城市之间的联系由纵向为主的等级化联系,通过加强城市之间的横向联系而逐步构成网络化联系。在其领导的全球化与世界城市研究网络编制的"全球城市排名"中,也将交通流动网络、金融流动网络、人口流动网络等作为全球城市等级的评价指标。

综上所述,流动空间理论向我们全面展示了一幅全球化、信息化背景下的空间结构图景。一方面人类创造了汇聚全球资本流、技术流、信息流、人流等流动要素的空间,称为流动空间;同时在每个人个体身边也存在满足日常生活的,尊重民族信仰、符合生活习惯的空间,称为地方空间。两类空间随时间或事件的变化可能相互转化。我们的生活就包容在"流动—地方"这一空间结构之中。而满足空间聚集效应的城市公共服务空间,包括体育设施空间无疑是"流动—地方"这一空间结构的典型实践。因为体育设施空间既能承担聚集多种全球流动要素的"大事件",也能成为日常体育锻炼的空间载体。

3.1.4　山地城市规划理论

1)3 个经典理论支撑

(1)田园城市理论

"田园城市理论"由英国社会学家霍华德(E. Howard)提出。该理论的核心要义是将城市高效的集聚效应和乡村良好的生态环境结合起来,营造既便捷又舒适的"城—乡"有机协调的人类聚居环境。田园城市理论的构建是以广袤的自然环境为基底,在城乡有机协作的背景下建设多个具有一定规模的城市集群并运用便捷、高效的交通来联系。这些城市的规模普遍不大,以绿地系统加以分隔,在城市中心区规划公共服务设施或生态公园,用放射状的步行道路将公园与城市外围的绿化体系进行连接,形成具有公共性、开放性特征的城市绿色空间网络结构体系,在用地构成上,城市建设用地约占整个区域的20%。这样的步行交通联系方式和用地规模占比是要让城市居民在可接受的步行范围内就能够亲近自然,享受城市的公共服务。田园城市理论是一种合理的大分散、小集中的城市布局,后来称为"簇群"城市布局模式,这种模式的优点是能够将大城市分解成多个规模适中的中小城市,分散城市中心人口,避免由于人口众多而导致公共服务不足或者不公平,在中小城市的中心配套各类公共服务设施,并与城市周边的生态绿地形成有机整体,同时还起到疏散工业用地布局的作用,让工业远离城市,使城市拥有良好的公共服务和生态环境。田园城市理论将城乡看成有机整体,强调人、城市环境、生态环境、工业的相互作用和对不同功能的空间进行大分散、小集中的协调布局,对山地城市规划理论的建立和发展起到指导作用。

（2）有机疏散理论

20世纪30年代,芬兰社会学家沙里宁(Eliel Saarinen)提出了解决城市因功能过于集中而带来城市问题的"有机疏散理论"。该理论的核心是对城市的功能进行空间上的重组,在城市空间布局上进行有机疏散,即将过于集中的城市人口进行疏散,用建立卫星城等空间组织模式将大城市的功能疏解开来,将城市集中的公共服务也进行大分散、小集中式的布置,将城市的工业制造功能疏解到城市外围,使城市产业发展、经济发展得到满足的同时,又避免工业污染。有学者认为,西南山地城市外部环境生态敏感度高,内部环境城市用地不充分,生态空间发展滞后,运用有机疏散理论能够科学认识西南山地城市与生态环境的相互关系,有利于优化城市生态空间发展,对于城市整体空间结构而言依然具有极大的影响力。对地形条件多样、生活文化丰富的山水城市来说,根据有机疏散理论,不应推进平原式的城市空间扩张模式,应尊重山水生态的自然资源,同时尊重哪怕受众群体很小的地域文化资源,构建协调发展、形态有机、互动相生的山水城市空间结构,究其空间形态来说将呈现"散落"状地分布于山水环境之间,形成大大小小、形态有机的城市组团。

（3）紧凑城市理论

第二次世界大战以后的欧洲重建时期,现代主义的规划和建筑思想开始盛行,效率成为当时经济和城市发展关注的共同核心,而大规模的、快速的城市化运动造成了西方城市的无序蔓延,城市空间的矛盾越来越严重。1973年,G.丹齐格(G. Dantzig)和T.萨蒂(T. Satty)在著作《紧凑城市——适于居住的城市环境计划》中提出了"紧凑城市理论"。其目的是寻找城市持续发展的路径依赖,理论中心思想是构建紧凑而非蔓延的城市空间结构。在保障城市基本运行发展和城市生活质量的基础上,尽量缩减对能源的消耗,同时也降低对环境的污染。紧凑城市理论对山地城市空间结构的发展影响极大,它明确了城市无序蔓延带来的危害,同时指出,未来城市的发展方式是建立在"紧凑"的基础上的,提倡城市整体空间形态应该紧凑布局并且形成紧凑的空间结构吸纳外部空间及周边组团,综合形成紧凑的空间发展模式,以保持城市与自然的和谐关系与可持续发展。由于地形限制,山地城市发展除导致多样的空间形态外,更应该注重土地使用效率,强调紧凑、集约的用地模式和规划思想。

2)山地地形与城市空间结构的关系

随着科技的进步,现代城市规划和建造技术的日益精进,使得人们改造自然的能力越来越强,城市的建设可以在更加复杂的山地地形上进行,并且城市规模不断增长,需要有足够的城市用地给予保障,山地城市由于自然环境所限,只能改造地形。同时,强调城乡一体化的发展模式,使更大区域范围的山水空间被纳入城市空间规划之中。由此产生了非常丰富的山地聚居形态,加之不同坡度的山体起伏和不同密度、高度的城市建筑,形成了独具特色的城市空间结构关系。

(1)山地地形对城市规划建设的影响

山地城市规划建设,与特殊的山地地形密切相关,也与不同时代科技发展带来的建设手段的进步相关。城镇化大幅度向山区推进,少有考虑各个历史时期形成的城市结构都是在不同历史条件下与自然山地环境长期适应的结果。因此,考虑到诸如坡度、坡向、地质、水文、土壤等不同因素,现代城市规划不能因为有了新的规划建设工具而粗放地将城镇化向山区推进。在具体的城市建设中,山地地形还会因各构成因素的差别而产生不同的影响。比如,坡度会对城市交通发展造成阻碍,破坏城市结构的完整,并且25%以上的坡度不适合建设城市,而应该对其植被进行保护,防止水土流失及滑坡塌方。坡向则影响山地城市建筑的采光,北向坡采光较差,冬季阴冷。地质条件影响较大,特别是坡地地质较差,容易出现滑坡危险。另外,还包括水系造成的地质松软隐患及土壤承载力的影响等。

(2)山地地形形态对小气候的影响

地形形态一般是指山谷、盆地、坡地和山顶等大地形,由于其形态复杂,对气候的影响不同且不稳定,既会造成山地水平和垂直方向的气候差异,还会影响局部小气候的变化(表3.2)。因此,即使是在同一坡面和海拔高度的山地城市,在城市内部规划时,也会存在肌理、空间形态、用地结构等的差异。

表3.2　不同地形形态对小气候的影响

地形	升高的			中间的	下降的		
风态	改变风向	大风区	变向加速	顺坡风、涡风、背风	谷地风	顺沟风	水陆风
温度	偏高、易降	中等、易降	中等、背风、坡高热	谷地、逆温	中等	低	低	低
湿度	小	小	小	中等	大	中等	大	最大
日照	时间长	时间长	时间长	向阳坡多、背阳坡少	较多	较多	时间短	—
雨量	—	—	—	迎风雨多、背风雨少	—	—	—	—
积雪	少	少	少	迎风多背风少	多	多	最多	多
地面水	多向径流小	径流小	—	径流大、冲刷严重	汇水易淤积	—	受侵蚀	洪涝洪泛
土壤	易流失	易流失	易流失	较易流失	好	—	最易流失	—
动物生境	差	差	差	一般	多样	好	好	好
植被多样	一般	一般	一般	较多样	—	多样	—	多样

资料来源:笔者根据徐坚(2008)著作绘制

（3）山地城市用地形态类型

城市空间形态与所处的自然地理环境有着密不可分的关系，与平原地区"方格网"的城市形态不同，山地城市受自然地形条件影响，不可能形成规则的城市形态，只能在用地条件较好的区域建设城市。并且山地环境生态敏感度高，在城乡规划中按照其敏感度指标，划定适宜建设区、限制建设区和禁止建设区。其目的是保障山地城市的生态安全和城市可持续发展。但客观上对城市形态形成了进一步限制，因此，现在看山地城市形态，其结构差异巨大，城市空间发展与自然地形成一种相互融合的关系。其用地形态类型也颇为独特。

首先是平坝形态，山地城市分布于群山之中，平地比例小。平坝型用地是指在山地、丘陵之间坡度较缓的用地，或河流冲击形成的开阔地，面积较大，适合从事城市建设活动，城市被群山环绕，形成良好的城市中、远视线景观。重庆主城区东、西两个槽谷就是典型的山地城市平坝形态。

其次是丘陵形态，丘陵型与平坝型相比较，用地有较多起伏，但起伏不大，由中、小丘陵，沟谷和平地组成，是一种绵延起伏的城市用地。重庆主城区、万州区为这种用地类型的典型代表。

第三是台地形态，按照海拔高度可分为台地和高地两类，用地周边呈较陡峭的山体，山顶是平坝或丘陵地带，高地则是高于周边海拔的一块平缓的山顶。重庆渝北区和云阳县就属于台地地形。

第四是谷地形态，顾名思义，就是山体与山体之间的峡谷地带，也可能是河流冲积而成，呈经脉状穿梭于群山之间。城市与山体、河流相映成趣，是一道神奇的风景线，有"乌江画廊"美誉的乌江沿岸就多是这种景观。另外，重庆酉阳县等渝东南城市也属于这种地形。

第五是半岛形态，城市多面被水体包围，呈平原、台地或丘陵地形，用地边界受水形态限制，有利于水路运输。重庆云阳县新城是典型的半岛城市，西南地区许多古镇属于这种类型，如阆中古镇、镇远古镇。

第六是坡地形态，是山地平坝中最常见的城市形态，城市沿缓坡逐渐海拔升高。三峡库区忠县、丰都县、巫溪县均是该形态,重庆市区的不少网红景点就是利用了这种高差较大的地形,其他像云贵高原地区的山地中也分布有不少这种类型的少数民族聚落。

3)山地城市空间结构的基本类型

山地城市空间结构是学者关注的重点。克罗基乌斯总结出山地城市平面结构有紧凑型、紧凑-带型、带型、树枝型、岛型、网络型等6种状态。黄光宇(2002)进一步将几何形态和地貌特征的共同特点作为分类基础,将山地城市布局结构的基本类型归纳为11种,并将山地城市布局结构扩展的基本形式归纳为6种。各类山地城市空间结构类型与扩展模式,是社会经济技术条件与地形地貌生态条件共同影响的结果,不同的城市空间结构具有对应的生态格局特征,以及相应的扩展模式。在此基础上,笔者将西南山地城市空间结构的基本类型、地形特征及影响、空间特点、扩展形式,以及典型的代表城市进行了归纳,总结出4种形式,如表3.3所示。

表3.3　山地城市空间结构类型表

结构类型	地形特征	空间特点	扩展形式	典型城区
组团型	地形崎岖不平,位于山水相间的丘陵地区或山区河谷交汇地带	城市呈分散式组团分布于地势较平的地区,自然山水融入城市空间布局中	集中、多中心	万州区、涪陵区、长寿区
集中型	较平坦的开阔和完整地形	城市空间集中,连成片	摊大饼、卫星城	重庆
条带型	位于河流谷地或沟壑山地,地形狭长	城市用地沿丘陵、山谷或江河呈带状延伸	连片蔓延、组团	忠县、丰都县、巫溪县
绿心型	大范围内整体平坦,含有小山头、湿地、湖泊等自然环境	围绕"绿心"形成环形或半环形城市空间	组团型	云阳县

资料来源:笔者自绘

3.1.5 区位评价理论

区位评价理论由东南大学胡畔(2013)提出,针对目前我国公共服务设施差异化供给的缺失和布局的盲目性与随意性,以公共服务设施的公平与效率为核心,从空间角度进行评价与分析。该理论从供、需两个方面分析,明确地找到了目前公共服务设施布局的痛点,建立了一个集合多学科、多元主体统一的研究平台,构建出了一个涵盖还原与整合两条路径的评价体系。该理论以均等的价值观探讨供需关系,力求从供需均衡的角度去评价公共服务设施的公平与效率,为本书判断库区城市体育设施供需失衡程度,识别在哪些方面有失衡表现提供帮助,为寻找更有针对性的适应性规划方法提供评价依据。

1)区位评价的理论基础

(1)新公共服务理论

新公共服务理论最早由美国社会学家登哈特夫妇于 20 世纪 90 年代提出,他们针对西方当时广泛采用的"新公共管理"理论进行公共服务的供给和评估的问题,进行了理性的反思和批判,并结合越来越丰富的公共服务需求,系统地构建了"新公共服务"理论(图 3.9)。该理论的核心要义是强调政府进行公共服务角色的转变,即从对公共生活的指导向为公众服务转变,将公民的现实需求和实际利益置于整个公共治理体系的中心,希望改进工作方式,让政府与公民进行直接对话,合作共治,服务公民社会,重视公民的决策参与权力和身份,达到提升公共服务的品质和价值的目的。简内特(2004)对新公共服务理论的基本内涵做了 7 点分析:第一,政府的职能是服务而不是指挥;第二,追求公共利益;第三,公共服务是战略思考、民主行动;第四,重视公民身份,为公民服务,而不是为顾客服务;第五,非单一责任;第六,重视人而不仅是生产率;第七,重视公民权利。

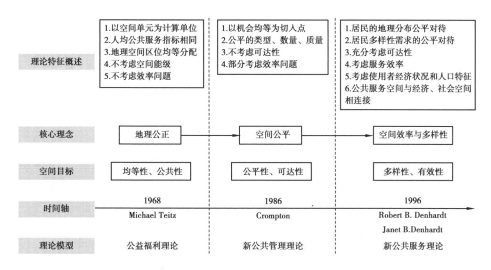

图 3.9　公共服务理论发展演进图

资料来源:笔者自绘

一直以来,全民健身都是三峡库区城市体育服务的基础性工作,特别是北京奥运会以后,我国正式提出了由体育大国向体育强国转变的发展战略,其关键就是建设强大而有效的体育公共服务系统。尤其在当前城市社会体育组织积极参与体育公共服务中,更要针对理论给予更有效的指导,其中新公共服务理论是比较好的理论,对城市社会体育组织参与体育公共服务建设有着现实的指导意义。

(2)区位理论

区位理论从空间组织优化的角度解释人类聚集活动的理论。主要探索人类活动的一般空间规律与逻辑,从地理空间角度揭示人类社会经济活动的空间分布规律及各区位因素在地理空间形成发展中的作用机制。广义的区位理论是指研究世界各地、各地区人类活动区位的选择、形成和发展的科学;狭义的区位理论则是从空间或地域方面研究自然和社会、经济现象、人类活动,特别是经济活动空间组织优化的理论。

①古典区位理论。古典区位理论的研究对象通常是某一方面的经济载体,如中心市场、企业的空间选择,主要探讨空间距离关系,但对人的行为模式和城

市环境约束的考虑不足。经典的古典区位理论主要有:农业区位论(1826,杜能)、工业区位论(1909,韦伯)、中心地理论(1933,克里斯泰勒)、市场区位论(1940,廖什)、运输区位论(1948,胡佛)。实践证明,上述区位理论中,中心地理论不仅促进了理论地理学的发展,而且对城市的政治、经济、文化、规划、公共设施管理与布局等领域具有比较突出的理论指导意义,克里斯泰勒也因此被誉为"理论地理学之父"。他在其著作《南德意志中心地》中系统地阐明了中心地数量、规模和分布模式,建立了中心地理论,提出了中心地的概念、等级性、中心性及服务范围,认为同类中心地间的距离相等,服务范围是同一半径圈层的区域。其中任何一个中心地都有 6 个同级中心地与之相邻接,以紧密相切的圈层均质分布。圈层与圈层之间出现的空白区域得不到同级中心地提供的服务,按照趋向最近中心购物地的原则,两个中心地相互竞争的结果是重叠区内的消费者以重叠区的中心线为界分别被最近的中心地所吸引,由此各中心地彻底瓜分相切的部分进而形成无空白的六角形蜂窝状结构。各六边形的相接点为距离已有中心地的最远点,是接受服务最弱的地点。次一级中心地就在此点产生,以此类推,中心地可分为多个级别(图 3.10)。

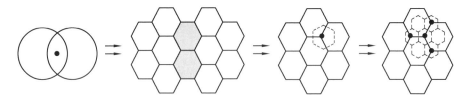

图 3.10　中心地模式形成结构图

资料来源:笔者根据白光润(2009)研究改绘

②现代区位理论。第二次世界大战后,以艾萨德(1956)的《区位和空间经济》以及贝克曼(1968)的《区位论》的出版为标志,以新古典区位论为代表的现代区位理论逐渐形成。该理论的主要作用体现在 3 个方面:a. 在注重探讨产业区位的同时,逐渐扩展公共设施区位、住宅区位等领域,其中居住选址已成为现实生活中最为普遍关心的问题(白光润,2006);b. 在结构主义方法论的指导下,

现代区位论不仅是就区位而论区位,而是从空间结构的角度审视区位,由宏观的城市内外部空间结构、产业及公共空间自身的空间结构确定具体事物的微区位及影响因素;c. 现代区位论不仅追求经营者的经济利益,而且兼顾其服务对象的效用及环境、社会效益,更符合经济规律。1968 年,迈克尔·武兹(Michael·Teitz)发表《走向城市公共设施区位理论》一文,开创了公共设施区位理论研究领域。武兹从公民自身角度出发,以自下而上的视角,考虑在公平与效率兼顾的前提下如何最优布局城市公共设施的问题。以迈克尔·武兹最初的系统理论构架为基础,后续又有各学科领域的专家、学者根据人口规模、行为距离、GIS 数据模型、易接近性、影响和外部效益等区位因素,将研究重点集中在公共设施运行效率和公平上。其理论思想大量用于学校、医疗、交通、公共空间等的选址布局研究上。

(3)正义理论

1971 年,美国社会学者罗尔斯发表了《正义论》,该著作对西方社会学界的冲击是巨大的,其对正义问题的探讨几乎是之后相关研究的坐标。而"正义"在罗尔斯看来就是平等,因此,他提出的正义原则即是围绕平等而制定的。正义理论也被看作均等化思想的起源,均等化理论在公共服务设施的体系构建上主要有 3 个方面的运用:一是财政均等化,是公共服务均等化的基础;二是政府公共服务能力,是公共服务均等化的载体和手段;三是城乡均等化,是公共服务的最终目标。该理论可看作区位评价理论的价值来源,追求最大可能的空间正义。

(4)效率理论

从效率理论来说,效率的最初定义是耗费与获得以及投入与产出之间的比例。"效率"在最一般的意义上指的就是现有生产资源与它们所提供的人类满足之间的对比关系。之后随着商品经济的发展,对效率的定义有了进一步发展。19 世纪 70 年代中期,奥地利经济学派门格尔(Anton·Menger)和瓦尔拉斯(Walras)以边际效用为基础,分别提出了资源配置的效率标准,比古(Cecil·

Pigou)从福利经济学角度比较全面地论述了效率的标准。帕累托提出的"帕累托均衡"是一种社会资源配置的最优状态。之后提出的一系列概念,如纳什均衡、制度效率等都是对帕累托效率的一种拓展和优化。解释"效率"有两个不同的切入点:经济利益方面所说的效率就是以最小的成本换取最大收益,通过各种资源的配置达到经济收益最大化;社会视角的效率,就是社会总财富可预期的状况下,如何分配使福利待遇最优化,从而使社会效益最大化。有效率的服务才能获得品质,也才能可持续发展,因此,区位评价理论的内涵更加丰富,其强调效率而不仅是公平。

(5)供需理论

供给和需求这对经济学概念最早见于中世纪穆斯林经济学家的研究中。在欧洲"供给和需求"最初见于詹姆士·斯图亚特(James D. Steuart)1767 年所著的《政治经济学原理研究》,之后供给曲线和需求曲线的提出,更好地解释了供需关系(图 3.11),这个模型后来被阿尔弗雷德·马歇尔(Alfred·Marshall)在《经济学原理》一书中进一步发展和普及。供给是指特定市场上在一定时期内,与每一销售价格相对应,生产者愿意且能够供应的商品数量。供给通常受 6 个因素影响,包括生产商品的代价、投入品价格的变化、技术的变化、自然环境的变化、获得信贷难易程度的变化以及预期的变化。需求指的是人们有能力购买,并愿意购买某个具体商品的欲望,显示的是其他因素不变的情况下,随着价格升降,某个体在每段时间内愿意买某商品的数量。需求通常受到 8 个因素的影响,包括可支配收入的改变、个人喜好、借贷及其成本、替代品和互补品的价格转变、人口数量和结构、对将来的预期、教育程度的改变、买家地理条件的改变以及天气或气候的改变。该理论是对供求关系的双方进行评价,结论更加客观公正。

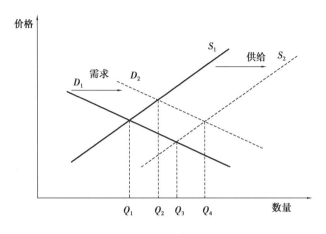

图 3.11　供需曲线图

资料来源：笔者自绘

2）区位评价的主体

在基本公共服务设施区位评价研究中,提出了一个"钻石结构"。该结构由3个主体构成,第一是供给主体,随着我国市场经济的深入,除国家战略和要素生产领域外,在诸多服务领域,供给主体都由政府组织和社会组织共同构成。第二是使用主体,主要是指城市居民,因为城市公共服务设施的对象就是所有城市居民。然而在服务过程中,由于价格因素,服务于少数人的情况也会无形当中呈现出来,这是必须避免的情况。公服设施的适用对象必须是所有居民。第三是知识主体,就是指某些领域的专家学者及从业人员,在公服领域就包括服务设施的管理人员及规划建设人员(图 3.12)。"钻石结构"将3个独立的主体联系起来,相互影响,只有建立一种关乎三方利益的模式才能使这一系统有效、持续地运转。在3个主体中,使用主体只能依靠相关的法律法规,而执行法律法规的又是供给主体和知识主体,因此,这套理论体系的成败关键在于使用主体的利益是否被放在核心地位。

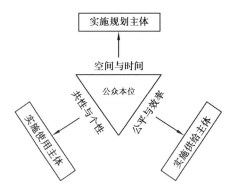

图 3.12　公共服务设施理论框架

资料来源:笔者根据胡畔(2012)研究改绘

3)区位评价结果解释

不同的城市公共设施建设因年代不同、发展阶段不同而面临多种多样的问题,在用地规模、发展机制等方面都有差距。城市发展有逆城市化和再城市化过程,经过二十多年快速城镇化建设,国家大部分城市的中心城区面临着提质升级的问题,但由于产权等原因,中心城区的更新再造显然不如新建开发区划算。因此,有些地区的中心城市出现衰败迹象,公共服务设施成为推动新区发展,同时支撑老城区发展、提升城市活力的必然选择。另外,我国由于"单位"的长期存在,影响力较大,城市社区建设从观念到成果都较为落后,社区作为人或家庭的主要公共服务空间也应该有所升级改善。例如,大型体育中心设施的建设强烈影响城市体育设施空间规划,使得城市体育设施的状态呈现出缺乏整体性与前瞻性的特点。为了更加科学、合理地得到适应性评价结论,区位评价理论制订了一套发展阶段的评价结论体系对评价情况进行最终解释。区位评价理论的发展阶段包括起步发展阶段、持续发展阶段、转型发展阶段和成熟发展阶段。

3.2　三峡库区城市体育设施适应性规划框架构建

3.2.1　适应性关系建立

适应性理论在城市学的应用中主要强调自然与城市的相互关系,依据笔者理解,这种适应关系的双方包括有机主体(人类行为对环境的改造)和客观环境(自然与已建成的环境)两大系统。相关研究将两者视作一个整体,通过分析两者之间在一定时间段内的双向作用、协同互动、动态变化以及呈现效果来建构适应性理论及其影响作用机制。可以说,"适应"是"有机主体"与"客观环境"两大系统间"双向互动"的"动态协调"过程,适应性理论的研究就是通过对主客两大系统分别进行分析并在此基础上探寻两者的结合方式。无独有偶,三峡库区人居环境建设的社会学问题研究,也构建了一套主客观双向作用的研究结构,其理论来源于人居环境科学思想提出的"时间—空间—人间"规划观。在山地环境中,山地人居环境理论有针对性地提出了"人—城市—自然山水"时空审美结构。三峡库区的社会学研究在此基础上构建了"时—空—人"的时空结构化双螺旋模型,提出人居建设与社会变迁的理论结构。在库区城市的体育设施研究中,"有机主体"与"客观环境"则对应着库区体育设施建设的规划工具与库区社会体育需求两大系统,在规划方法上,则体现在不同的人居尺度规划方法与三峡库区社会体育需求两个方面的相互适应上。

既然"适应"的作用过程发生在"有机主体"与"客观环境"两大系统之间。那么,本书的有机主体即对应三峡库区的人居建设,也就是三峡库区城市体育设施的规划建设情况,研究的客观环境即对应三峡库区的社会变迁,也就是三峡库区城市的社会体育需求状况。对于三峡库区城市而言,经历了百万移民及新城建设的时空解体与重构,是短时间内人居建设与社会变迁的适应结果,具有时空压缩的空间特征,之后出现了不适应问题。因此,三峡库区城市体育设施需要一套新的规划体系以适应库区社会体育的新需求,形成研究的适应性关系(图 3.13)。

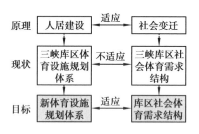

图 3.13　适应性关系图

资料来源:笔者自绘

3.2.2　构建目的

由于三峡工程的移民搬迁,三峡库区城市的发展经历了一次大转折,不同的搬迁安置办法使三峡库区城市面临不同程度的"时空错位"问题,加之三峡库区区域独特的地形地貌、生态环境及人文环境,三峡库区城市体育设施规划应该突破现行规划中以"城市"来确定规划供给规模和类型的理论与方法,也应避免现在流行的将"人"看作单一的、理性的个体的研究趋势。三峡库区城市体育设施规划应立足于三峡库区的特定环境和特定城市发展过程,探索三峡库区城市中不同体育人群的体育设施需求,并创新规划方法用以适应这种需求,即适应性规划方法构建的目的。详尽论述起来主要有以下 4 个方面的目标。

1)尊重库区历史特殊性的区域体育设施协调发展

三峡库区是在特定时间、特定地域的大规模人口迁移以及城镇化建设形成的实践案例,因为时间紧、人口多、地形险、任务重,形成了一种时空解体并重构的过程。在这一过程中,三峡库区的发展需要与周边区域保持紧密协调,体育设施也不例外。从目前的情况来看,无论是竞技体育、群众体育还是体育产业,库区区域的发展状态与成渝城镇群、武汉大都市圈相比都处于追赶者的位置。

据此,库区整体体育发展战略及体育设施战略需要找准定位,与其他区域拉开差距,寻找不同赛道,充分发挥后发优势,形成协调、共赢的局面。

2)促进库区区域各城市竞争力提升

全球化时代,能否承办重大体育赛事已成为城市竞争力的体现。当前,重庆市被国家定位为国家中心城市,是西部地区唯一的直辖市,承担着西部大开发和"一带一路"建设的重要职能。重庆市全国中心城市的建设离不开体育设施、体育文化和体育产业的支撑,需要大力引进具有影响力的体育赛事、体育服务和体育品牌,规划建设能够承担全国或洲际以上综合性运动会的体育设施和专业的球类运动设施,同时在以人为本的理念下,也应该照顾到广大普通市民的不同体育需求,增强城市的国际化竞争力和凝聚力。

3)实现库区城市体育设施公平而有差异的发展

前文研究了三峡库区城市体育设施的层次与空间区位的关系。随着经济社会的发展,社会阶层日益分化,人们在运动方式以及体育设施的类型结构和空间结构上,也必然会受到各个阶层的观念和意识的影响而表现出明显的差异。这种差异表现在年龄、职业、收入水平、文化水平等个体社会属性方面的差异,也表现在活动内容的难易程度、受关注程度的分类上。因此,需要公平与差异兼顾的规划体系。

三峡库区城市体育设施规划应保障各城市的社会体育需求,但基于经济效益、利用效率的实际情况,又要求城市体育设施规划时应考虑其差异性。此外,从目前三峡库区城市体育设施的线性化、中心化、模式化现状问题出发,根据城市体育设施的基本属性及差异化、均等化并存的规划思想,本书认为,城市体育设施空间适应性规划就是要通过调整与优化设施类型、空间布局、规划模式,使三峡库区不同社会经济条件的人在城市体育设施使用上具有相同的权利和选择机会。这里所定义的适应性体现的是公平而有差异的观点,即享受公共服务是公民的基本权利,体育设施应该满足使用的机会公平;同时,现代体育的发展特别是体育赛事的发展需要满足各生产要素的聚集和流动,体育设施满足人类追逐更高、更快、更强的差异化挑战。因此,体育设施必须是公平而有差异的适应性规划目标。

4)灵活而有秩序地融入三峡库区城市公共服务体系

城市公共服务设施,是三峡库区城市在时空压缩的城镇化进程中缓解城市移民和环境变化带来的治理问题、提高库区居民生活质量的城市服务功能载体。体育设施是其中一个重要环节。城市公共体育设施的规划建设是各类公共服务设施之间的优化配置过程之一。作为一个完整的组织系统,城市体育设施能够提供一个灵活的、多功能的场所,提升城市的公共服务能力,给城市公共服务有力的补充。比如,小型社区体育设施能够开辟社区公共服务空间,成为社区公共生活的发生地,有利于丰富社区文化;大型体育赛事能够促进城市交通设施、基础建设和环境美化,有利于城市功能体系的完善和服务功能的提升。

3.2.3　构建原则

1)适应性原则

三峡库区城市体育设施规划框架的第一原则是适应性原则,主要有两个方面,一是空间适应性,因为山地城市的地形特殊性和人文、社会、经济发展的独特性使其体育设施的供需关系与现有公共服务设施供给理念和指标有较大差异,不完全适应三峡库区城市的实际状况,规划研究框架必须针对这一现实问题,对症下药,提出适应性研究方法。二是要具有时间的适应性,由于投入、建设等不可逆转原因,城市公共体育设施在满足当前城市体育发展需要的同时,又要满足日后的需求,以适应不同时期、不同城市的发展。规划框架应将重点放在长远的规划上,提高预见性和前瞻性,适应整个城市经济、社会的发展变化。而目前的实际情况是我国体育设施建设所规范的多项要求均处于动态变化之中,尤其是西部地区承接东部发达地区产业转移,正处于社会经济的转型期,加之三峡移民因素,社会结构复杂,经济发展参差不齐,经济结构整体呈不稳定性,人口聚集程度差异也很大,在这样复杂的背景下,更不应该只关注眼前利益,而应该关注长远,找到充分适应和解决各种矛盾的办法。

2)整体性原则

根据前文的分析可以看出,城市公共体育设施在类型和空间上的涉及面都是非常广泛的,整体性原则就是在规划建设中将这些分类及各类型的不同层次都考虑进去,从而进行整体构建。本书所讨论的整体性原则主要包含两层含义:第一个层面,我们把所有城市公共体育设施作为一个整体看待,那么它有不同的分类和层次差别,研究中必须将不同项目、不同类型、不同层次的体育设施相互结合起来,不应只发展某些体育项目而忽略另一些大众喜好的项目,应找准各体育设施的存在特点和服务特性,通过整体的思考,更好地发挥各种体育设施的优势,使城市的公共体育设施建设科学、合理。第二个层面,当把城市体育设施置于城市这个大使用环境中时,体育设施就融入了城市整体当中,是城市公共服务设施系统的一部分,它依赖于城市各系统的协调发展。因此,仅从城市体育设施空间角度去研究是片面的,必须将城市看作一个整体,从各系统相互协调的视角出发进行研究。从城市规划角度讲,需要在城市总规、控规、城市设计阶段均从整体考虑体育设施的层级、布局、服务范围、可达性、规模等与规划相关的具体指标,从整体性上把握规划设计,使之形成科学、合理的网络结构体系。

3)有效性原则

有效性原则是指高效地配置城市体育设施空间资源,主要是从城市居民的使用和城市体育设施本体的角度来考虑的。城市体育设施空间不可能无止境地供应,必须提高设施使用效率,应结合不同体育设施的参与程度、城市人口、购买力、设施服务范围等要素,综合考虑其选址和规模。

三峡库区城市因其地形地貌的复杂性,形成了多中心、多组团结构,在这类城市形态中提高体育设施的服务效率需做到：①合理设定体育设施层次，高水平、大规模的体育设施少布置，满足一般城市居民日常体育锻炼的设施多布置；②做到"集中—分散"相结合，由于是组团式城市形态，聚集度高的组团集中布置体育设施，聚集度低的组团可分散布置体育设施；③根据人口的聚集程度来确定体育设施的数量，在人口密集的区域多布置体育设施，相反则减少布置。

4）公平性原则

公共属性是城市体育空间的本质属性之一。理论上讲，公共属性意味着要让所有城市居民能够完全公平地享受城市公共体育设施服务。但在实际规划建设中，由于地形条件、人口差异、交通差异等客观阻碍因素的存在，完全的公平难以实现，但也应该对体育设施的公平性有必要的认识并尽量满足。国务院在不同时期颁布的 3 部《全民健身计划纲要》中均提出要坚持体育事业公益性，保障公民参加体育健身活动的合法权益，在这样的思想指导下，城市公共体育设施的规划和建设，更应该做到公平享有。首先公共体育设施的功能必须以满足全体城市居民为前提，而不是只满足一部分人的喜好或在空间上客观形成准入障碍；其次是选址、布局应该综合考虑设施服务范围以及功能和规模的承载能力；其三，城市体育设施的供给应从城市居民的不同层次的需求出发，不能好高骛远做些形象工程，不能人有我有地盲目模仿，应该把有限的体育设施资源科学、公平地分配给城市居民。

5）可持续性原则

三峡库区山水自然条件优越，开发程度低，还保留了原生态的环境，成为不少户外体育项目的开展地。但随着城市化的推进，三峡库区城市也面临着人口增加、生态破坏、水资源污染等阻碍城市发展的重大问题，而且这些优美的自然山水格局敏感度高，容易遭到破坏且自身修复能力有限。三峡沿线还有不少珍贵的历史古迹，以及少数民族世代传承的体育文化，这些都是极有价值的不可再生资源，不能先破坏、后治理，必须采用可持续的发展模式，先做好体育设施发展的顶层设计,增高准入门槛,不能只顾眼前的利益,在规划城市体育设施的同时,还要为今后的发展与变化留有余地,在规划上、制度上、建设和管理过程中持续推进可持续发展原则。

6)可操作性原则

十八大以来,为落实党中央制定的全民健身战略,国务院、国家体育总局和各部委及地方政府相继出台了不少政策,在三峡库区体育设施的发展过程中应该坚定地以这些政策为指导。在具体规划中应首先与重庆市总规和各区县总规相协调,满足我国《城市公共设施规划规范》和《重庆市城乡公共服务设施规划标准》,同时还要认真考虑城市的经济发展情况是否适合投资建设体育设施或是以 PPP、BOT 模式进行建设,避免盲目冒进造成不必要的资源浪费。

3.3　三峡库区城市体育设施适应性规划机制探索

3.3.1　动力机制

1)全民健身战略指引的政策动力因素

政策是贯彻党中央精神、落实中央和地方政府行政决策的依据。前文分析了党中央的执政思路对我国体育事业和公共体育设施发展产生的深远影响,执政思路就是政策的具体体现。相关政策的推行又分为全国战略性政策、适应发展性政策和地方服务性政策,笔者分以下 4 个方面具体分析。

(1)全民健身带来的城市体育设施建设动力

自 20 世纪 90 年代我国提出全民健身战略以来,国家相继出台多项纲要和意见,保障全民健身,推动体育事业发展,力争将全民健身战略落到实处,真正为民服务。2014 年和 2016 年又连续颁布指导意见,推动体育产业和休闲体育事业的发展,并着重提出对体育场馆进行质量提升,进行信息化、"互联网+"的改造升级。

根据《重庆市体育事业发展"十三五"规划》,新增市级体育场馆建设工程:新建奥体中心综合馆(观众席位12 000座)、奥体中心小球馆(观众席位6 000座);完成大田湾体育场改造,恢复和完善大田湾全民健身中心的体育功能,改善大田湾片区的城市环境。区县(自治县)公益性场馆池续建工程:续建和完善区(县)级体育场7座、体育馆3座、游泳池(馆)8座。同时还确定了群众体育设施建设工作:新建多个区县级全民健身中心、多个城市体育公园,多个社区多功能运动场以及多条全民健身登山步道。可以看出,自全民健身思想提出以来,我国在北京奥运会、党的十八大等重大时间节点发布了适应形势的体育发展政策,结合三峡移民和三峡库区城市建设的具体阶段,这些政策都深刻影响了三峡库区城市体育运动和体育设施的发展。

(2)城镇化带来的城市体育设施建设动力

城市公共体育设施与城市化发展关系密切,相辅相成,城市化为体育设施的发展提供强劲需求和物质保障,公共体育设施能够使城市文化繁荣、社会生活和谐,甚至带动郊区发展,成为城市增长极。但如果不顾经济发展水平和城市居民需求,盲目建设体育设施也会导致城市区域的衰落、体育场馆经营不善等问题。三峡库区百万移民迁建,造成了特殊的城镇化过程,这一过程产生了长远影响,带来了一定的库区产业空心化问题。按照我国《城市用地分类与规划建设用地标准》,人均建设用地面积为90~110 m²,人均居住用地面积28~38 m²,人均工业用地面积15~30 m²,三峡库区城市建设用地减少2 700万~3 000万 m²,居住用地减少840万~1 140万 m²,工业用地减少450万~900万 m²。从城市化结构上看,赵万民教授提出三峡库区城市化发展的"点—轴"模式,即以重庆、涪陵、万州、宜昌为4个"点",长江为"轴",但这也是三峡库区城市唯一的轴线,不易使城市形成网络,三峡库区纵深地区城市的城市化发展会受到影响,人口向4个"点"城市的聚集明显,特别是重庆都市区持续增长,使区域内中小城镇发展后继乏力。为避免形势恶化,1992年,国务院作出了开展全国对口支援三峡库区移民工作的重大决策;2004年,国家发展和改革委员会编制《三峡库区经济社会发展规划》,明确提出改善三峡库区社会事业发展落后的面貌,处理好经济发展与社会进步的关系,处理好城乡、区域协调发展的关系。2008年,国务院颁布《全国对口支援三峡库区移民工作五年(2008—2012)规划纲要》,其中重要一项是支援库区社会事业发展。2014年,国务院又颁布《全国对口支援三峡库区合作规划(2014—2020)》,明确要求提高基本公共服务能力,支持库区科技、文化、体育等领域的发展。

(3)市场化带来的城市体育设施建设动力

三峡库区城市因为经济水平不高,市场化程度较全国来讲处于明显落后的状态,除重庆市区外,绝大多数城镇的公共体育设施所有权归地方体育局,市场化程度不高。中小学体育设施不对外开放,极少有私人管理或承包经营的公共体育设施。但目前国家正全力推进体育事业和体育设施的市场化改革,体育总局颁布的《体育产业发展"十三五"规划》明确提出,以市场为主导发展体育事业,可充分发挥自然资源优势,推进户外、水上航空运动的发展。这无疑为三峡库区良好的生态资源和独特的地形地貌找到了市场化发展的重大契机。另外,重庆市也制定了《重庆市体育发展"十四五"规划》,提出进一步完善体育产业政策支撑体系,使全市体育产业呈加速发展态势,初步形成较为齐全的体育产业门类。目前从中央到地方均把体育市场化作为重要发展目标,一系列的支撑政策也将激活三峡库区丰富的自然资源,成为市场化体育的设施支撑。

2)"山水"与"民族"共生的文化动力因素

三峡库区有着众多的历史文化古迹、历史文物遗存和传承已久的独特的民风民俗,是三峡人文地理的瑰宝。长江三峡库区所在地区千百年来,在不断传承本土文化和吸纳域外文化的过程中,创造出了博大精深的三峡文化,众多人文古迹分布在长江三峡地区。沿江而下,比较知名的文化景观有丰都鬼城、忠县石宝寨、万州天生城、云阳张飞庙、奉节白帝城、巫山大昌古镇、巫溪三峡古栈道以及三峡大坝、葛洲坝,如此众多的历史文化遗存和现代大型工程,如果体育爱好者置身其中,不仅会在生理机能上得到锻炼,更能在愉悦身心、增长人文知识等方面得到切身的影响和熏陶。由于长江三峡库区特殊的地理位置、地质地貌特征和多民族融合的特点,其具有了典型的水、山、民族三个鲜明而丰富的文化品牌。在《重庆市体育事业发展"十三五"规划》中也明确提出对体育文化的发展要求,立足区域特色,普及武术、龙舟、舞龙等传统体育项目,扶持板鞋竞速、独竹漂、射弩等少数民族传统体育项目,力争赛事活动"区区有品牌、县县有特色"。

(1)水文化

三峡库区位于长江中上游区域,地形地貌复杂,层峦叠嶂,河流交错,并且是多民族聚居的地方,魏晓芳(2013)分析了三峡库区人、地关系的特点,其一是临水而居,从新石器时代起,沿江的平坝、台地就是这里的人类繁衍生息之地,也逐渐形成了特色鲜明的、与水有关的航运文化,其主要文化特色有舟楫文化、纤夫文化、川江号子、码头文化、火锅文化等,都是人在特定的自然条件下用智慧克服困难谋求生存的体现,流传到今天也能看到一些体育的雏形,比如,舟楫文化是一种三峡地区造船的技巧,从独木舟到帆船、运输船、轮船,根据生产力的发展造出符合当地人需求的船并驾驭它们。纤夫是一种古老的工作,凭人力战胜自然,完成运输,可见三峡地区人与水和船的关系何其紧密,因此,也造就了与水和船息息相关的体育文化,如赛龙舟、游泳、垂钓、赛艇灯饰等当地居民擅长的体育项目。可依托山水、森林、民俗资源,在渝东北地区建设水上运动娱乐服务带,重点发展赛艇、皮艇、龙舟、滑水、摩托艇等特色运动。由于三峡地区水流落差大,有丰富的瀑布资源,近年来还逐渐开展起漂流、溯溪、潜水、探洞等户外运动项目。万州区就曾举办过摩托艇世界锦标赛和滑水明星表演赛,对于开展追求刺激的水上户外运动来说,三峡地区具有得天独厚的资源优势。

(2)山文化

崇山峻岭是三峡地区又一自然环境特色。在秦汉时期,为了克服山脉的阻碍,人们在此地区修筑了多条栈道,如瞿塘峡栈道、大宁河栈道、孟良梯栈道、偷水孔栈道、瞿塘下道、黑石至大溪古道等,像现在四通八达的公路一样,已经形成一个古栈道网络。天然的地理条件也形成了攀岩、速降、山地车骑行、溶洞探险等户外体育项目的良好场地设施,中法联合探险队就曾一起对奉节的"天坑地缝"进行考察,武隆区从 20 世纪 90 年代起就是国际户外越野挑战赛的比赛地。

（3）民族文化

三峡库区生活着 20 多个少数民族,这一地区各民族在采集、狩猎、收割、捕捉、运输、耕织、节日庆典、祭祀活动、婚丧嫁娶等生产劳作与民俗活动中,创造出了丰富多彩、独具地方特色的民间体育竞技比赛活动与文化活动,诸如纤夫拉船、道教剑术、拳术、龙舟竞赛、地坝拔河、背妹爬山、骑牛赶路、江河垂钓、击鼓跳丧、狮舞龙舞、巫舞傩舞、土家拳板凳龙、跳格子、土家竹铃球、摆手舞、抱蛋抢花炮、高台花灯、民间杂耍等等。这些精彩纷呈的竞技比赛与文化活动,不仅是一笔非常珍贵的民俗文化遗产,同时还积淀了深厚的民俗性和地域性的体育旅游资源以及独具特色的大众文化的艺术性与实用性。每逢端午节,各少数民族都要举行龙舟竞渡,其文化内涵为:龙与舟的结合是人们在生产中为了祈求神灵的保佑所形成的。土家族的传统运动有上山球、足铃球、脚马球,苗族特有"上刀山"表演,侗族、仡佬族中流行抢花炮,少数民族还有许多自己的传统节庆活动和传统舞蹈,都是民族体育的瑰宝。可见少数民族兄弟姐妹酷爱体育运动并且有很好的与自然和谐共生的能力,去认识和体验民族传统体育也是库区体育发展的重要动力。

3）体育产业持续增长的经济动力因素

世界体育产业的发展一直非常迅速,2021 年全球体育产业收入 4 500 亿美元,其中美国四大体育联盟在 2021—2022 赛季产值再创新高,NFL（美国国家橄榄球联盟）总收入 115 亿美元,MLB（美国棒球联盟）总收入 101 亿美元,NBA（北美职业篮球联盟）总收入 80 亿美元,NHL（北美职业冰球联盟）总收入 61 亿美元。2021 年,欧洲五大联赛总收入创下历史纪录达到 156 亿欧元。可见体育产业是经济构成当中的重要环节。近年来,重庆市体育产业也得到高度重视并迅速发展,据《重庆市体育发展"十四五"规划》数据,2020年,重庆市体育产业总规模达541.33亿,预计到2025年达到1 000亿元。

4)现代生活理念引领的行为动力因素

人的行为是由动机来支配的,而人的这种动机表现可看成一系列行为决策的结果,而人的决策又是基于对事物的判断,判断包括价值判断和事实判断两部分:价值判断主要来源于人的主体价值观,事实判断则源于客观事实。价值观决定着个体对事物的态度、意见和行为。

改革开放40多年来,随着经济、社会与城镇化的快速发展,人们的工作、生活、娱乐和交通方式发生了很大变化,人们运动的机会越来越少,导致人们的身体机能越来越退化,在这样的因果条件下,恢复身体机能、保持身体健康就成了越来越多人的重要动机。而我国的工作时间制让这种动机有了客观的时间保障。另外,按照马斯洛需求层次理论,人的动机也具有层次性,当低一级的动机转化成行为并得到满足时,人就会有新的高级动机产生,在经济、时间、交通能够满足的前提下这种动机会转化为高层次的行为,从体育运动角度讲就会寻找高水平的竞技对手或场地设施。

三峡库区城市由于地处内陆,总赶不上我国改革与发展的排头兵,体制和思想的改革略显迟缓,但随着我国体育体制改革的深入和时间的延长,这一地区原有的单位制体育、体校式体育必将逐渐弱化。随着这里人们生活水平的不断提高、休闲时间的增加和思想认识的改变,体育意识、健康意识会逐渐增强,进行体育运动的动机也将提高到新的层面,这就需要政府与市场提供更丰富的公共体育设施。这便是城市公共体育设施发展社会动力的一部分。

5)人口集聚因素

近年来,三峡库区城市的人口增长趋势强劲,根据2018年重庆市统计局数据,主城九区城镇化率达到90%,人口超过800万,江津区、涪陵区超过65%,万州区、长寿区超过63%(表3.4)。并且通过移民的加入,吸引农村人口、流动人口返乡等途径,三峡库区城市的城镇化率持续数年增长,没有城市呈现负增长。三峡库区小城市的城镇化率目前少有超过50%,未来还有很大的人口集聚潜力。

表3.4 库区城市城镇化率一览表

城市	主城区	江津区	涪陵区	万州区	长寿区
城镇化率	89%	65.45%	65.45%	63.77%	63.32%
城市	开州区	丰都县	忠县	武隆区	奉节县
城镇化率	44.76%	43.31%	41.50%	41.12%	40.82%
城市	云阳县	巫山县	巫溪县	巴东县	秭归县
城镇化率	40.81%	38.35%	33.83%	36%	45%

资料来源:重庆市统计局数据(2016),巴东县、秭归县政府工作报告(2017)

6)交通便利因素

城市交通网是影响体育设施使用效率的重要因素之一。近10年来,我国机动车发展迅猛,三峡库区虽然地处山区,社会经济条件相对落后,但机动车的增长仍然是不可逆转的趋势。随着三峡库区居民收入的稳定增长,尤其是主城、江津区、万州区、涪陵区、长寿区等经济条件相对较好的大中城市机动车的需求会逐渐增加,重庆正逐步实施"米"字形高铁网规划和"一大四小"的机场规划。未来区域交通和三峡库区内部交通运载能力的提高都将成为体育发展的动力因素。

3.3.2 阻力因素

(1)三峡库区欠发达的经济基础

三峡库区由于地处我国中西部地区,没有对外开放发展的区位优势,复杂的地形地貌和敏感的生态环境也给城镇化进程增添了难度。同时,移民安置也是这一地区经济欠发达的诱因,从秭归县农村移民农转非安置的实际情况来看,每套房屋需移民追加投入4万~5万元,屈原镇的情况是2/3的移民家庭因建房、买房而负债。近年来,由于我国全面推进乡村振兴战略,让三峡库区所有乡村都实现了脱贫摘帽,使"农转非安置"的农村移民大多因此重返贫困的现象不复存在。但也有不少村镇刚刚脱离贫困,居民经济收入相对不算十分充裕。

(2)人口容量基础薄弱

三峡地区人口和城镇布局沿江分部、背山面水的空间格局自前秦时期就已经确立,但人口总量会随着朝代的更替而呈现周期性波动。然而认识一个地区城市人、地关系发展状况不仅要看该地区的人口总量,还应该通过自然资源、社会经济发展和人口素质 3 个要素来甄别人口容量情况。段炼(2009)运用相对资源承载力法,对三峡库区 8 个区县的人口容量指数进行了研究,将当时各区县人口容量情况划分为三大类:一类为人口承载富余地区,如涪陵区;二类为人口少量过载地区,如巫山、奉节、万州、忠县、丰都等县;三类为人口严重超载地区,如云阳县、开州区。但以此为依据,可以说三峡库区的人口容量基础并不适宜继续进行大规模的工业化和城镇化。

(3)居住空间分化

三峡库区建设进入"后三峡"时代以来,城市空间结构发生了极大的变化,各城市也因为不同的发展机遇而形成不同的发展规模和格局。从类型上看,主要有重庆主城区的偏移化格局,以区域中心城市涪陵区、万州区为代表的"多中心—边缘"和三峡库区多个小城市形成的"中心—边缘"格局。

重庆主城的高品质居住集中区位于渝中区和渝北区,近年来发展最快的当属渝北区,而沙坪坝区、南岸区、大渡口区、巴南区则多年未有高端住宅小区的开发,地产市场局域稳定,两江新区和新成立的高新区的地产项目也不温不火,高收入人群大量、持续涌向渝北,因为渝北区域集中了大量机关、事业单位和国有企业,是最有购买力的人群。这种集体搬迁的结果就是居住重心的北移。现在看来,渝北大竹林片区、礼嘉、悦来三大板块已成为新的聚居热点。热度依靠"一路向北"的惯性还会持续很长时间。

与重庆主城区不同的是,涪陵区、万州区等区域中心城市的居住格局没有如此巨大的偏移,而是发生了多点共进的变化,涪陵区的李渡新区成为涪陵区新的发展中心,在城市的整体居住格局中形成两个中心。万州区除高笋塘中心区继续强劲发展外,依靠机场和政府搬迁发展起来了江南新城,依靠大学城的建设百安坝片区近来已成为发展热点,万州区整体居住空间形成 3 个增长点。但值得注意的是,区域中心城市的居住中心以外区域与中心区形成较大的差异,特别是公共服务水平,在短时间内难以均衡。

三峡库区的中小城市由于人口和经济规模较小,居住区仍然是一个中心和多个边缘区共生的格局,中心区房价较高,但并不突出,居住品质较为均衡。

3.4　三峡库区城市体育设施适应性规划要素分析

3.4.1　适应性要素构成

现代体育发源于英国。受温带海洋性气候的影响,在英格兰广袤的草原上,起源了属于不同阶级的 7 项代表性现代运动(代表平民阶级的足球、橄榄球;代表中产阶级的曲棍球、板球;代表贵族阶级的网球、高尔夫球;代表皇室阶级的马球)(表3.5),体育运动及体育设施承载了一部分西方现代性理念的文化特征。其文化理念继承了英国社会文化的阶级性、竞争性、契约性等,还具有西方地域文化的传播,如团队化、规则化、标准化、职业化、商业化等。但这些体育运动设施在全球化过程中经历了满足地域特性和时代特性的体育设施空间的再生产,更加适应当地的气候、场地、人们习惯等地域性特点。比如,网球最初在草地上进行,但草地球场维护技术要求高、管理成本高,不利于推广,因此,逐渐出现了红土网球场和塑胶网球场,甚至把球场搬到桌子上演变成乒乓球。板球运动所需场地大,节奏缓慢,逐渐发展起来的棒球,更有利于现代人的欣赏习惯。足球更是根据人数和场地的不同发展出 7 人制、5 人制足球、沙滩足球等项目。可见,体育运动的演化是与不同文化和地域逐渐适应的过程,也是与时代发展、工具进步、人们的生活习惯和欣赏习惯逐渐适应的过程。

表3.5 部分体育项目的起源时间及地点统计表

时间	项目	起源国家
19世纪初	曲棍球	英国
1823年	橄榄球	英国
1837年	游泳	英国
1839年	垒球	英国
1839年	棒球	美国
1846年	英式足球	英国
1858年	澳式橄榄球	澳大利亚
1859年	排球	美国
19世纪60年代	网球	英国
1870年	水球	英国
1873年	羽毛球	英国
1874年	美式足球	美国
1879年	冰球	加拿大
1891年	篮球	美国
1895年	保龄球	美国
1899年	乒乓球	英国
19世纪晚期	健美	德国

资料来源:《社会变迁与体育人伦学的应对》《不列颠百科全书》《美国百科全书》

到19世纪末,法国人皮埃尔·德·顾拜旦男爵对文艺复兴时期的"自然主义教育观"颇为欣赏,他坚信身体教育必须与心灵教育同步,希望从体育运动入手开始改革教育,给世界带来一种共同的"语言",注入新的活力与共同的关注。对古代奥运遗址的挖掘让他发现了一个绝佳的载体,那就是通过重振奥林匹克的和平精神来克服狭隘的民族主义,通过"更高、更快、更强"的运动口号来促进世界的进步与发展(表3.5)。

现代体育项目主要是从鸦片战争后开始逐渐传入我国的,20 世纪初前后是现代体育项目在我国传播和发展最快的时期,一些运动项目如网球、篮球、击剑、足球、体操等在学校和城市里逐步开展起来(表3.6)。

表3.6　主要现代体育项目进入中国的时间表

项目	时间	项目	时间
体操	19 世纪 60 年代	篮球	1896 年
田径	19 世纪下半叶	排球	20 世纪初
游泳	19 世纪末期	乒乓球	1904 年
足球	19 世纪 80 年代	网球	1885 年
棒球	1881 年	羽毛球	20 世纪初
举重	20 世纪 20 年代末	手球	1933 年
自行车	20 世纪初		

资料来源:崔乐泉.中国近代体育史话[M].北京:中华书局,1998.

民国中期我国现代体育水平达到一个高峰,体育设施也同步发展,建设了一批近现代体育场馆。1913 年,在黑龙江满洲里(现划归内蒙古自治区)建成第一座室内体育馆;1919 年,上海圣约翰大学修建了我国第一座田径场;1929 年,张学良在沈阳捐资修建全国第一座现代化体育场:汉卿体育场(图 3.14)。到抗日战争爆发,战乱频繁,体育事业近乎停止。中华人民共和国成立以后,党和人民政府十分重视体育工作,1952 年,毛泽东同志题词"发展体育运动,增强人民体质",极大地推动了我国体育事业的发展。同年,全国体育总会发布《中华全国体育总会章程》,邓小平同志批示要办体育院校、修建体育场地。依据《中国人民政治协商会议共同纲领》中明确的体育发展目的和任务,国家在第一个五年计划中拨出专款进行体育场地建设,包括 1952 年建成的长沙贺龙体育场,1956 年建成的重庆大田湾体育场(图 3.15),在当时分别成为两地的标志性建筑。重庆大田湾体育场还是我国第一座甲级体育场。

1984 年,在洛杉矶奥运会上,我国体育代表团实现金牌零的突破。全国各地相继建设体育场地、体育中心。1995 年,国务院颁布《全民健身纲要》,2008年,将每年 8 月 8 日定为全民健身日。2008 年为举办北京奥运会建设国家体育中心、国家游泳中心等一批奥运设施(图 3.16、图 3.17),并正式提出体育强国思想,以竞技体育的国际竞争力、群众体育开展水平以及体育产业的发展程度作为体育强国综合评价的 3 项基本标准。

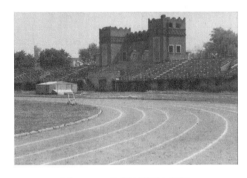

图 3.14　沈阳汉卿体育场

资料来源:网络

图 3.15　重庆大田湾体育场

资料来源:网络

图 3.16　国家体育中心

资料来源:网络

图 3.17　国家游泳中心

资料来源:网络

黄文仁教授在剖析我国体育文化时强调,中国的体育文化一方面是反映民族特质的文化;另一方面,是以民族的形式反映人类的文化,他强调,"正是民族个性特质和人类共性因素,把我国传统体育文化与现代化的体育文化连接了起来……尽管传统体育文化随着历史的发展、演进而变迁、转型,但绝不意味着民族个性的泯灭……由传统体育文化向现代体育文化转型,是对传统体育文化的根本性改造和全面、深刻的变革"。目前我国体育文化的发展体现出"全球化"与"本土化"二元并立的结构特点。如果说"全球化"是人类文明征途上必经的阶梯，那么"本土化"则是一个民族自身发展的融合路径。对今天的体育文化建设来讲，既要警惕西方"文化霸权"的"入侵"，也要防止将民族主义作为一种排他的中心价值。因此，面对体育文化呈现的"全球化—本土化"二元特征，作为体育文化发展空间载体的体育设施的发展同样应适应这种二元结构特征。

基于对体育设施具有"全球性""本土性"二元特征的判断，对三峡库区城市体育设施的研究同样重要，因为库区城市的类型多样，既有定位为国家中心城市的重庆主城区，也有城镇化水平不高但极具地方特色的小城，如武隆区、奉节县、巫山县等，在这些区域中有明显的全球性与本土性的并存结构。据此，笔者需要用一种能够兼具这种文化二元结构的空间结构理论，来对三峡库区这一研究对象进行全面分析。在社会空间研究领域，曼纽尔·卡斯特尔的流动空间理论能够对应解释这种体育文化的二元结构，因为流动空间理论诞生的背景是信息化、全球化时代，空间的内涵有全球性的流动空间和本土性的地方空间两种类型。

两种类型的区别在于各种资源要素的聚集程度不同（资本流、信息流、技术流、交通流、传播流等），流动空间能够聚集全球性的要素流动，是"大事件"空间载体，而地方空间则是地域化、本土化的象征。在此内涵基础上，卡斯特尔构建了以"节点—连接—基底"为要素的流动空间结构，如前文所述，笔者以空间语汇将其抽象理解为"点—线—面"的空间结构。将该结构与现实的体育设施空间结合，"点"要素对应体育设施，"线"要素对应使用体育设施而产生的必要交通连接，"面"要素对应参与体育运动和交通连接所在的空间区域及资源。由此可建立一种解释体育设施空间的结构关系："点—线—面"即"体育设施—交通连接—地域资源"（图3.18）。

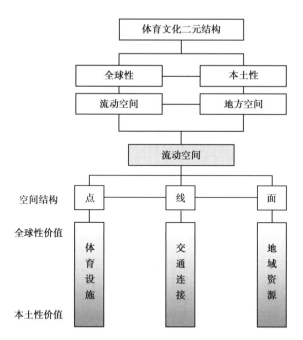

图 3.18　流动空间结构图

资料来源:笔者自绘

　　流动空间理论是卡斯特尔基于信息技术高度发达的网络社会提出的,其基础是信息化和全球化。雷·诺瑟姆"S"曲线理论将城镇化分为初始(城市化率低于 25%)、加速(城市化处于 25%～70%)、成熟(城市化率达到 70% 以上)3个阶段,三峡库区城市除重庆主城区外,其余城市处于加速阶段,个别城市处于接近成熟阶段。两个阶段的矛盾各有不同,处于成熟阶段的重庆市中心城区及一体化区域需要更多地参与国际竞争,获得更多世界关注和发展资源,必须在这个流动的资本世界中更加有所作为,进行更积极的城市营销。以吸引全球目光进而提升城市空间环境和综合美誉度为目的的"大事件",被视为在全球化世界中提升城市竞争力的有力工具,甚至是"特效药"。而处于加速阶段的城市则处于生存型社会向发展型社会转变的转变期,对体育设施的质与量都有更高的要求。但由于这一阶段公共资源集中、规模化配置与居住空间分异现象突出,容易忽视公共服务设施发展中的社会公平问题,忽视"以人为本"的基本价值观,使不同社会阶层群体对有限的公共资源不能享有同等的接近机会。同时随着新时代高标准、高质量发展理念的提出,城市基本公共服务设施正在成为城市功能转型与提升、统筹城乡发展、促进社会公平与正义的关键要素与重要动力。可见库区城市的发展阶段构成非常复杂,且具有二元特征,即一方面需要通过体育设施的建设获得参与全球竞争的资源与机会,同时又需要通过体育设施关注居民个体健康,解决城市公共服务的社会公平问题(图3.19)。

图3.19　国家网球中心"钻石球场"(左),南岸区后堡社区健身设施(右)

资料来源:笔者自摄

　　笔者发现,流动空间理论与人居理论提供的时空审美不谋而合,流动空间"面(基底)—线(连接)—点(场所)"的社会空间形态结构符合人居语境下的时空审美结构,适应流动空间形态能够达到时空融合的目标。首先,流动空间的提出是在全球化、信息化背景下,可视为其产生的时间;其次,流动空间的产生需要独特的地域环境、区位环境做支撑,并且需要空间的载体(如国家、区域、城市等),可视其为基底,即为面空间形态;再次,流动空间集中了多种要素流,由人创造,服务于人,可视其为满足要素流流动的连接载体(包括实体的交通连接和虚拟的信息连接)以及满足人类体育需求的体育设施(场所)。地方空间与流动空间属一体两面,即全球化的流动空间和本土化的地方空间。因此,同样具备面、线、点3种空间形态,体育设施二元结构特征,可以说,在这套空间关系结构中,既有流动空间也有地方空间。

1）点空间要素

流动空间理论提出了两种城市空间节点形态，一种是流动空间形态，是一种集合了全球资本流、信息流、技术流、传播流、交通流等要素流的空间形态。与之相对的是地方空间形态，是一种地域的、生活化的，从生活需求中逐渐滋生的空间形态。二者在特定的时空内是可以相互转化的。北京奥运会主赛场鸟巢就是典型的体育流动空间，鸟巢的修建就集中了全球最优秀的设计团队、工程团队、管理团队，举办奥运会时集中了全球的各种赞助、明星机构等要素流。学校的操场在学校家属看来就是典型的地方空间，承载了不少学校教职工日常的体育锻炼，是生活的一部分。由此可见，点要素所要解释的设施空间具有分类化人群需求的特征。

2）线空间要素

流动空间理论中，线空间是一种信息交流的媒介，在信息化时代这种媒介有两种表现形式。一是虚拟的信息化表现形式，二是物质的交通表现形式。信息空间包括信息的品牌、传输以及接收等，比如，一项体育赛事的 IP 就是一种信息化空间，交通则包括飞机、高铁、轮船、汽车、步行等各种交通空间。线要素所要解释的交通空间具有圈层化流动的特征。

3）面空间要素

流动空间理论中，面空间是点空间和线空间产生的基底。什么样的基底决定了会产生什么样的点空间或线空间，这就是不可忽视的地域的历史特殊性，只是现代化、全球化趋势的影响力逐渐被模式化、效率化所取代。但区位的优劣，山、水、气候特色，历史文化独特性等都存在于面空间中，在承载并定义着流动空间，故其依然有着不可替代的特性。世界城市排名靠前的城市绝大多数承办过奥运会，在城市基底上承载起全球体育流动空间。由此可见，面要素要解释的地域基底具有特色化空间的特征。

如前文所述，三峡库区体育设施的适应性关系为库区城市新体育设施规划体系对三峡库区社会体育需求的适应。规划体系的"点—线—面"结构与对应的社会体育需求关系可归纳为:"点"即体育设施,要适应三峡库区城市体育人群的细分化需求;"线"即交通圈层,要适应三峡库区城市居民的圈层化流动习惯;"面"即三峡库区区域体育战略安排,要适应三峡库区的特色化区域资源。在此,可以描绘出"面—线—点"3 种空间形态的适应性要素:分类化需求要素、特色化空间要素、圈层化流动要素(图 3.20)。

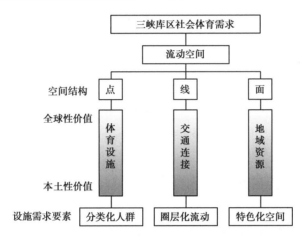

图 3.20　库区社会体育需求要素图

资料来源:笔者自绘

综合以上分析,笔者尝试构建适应关系的整体图景。由于库区特殊的城镇化过程,形成了城镇化发展时空错位的现实场景,根据第二章节的分析,可判断库区城市体育设施也面临时空错位问题。为此,笔者构建了三峡库区城市体育设施适应性规划理论与方法,以期三峡库区城市体育设施规划体系能够适应库区社会体育需求,规划体系聚焦区域与城市两个人居尺度,分别从体育设施、交通联系、区域战略 3 方面去适应三峡库区的分类化人群、圈层化流动和特色化空间需求(图 3.21)。

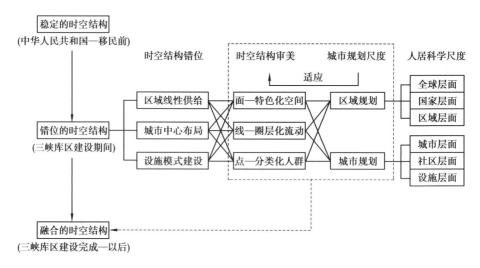

图 3.21　适应性规划要素结构图

资料来源:笔者自绘

3.4.2　体育设施的分类化人群需求

1)对体育设施分类化人群需求的基本认识

体育需求多样性的影响因素主要有 5 类:首先是性别因素,成年男性对球类运动和对抗性强的体育运动比较感兴趣,女性则喜欢瑜伽、健身等休闲体育运动。其次是年龄因素,不同年龄的体育活动者喜爱的体育项目不同,老年人喜欢运动量小的跑步、散步、广场舞等运动,中青年对球类、休闲体育更感兴趣,青少年则喜欢参加对抗性强的运动或极限运动。第三是组织因素,有针对众多人群的群体性体育活动如城市业余足球联赛、广场舞、健步走团队等,有针对精英群体的专业体育会所,有针对个人的个性化体育服务。第四是体育目的因素,刘德佩(1998)指出,体育运动可以按人们的参与程度分为 4 个层次(图 3.22)。最高层次是专业训练层次,与体育运动和设施联系非常紧密,其次是体验层次,是多数人参与体育运动的层次,娱乐、健身、社交等需求可以通过体育运动来达成,第三层次是欣赏,是一种浅度参与体育的方式,最后是不参与体育运动层次,目前已经越来越少见排斥体育运动的。对未来三峡库区城市体育设施规划的挑战是体育设施类型的选择上需要综合考虑这些多样化的体育需求,并且科学地提供给城市居民。

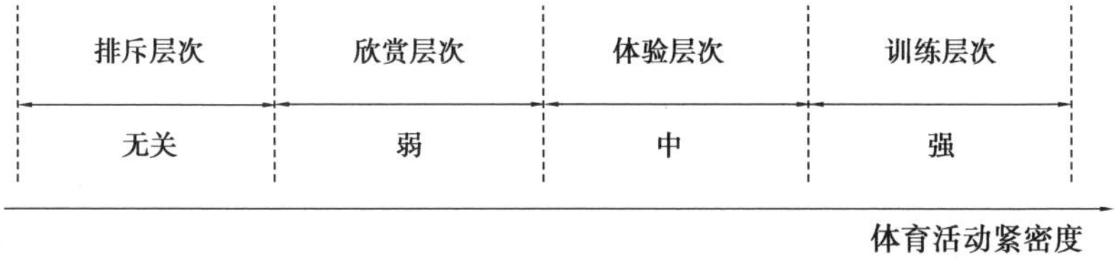

排斥层次	欣赏层次	体验层次	训练层次
无关	弱	中	强

体育活动紧密度

图 3.22　参与体育的 4 个层次

资料来源:笔者根据刘德佩研究改绘

如前文所述,体育设施也存在着流动空间与地方空间的差异。例如,四年一次的奥运会举办城市就是集中了全球的资本流、技术流、信息流、交通流、人流、物流等的流动空间。其中,体育设施毫无疑问起到主要作用,"鸟巢"、"水立方"、五棵松体育馆就是能够承载全球性重大体育综合性赛事的流动空间。并且,这种需求还在不断扩大,比如,专项国际性赛事越来越多地在各个国家举办,最近几年如潮水一般涌向中国,包括世界乒乓球锦标赛、世界田径锦标赛、世界游泳锦标赛、汤姆斯杯羽毛球团体赛等等。意大利超级杯、西班牙超级杯、法国足球超级杯也纷纷走出国门,在世界各地举办赛事。近年来,兴起的国际足球世界杯和 NBA 季前赛也是利用欧洲五大联赛和 NBA 常规赛开始之前的时间在世界各地举办赛事,提升全球影响力,中国的各大城市当然也是这些重大赛事不可或缺的承办地。总体来说,体育赛事的全球化已经成为发展趋势,并且全球化的规模越来越大。与之交相辉映的是体育设施作为地方空间的逐步崛起和完善。在体育赛事的带动下,体育运动在全球已经成为一种健康生活的方式,健身、瑜伽、慢跑、健步走等身体塑造项目的爱好者每年都在增加,进行这些锻炼的空间不需要集中过多的要素流,但却能够高频次地进行,从而影响人们的日常生活,成为生活中不可缺少的一部分。

金银日(2013)根据体育设施需求等级与数量的反比关系,按照等级特征,将体育设施空间分为五大类(居住区型、社区型、城市公共型、城市商业型、城郊型)。这种分类是在多位学者或地方体育设施规划对体育设施进行分类的基础上,结合多方优点提出的,笔者较认同这样的分类方法,同时提出另外一种分类思路,不以等级和数量为参考系,而是以流动空间的理论,以能够吸引的要素流为参考系进行分类。

城市社会学研究中主要存在 3 种理论,即决定论、成分论、子文化论。决定论是帕克及其弟子建立起来的理论,这个理论认为,大规模、高密度的人口导致了城市生活特征。成分论则认为,城市生活的特征及与农村生活的差别是由城市人员成分决定的。子文化论融合了以上两种理论,认为城市规模大、人口多,容易导致各种不同的小群体,形成多样的子文化,并且由于人口基数大,哪怕比例不大但每个子文化的人数也非常多。形形色色的子文化又共同构成了城市的多样性。由此可以看出,分类就是分群体,是划分以要素流为基础的体育设施适用群体,有职业竞赛、训练的群体,最能吸引要素流;有低于职业水平但水平较高的准职业群体,也能够参加各种社会团体组织的竞赛的群体,吸引要素流的能力次之;有纯业余爱好的日常爱好类群体,经常参加一种或几种体育项目,吸引要素流的能力再次之;还有为锻炼身体的日常休闲类群体,吸引要素流的能力最弱,但运动的频次和人数却最多(图 3.23)。同时要注意的是,在日常生活中,这几类群体可以相互转换,根据不同目的加入不同的群体。

体育群体	主要功能	空间等级	空间范畴	设施数量	商业程度	开放程度	活动频率	活动时长	竞技水平
职业	重要竞赛	高	区域	少	高	低	少	长	高
准职业	竞训	较高	城市						
爱好	兴趣	中	社区						
休闲	生活	低	居住区	多	低	高	多	短	低

图 3.23　体育群体与体育设施特征体系图

资料来源:笔者自绘

另外,设施的属性也是一个适应性要素。前文分析,城市体育设施的公共属性有公益性、经营性和准公共性的多种,决定属性的重要因素是设施的权属问题。目前我国体育设施的所有权分为 3 种:政府所有、社会组织所有、个人所有,政府所有的体育设施 3 种公共属全都具备,既有完全公益性的城市体育设施,也可将其在特定的时候(比如重要运动会、体育比赛等)转变为准公共属性,同时也可提供完全经营性的体育设施,经营的模式也有多种,比如,承包给个人或社会组织,或由政府平台公司负责经营。社会组织和个人所有的体育设施主要是经营性的,在我国目前的体育设施管理机制下,设施盈利能力并非所有权的唯一评判标准,造成各种所有权方对体育设施空间布局和空间资源的争夺。从国外体育设施建设、经营的规律来看,政府组织管理公益性体育设施,主要满足公平的、日常的体育设施空间需求,社会组织或个人管理经营性的体育设施,主要承办有盈利能力的赛事运营,满足高品质需求的体育设施空间(图 3.24)。

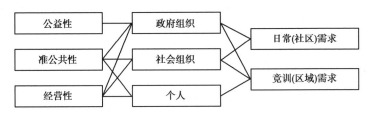

图 3.24 设施属性及权属、需求对应图

资料来源:笔者自绘

笔者综合从事体育运动的行为密度、运动水平等因素,将三峡库区社会体育需求划分为 4 类人群:日常休闲体育人群、日常体育爱好人群、准职业竞训人群和职业体育人群。

2)分类化需求的适应性要素

(1)日常休闲体育人群适应性特征

日常体育锻炼主要有两个目的,首先保持身体健康。现在的城市人群工作压力大、节奏快、精神紧张,除工作时间外,业余时间有时还要参加各种应酬活动,造成饮食不规律、作息时间不规律等现象,这些感受和行为都对身体健康起到消极作用。还有些人甚至已经出现病兆,只是身体反应不强烈。可喜的是,在调查中发现,三峡库区城市居民几乎都认识到,运动锻炼能够缓解这些不良影响,提升自己的免疫能力,保障身体健康。

第二种目的是娱乐放松,人们不愿把时间精力都投入工作中,也有越来越多的人意识到手机、电视电子产品占据生活的时间太多,希望通过户外运动来放松心情,运动过程中也可以通过拍照、打卡、发朋友圈等跟好友交流,是一种时尚生活选择。另外是老人、儿童的日常锻炼,这两类人群平时休闲时间较多,适宜简单、轻松的体育活动。

另外,对新运动的体验,也是一种需要适应的时尚生活方式。不是每一项运动都要成为专业运动员才有乐趣,在休闲生活时间体验一下不同运动带来的乐趣,探求新鲜的运动感受,也不失为一种新的城市生活方式。

综上所述,笔者将日常休闲类体育需求适应性特征归纳为:影响力在邻里范围,运动的频率不稳定,水平不确定,对设施类型的专业性没有必然要求,设施质量要求一般。

(2)日常体育爱好人群适应性特征

把一项或几项体育运动作为生活爱好能够让生活更加丰富多彩,是不少人的生活选择。这类人群没有经历过专业训练,但能够坚持对体育运动的付出,并在运动中不断增长自己的技术水平和身体能力。也许运动能力达不到专业水平,但体育已经成为业余生活的一部分,在坚持运动中依然能够享受快乐。笔者将这一类型的人归纳为体育爱好人群,他们对体育需求的适应性特征是:以球类项目为主,运动的影响力在各类项目的爱好者群体中,运动频率不稳定,水平不确定,对设施需求较专业、设施质量要求较高。

(3)准职业竞训人群适应性特征

体育运动中有繁多的竞赛机会,但不是每项竞赛机会都是职业的或是全球级别的,大多数体育竞赛、训练只是运动休闲的一种方式。这类体育竞赛、训练活动对赛事结果并不在意,强调的是竞赛、训练过程中的心理满足感。随着社会体育事业的发展,这类参赛者的水平也越来越高,人数也越来越多。有的从小参加体育项目的训练,甚至不低于职业水平,只是由于其他原因并没有走职业化道路,但在准职业竞赛的舞台上依然可以发挥自己的能力,这类人群的需求特征为:参加运动的频率不稳定、运动水平很高、需要的体育设施较为专业、设施质量要求高。

(4)职业体育人群适应性特征

在西方国家,职业体育是高度发达的商业资源,集聚了最好的选手、最专业的场馆设施和最好的宣传包装。我国的职业体育发展也产生了多位具有国际影响力的运动员,同时也引进了不同项目的职业赛事,建设了一批能够满足全球职业化标准的体育设施。未来职业体育在我国的发展会越来越快,必须产生更多适应职业竞训标准的设施才能支撑职业体育的整体发展,让运动员、教练员以及整个体育产业、服务业、设施产业都能够从中获益。总体来说,这类人群的运动影响力在国家及以上层面,运动频率高、水平高、需要专业设施,是对设施质量要求最高的人群。

3.4.3 体育行为的圈层化流动需求

使用者出于出行成本以及使用便利性的考虑,对公共服务设施空间布局的核心要求是可达性。在体育设施研究中,居民与体育设施之间的距离,既包括居民实际花费时间和凭借交通工具的物理距离,也包括由各种约束造成的心理距离,这两种距离直接影响居民享受体育服务的机会大小(图3.25)。因此,居民流动的方式是必须考虑的因素。城市居民出行方式跟随交通基础设施的变化有了很多便利和选择,我国的高铁建设、城市地铁建设、网约车 App 等手段刺激了生活方式的改变,城市间的物理距离在时间上被大大缩短。与此同时,健康出行、绿色出行理念也越发深入人心,城市步道、自行车道逐渐兴起,使人们出行选择变得多样化。城市生活圈理论与城市发展和居民生活理念等要素结合在一起也变得更有理论和实践意义。

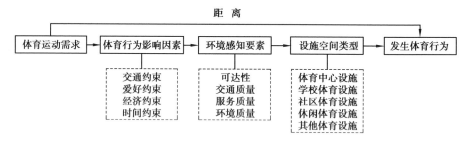

图 3.25　体育行为发生的距离约束图

资料来源:笔者自绘

1)对体育行为圈层化流动的基本认识

生活圈研究最早在东亚地区开展,主要是从城市居民自身的角度去研究人与城市的关系。以人自身的视角展开的研究反映的是人在城市生活中的空间和时间的关系。研究成果可以成为评价城市空间结构合理性,提升公共生活服务效率、平衡空间资源分配的主要依据。生活圈研究的理论基础是环境行为理论,该理论形成于 20 世纪中期,近 20 年逐渐影响到设计领域以及环境意识、人本意识,使人们认识到必须把环境设计建立在反映人的生理、心理和社会需要的基础之上。因此,把城市体育设施建设成真正满足城市居民需求的空间,就必须从体育设施的环境特点和人对体育设施的需求特点出发,使体育设施能够适应城市居民的行为和心理需求,最大限度地发挥城市体育设施的吸引力,让城市居民达到认同效果。体育运动环境会影响行为,对某些行为起到限制作用,对某些行为则起到促进作用。人的行为也会反作用于体育运动环境,使其发生变化。社会心理学家库尔特·勒温(Kurt Lewin)解释行为和动机关系时提出了一个群体动力格式塔结构,如图 3.26 所示。

他认为人类的行为可以因环境刺激和内部心理状况的不同而作出不同的反应,行为不只是外界刺激的直接反应,只有外界刺激和个体心理环境的相互作用才能成为行为的前提条件。通过对三峡库区居民运动行为意愿的调查,在参加体育运动的动力因素中,设施便利因素排名居于前三(图 3.27),可以肯定地说,出行距离和出行时间是影响体育设施对居民吸引力的重要因素。

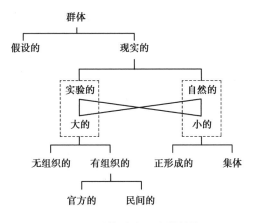

图 3.26　群体动力格式塔结构图

资料来源:笔者自绘

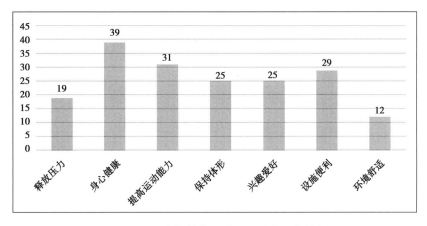

图 3.27　影响参加体育运动最大动力因素排名图

资料来源:笔者自绘

在城市生活圈的研究中,许晓霞(2010)通过对北京郊区巨型社区居民的生活研究发现,城市居民的日常生活空间大致可分为 3 个圈层,首先是周边 2.5 km 范围内,构成居民基本生活保障圈层;第二是 2.5 ~ 12.5 km,这个圈层解决居民就业或休闲活动;第三是 12.5~35 km,这一圈层包括通勤需求和少量的休闲活动(图 3.28)。柴彦威(2015)认为,城市居民的日常生活是具有规律的,可将生活的各项活动总结为活动目的和时空范围,以此为划分基础,城市居民生活圈应分为基础、通勤、扩展和协同 4 个层级,基础生活圈的功能是满足最基本的生活需求,如买菜、散步等,活动周期一般为 1~3 日;通勤生活圈的功能是居民上、下班所必须经历的时空距离;扩展生活圈是居民满足兴趣爱好、周末节假日出游或应对突发事件的圈层,空间范围较大,出行活动的目的多样;协同生活圈是与城市边缘区或邻近城市发生的居民出行行为关系,频率不高。如此,总体形成基本生活圈—通勤生活圈—扩展生活圈—协同生活圈的城市生活圈层级体系。

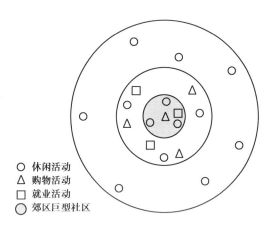

图 3.28　郊区巨型社区生活圈模式

资料来源:笔者根据许晓霞(2010)研究改绘

在体育生活圈的研究中,李建国、卢耿华(2004)把生活圈研究类似的逻辑延续到体育活动领域,从时间地理学出发,分析城市居民体育活动的时空关系,提出日常体育生活圈、周末体育生活圈、节假日体育生活圈概念,并以上海市为例,提出了符合当时城市发展要求的体育生活圈研究成果(表 3.7)。

表3.7 体育生活圈体育设施配置基本模式

体育圈层	利用半径	设施形态	服务空间对象
日常体育生活圈	500~1 000 m	社区体育中心、健身苑、健身点	社区
周末体育生活圈	半小时车程	内环中小体育设施 中环大型体育设施 外环体育主题公园	城市
节假日体育生活圈	1~4 h车程	特色体育度假设施	区域

资料来源:李建国,卢耿华.都市体育生活圈建设研究[J].体育科研,2004,25(1):5-6.

朱晓东(2015)根据"中心地理论"的中心地等级性原理,认为在城市体育设施服务体系中存在层级性,能够举办高级别赛事,设施品质高,服务范围广但数量少的体育设施可看作高级别体育中心,满足非经常体育需求。服务范围适中,品质较好,能承办城市间体育比赛或业余俱乐部比赛的体育设施可看作中级体育设施,满足多样化及较高层次的体育需求。而质量较差、规模较小、数量较多但只能承担日常休闲体育活动的设施可看作低级别体育设施,满足基本的康体娱乐需求。再将3个级别设施进行圈层化对应,高级别设施对应机会体育圈,中级别设施对应基础体育圈,低级别设施对应基本体育圈(表3.8)。

表3.8 体育生活圈体育设施配置基本模式

圈层	圈层等级	设施布局与配置模式	圈层职能
基本体育 生活圈	低级	数量多,分布广,服务范围小(基本与社区地域重叠),提供的设施和服务种类少,档次低	实现居民日常基本的体育活动需求
	中级	数量适中、服务范围较大(涵盖多个低级圈层地域),提供的设施和服务种类全,档次较高	实现居民多样化的、较高层次的体育活动需求

续表

圈层	圈层等级	设施布局与配置模式	圈层职能
机会体育生活圈	高级	数量少,服务范围广(包括市、区地域范围),提供的设施和服务种类多,档次高	实现居民个性化、高层次和非经常的体育活动需求

资料来源:朱晓东,颜景昕,卢青,等.上海市日常体育生活圈的公共体育设施配置研究[J].人文地理,2015(1):84-89.

《2017年中国城乡居民参加体育锻炼现状调查公报》显示,在参加体育锻炼的人群中,有55.0%的人选择离住地或单位在1 000 m以内的体育设施进行锻炼,选择距离在1 000~2 000 m的为25.5%,选择距离在2 000~3 000 m的为9.0%,选择距离在3 000 m及以上的为10.5%。这反映出参加体育运动的人群在选择体育锻炼场所时呈现出"就近"的特点。但距离超过2 000 m后,运动者对距离的选择无明显差异。可以看出,城市体育设施特别是社区级体育设施布局应尽量靠近居住区均等布置,服务半径控制在1 000 m以下,而区级体育中心设施服务半径可超过2 000 m,市级或专业体育设施的服务半径可以更广泛。上海市颁布的《关于加快推进上海公共体育场馆公益性开放的指导意见》将上海体育生活圈划分为3层:第一层是小区生活圈,服务半径为步行5 min,主要提供休闲体育活动设施,由居委会负责管理;第二层是社区生活圈,服务半径为步行15 min,提供多样化体育设施,由街道社区进行管理;第三层是区县生活圈,服务半径步行30 min,提供训练、比赛服务,由区政府负责管理。该圈层结构的划分也充分考虑了权力结构与空间结构的关系,既能在管理上相互对应,又能有效满足各类社会体育需求。以前文分类化需求的研究结果进行推演,参与体育设施活动的流动圈层同样也有4个,根据数量、质量、社会影响的不同,分为适应日常休闲需求的居住区体育圈层、适应日常体育爱好需求的社区体育圈层、适应准职业竞训需求的城市圈层和适应职业体育竞训需求的区域体育圈层。

2）圈层化流动的适应性要素

明确各层级体育生活圈的使用周期及圈层范围,本章节中的周期和圈层范围数值是借鉴许晓霞(2010)对城市生活圈研究的结论,在本书中为参考值。三峡库区居民的数据笔者做了访谈调研,将在后文均等化布局章节给出具体调研数据。

（1）居住区体育生活圈

笔者将使用周期为 1～3 日、范围 2.5 km 以内,适用于日常体育锻炼行为的圈层称为居住区体育生活圈。该体育生活圈是最符合老百姓日常需求的体育圈层,承担着城市居民日常性的体育行为流动。由于这类体育锻炼的频率很高,需要步行范围内的高可达性。同时,这一圈层的数量应该是最多的,并且在整个城市的覆盖率最高。要照顾到每个人都有公平的机会进行体育锻炼,使不同社会背景、经济条件的城市居民能够享有均等的体育设施,能够起到促进全民健身、提高居民健康、维护社会公平、促进社会和谐发展的功能。

（2）社区体育生活圈

笔者将使用周期约一周,范围 2.5～12.5 km,适用于坚持运动行为的圈层称为社区体育生活圈。该圈层主要满足体育爱好者运动需求,在城市居民的步行或公共交通范围内,承担着具有体育爱好的城市居民的体育行为流动。该圈层的可达性与公平性应该是次高,设施数量次多。同时,该圈层也是重要的公共生活产品,是营造良好社区生活氛围、增强社区活力和基层体育文化的重要设施,同样能够起到促进全民健身、提高居民健康、促进社会和谐发展的功能,还能够起到提升运动水平、激活民间体育组织发展动力的作用。

（3）城市体育生活圈

笔者将使用周期不定,范围 12.5～35 km,适用于训练比赛行为的圈层称为城市体育生活圈。该圈层是城市重要的竞技体育文化发展的土壤,是城市体育产业、服务业发展的主要来源,承担着城市体育组织、优秀运动员、教练员进行交流、训练、竞赛的流动。该圈层设施的数量较少,相比于前两个圈层的公平性、均等性有所下降,但体育设施品质有大幅度提高,有利于举办各类高水平业余联赛,对各种项目的发烧友具有极大的吸引力。同时,该圈层还具有举行区、县级城市综合性运动会的能力,是城市全民健身成果的集中展示圈层。

(4)区域体育生活圈

笔者将使用周期不定,范围可以超过 35 km,适用于专业训练、比赛、观赏或体育旅游行为的圈层称为区域体育生活圈。该圈层是最高水平的职业体育竞技、训练、体育旅游的圈层,属于区域层级,能够集中全国或全球重要的体育资源、资本、交通、信息等要素的流动。区域体育生活圈数量较少,但是专业化程度最高、特色最鲜明,对体育产业的影响力最大、贡献最大。

3.4.4　地域资源的特色化空间需求

三峡库区城市拥有典型的山地城市空间形态特征,近10年来,三峡库区城市空间增长速度较快,城市规模不断扩大,造成了生态环境问题和土地资源浪费问题。重庆大学赵万民教授指出,山地城镇土地资源紧张、土地利用方式粗放是我国山地城乡建设普遍面临的现实问题。土地资源稀缺,是山地城镇化发展的瓶颈。山地城镇地形地貌条件复杂、生态敏感、人口稠密、经济发展相对落后,加重了山地城乡土地利用问题的严重性和复杂性。解决山地城镇土地集约利用与快速城镇化品质提升之间的矛盾,是未来山地城镇发展的关键科技问题。

1)对特色化空间的适应性认识

特色资源的空间化行为已成为一种基本的资本逻辑。资本是手段也是目的,但资源才是必不可少的卖点,唯一性的、不可复制的资源则更受资本的青睐。资源的涵盖面很大,包括地理资源、景观资源、区位资源、文化资源、政策资源、行政资源等。"鸟巢"和"水立方"就是典型的将国家首都的政策资源与奥运会赛事资源空间化的产物,重庆网红景点磁器口、洪崖洞则是将文化资源空间化的代表。成都近年来因为获得 2021 年世界大学生夏季运动会、2025 年世界运动会、2019 年世界警察运动会、2022 年世乒赛、ATP 网球巡回赛的承办权,建设了一大批高规格体育赛事场馆,成功将世界顶级赛事资源空间化,也将省会城市的政策资源空间化,为市民提供顶级的运动场所和赛事,也为承办规模更大的体育盛会打下基础。三峡库区山水环境独特、地理区位特殊、城市类型丰富,对体育设施发展有很好的基础条件,理应将具有地域特色的体育资源空间化。笔者尝试对与体育设施联系紧密的地理资源、区位资源、政策资源进行分析。

2)特色化空间的适应性要素

山形水势的地形地貌是三峡库区城镇建设的自然基低,是三峡库区城市体育设施适应性规划无法回避的难点,也是其区别于平原城镇的最重要特征。三峡库区城市容纳了山、坡、谷、滩、河等复杂多变的地形条件,为三峡库区城市的空间结构和形态提供了万千变化的可能,同时也带来了很多限制条件。如何在这些高低错落的复杂地形上进行科学、高效、美感的建设,是三峡库区城市体育设施适应性规划需要解决的重要问题(图 3.29、图 3.30)。由此可见,地形因素是三峡库区城市体育设施规划中的关键影响因素。具体而言,地形因素对山地城镇的影响主要体现在水环境、山地环境与气候环境 3 个方面。

图 3.29　奉节县城市鸟瞰图　　　　　　图 3.30　巴东县城市鸟瞰图
资料来源:笔者自摄　　　　　　　　资料来源:笔者自摄

（1）水环境

由于截流,三峡库区城市形成了丰富的江、河、湖等水环境要素。水岸灵动、柔美,为三峡库区城市滨水区域带来了丰富的形态变化,但同时也带来了诸多挑战。在复杂的山水环境中,自然的山水形态会对城市空间形态的塑造带来重要影响。一方面,地质条件对三峡库区城市的安全至关重要,直接决定了城市形态的边界。可以说,水文情况对三峡库区城市的选址、规模和形态有着决定性影响。根据国家《地质灾害危险性评估技术规范》(DB11/T 893—2021),山水环境中的用地建设条件可分为复杂、中等、简单等不同类型,对城镇建设有着不同的影响程度。因此,在三峡库区城市体育设施规划中,应对城镇所处的水体环境条件进行详细勘察,谨慎选择体育设施空间规划的用地位置,并有效结合水体、水系,可形成良好的体育设施景观和城市景观(图3.31)。另一方面,水环境也为三峡库区带来了发展水上运动的先天优势条件,比如,巫山小三峡的漂流,长寿湖赛艇,开州汉丰湖赛艇、摩托艇、公开水域游泳,宜昌的划龙舟等体育项目都是依托天然的水环境发展起来的,成为既不污染环境,还能强身健体、增加服务性收入的一举三得的体育项目(图3.32)。

图3.31　巫山县水景图

资料来源:重庆大学山地人居环境团队

图3.32　云阳县水景图

资料来源:笔者自摄

（2）山环境

三峡库区的显著特点就是山峦起伏、地形条件复杂、城市依山而建,但也是三峡库区山地城市特色的主要体现,相当具有特色景观可塑性。对于体育设施发展来讲,在山地环境中对许多户外体育项目的发展也有不可替代性,如登山、自然攀岩、山地自行车、滑翔伞、骑马等。微观地貌中,当地表坡度超过 10% 时,原则上已无法设置车道道路,只能用人行梯道解决交通;而地表坡度超过 2% ~ 5% 时,除园林绿化外,已不宜用作建设用地(表 3.9)。但这样奇特的地形地貌,也能够适当地发展体育公园和登山步道,既成为居民日常休闲健身的设施,又成为平原城市难以见到的城市景观。

表 3.9 山地坡度对土地利用的影响汇总表

土地类型	坡度/%	对土地利用的影响以及建设调整措施
低平地	<0.3	地势过于低平,排水不良,需采取机械提升措施排水
平地	0.3 ~ 2	城市建设的理想坡度,各项建筑、道路可自由布置
平坡地	2 ~ 5	建设铁路需进行坡降处理,大型公共建筑需平整土地
缓坡	5 ~ 10	道路坡度每增加 1%,长度增加 1.2 倍,无需人行梯道,建筑及主干道应平行等高线布置,次道路不受坡度限制
中坡	10 ~ 25	需采取阶梯式布局
陡坡	25 ~ 50	不宜作建筑用地,应设梯步满足人行交通

资料来源:笔者根据刘卫东(1994)研究成果整理

(3)气候环境

气候环境对体育运动的影响显而易见,北方地区冬天多降雪,对冬季冰雪项目发展更加有利,同时由于冬季气温太低,需更加重视室内体育馆建设。三峡库区城市中,气候对城市空间形态具有重要影响,在山水环境下,三峡库区城市空间环境的小气候受水位、地形、植被影响,具有一定的特殊性,日照、风向以及温湿环境的变化较平原地区有较大差异。首先,重庆地区夏季炎热,有"火炉"之称,连续晴天的时候较多,地表温度高,中午及午后均不宜长期在室外进行体育锻炼。其次,三峡库区城市秋冬季节降雨较多,经常连续阴雨,也无法在室外进行体育运动。再次,在山地环境中,城镇周边山脉的围合会对大气流向产生影响,在山地城市环境中,不同高度、坡度和坡向的气压差也会对大气流向产生影响,形成山谷风、坡地风、水陆风等小气候,有利于滑翔伞等极限运动,但不利于一些球类项目的开展。因此,三峡库区城市体育设施的室内外比例应因地制宜,有针对性地设置。

(4)城市定位

张京祥(2011)认为,在中国改革开放的过程中,中国城市之间的竞争愈加激烈,2008 北京奥运会、2010 年广州亚运会、2014 年南京青奥会、2022 年冬季奥运会都表达了中国城市在全球性流动空间中实现场所提升的愿望。从上文可以看出,城市定位对城市发展中资源积累、影响扩大具有重要意义。由于北京是首都,我国首次举办亚运会、奥运会都在北京,广州和南京代表我国东部沿海的发达省份(广东、江苏)并都是各省的省会城市,所以能够拿下国际重大综合性运动会的主办权。而为了举办这些大赛,一定需要建设国际专业标准的综合性场馆或专业性场馆,从而为城市留下"大事件"的"遗产",用来服务当地的人民群众,也就是一种特色化空间。因此,在现代城市竞争中,城市定位是一种不可或缺的发展资源。

3.5　三峡库区城市体育设施适应性规划理论框架构建

3.5.1　体育设施适应性规划路径

前文对能够支撑本书的各项理论进行了分析,并且研究了三峡库区城市体育设施规划建设存在的动力机制和阻力因素。在本节中,笔者尝试以理论研究为基础,以动力和阻力因素为客观条件,以三峡库区城市体育设施规划的问题为导向,以适应性规划为目标,构建一个体育设施建设与社会体育需求相结合的适应性规划研究框架。首先提出适应性的要素构成,其次进行定量化评价,最后构建区域和城市两个尺度适应性规划方法研究的总体逻辑。

1）建设与需求相结合的适应性研究框架

城市是一个复杂的巨系统，人也是非常复杂的生物，城市体育设施属于城市系统，为人的体育需求服务，在衔接这两个巨型复杂主体时，必须将过往经典的科学理论进行总结、凝炼，获得正确的定性认识，去发现关键问题，提出具有合理性的判断和假设，构建研究方法体系，同时还要运用现代化的研究工具进行定量研究。目前，针对城市体育设施空间的研究主要以定性的分析研究为主，着力于体育设施发展的动力机制、影响要素的研究，缺乏对体育设施适应程度的定量化研究和判断，本书尝试构建定性与定量相结合的适应性规划方法。将定性研究融入定量评价的要素决定当中，让定性更有论证依据，定量更加有的放矢。

（1）多尺度的适应性规划研究

人居环境科学基于系统论视角将人居空间载体构建为"全球—区域—城市—社区—建筑"5个层级，提供了整体性、多尺度的空间研究体系。目前我国体育设施的规划体系也同样对应这5个层级，包括了"全球体育设施—区域体育设施—城市体育设施—社区体育设施—体育建筑"。然而三峡库区是一个特定的人居区域，是由于三峡大坝的修筑和百万移民带来的巨变而备受关注，该区域的城市在快速城镇化背景下产生了时空压缩问题，对区域层面和城市层面的冲击最大，故本书重点以"区域"与"城市"两个尺度为研究载体，根据各尺度的要素特征和具体问题，提出"区域—空间体系对接"与"城市—空间模式优化"为导向的两个尺度适应性规划引导路径。尺度太大，容易受到政治象征、展示时机、国际形象等感性因素的影响，导致在短时间集中进行规划建设，最终成为城市财政、运营的负担，反而影响城市发展，重大综合性体育赛事设施的尺度下推有利于赛后的有效利用和可持续发展。尺度太小，很多复杂矛盾难以协调，落地性不强，社区体育设施的尺度上推有利于将体育设施规划保质、保量、按时地落到实处。选择区域规划与城市规划两个尺度，区域规划尺度能够"承上"，整合全球、全国及区域尺度，城市规划层面能够"启下"整合城市、社区及设施尺度,覆盖所有空间层次。

（2）三位一体的适应性要素构成

研究对库区城市体育设施空间现状、特征和问题进行总结,厘清三峡库区城市体育设施规划的关键问题,即规划缺乏适应性。在此基础上总结过往专家、学者的理论经验,明确研究的价值论和方法论,提出相对应的适应性要素构成,为定量评价和规划方法的构建提供研究要素基础。

2）三峡库区体育设施适应性评价——量化诊断

三峡库区城市体育设施由于其发展演化的特征与多元主体的供给属性,不仅受到供给方供给能力随时间变化所带来的影响,同时也会受到使用者随着生活水平的提高而改变的需求水平的影响。在三峡库区城市体育设施的研究中,由于近10年来三峡库区城市建设的巨变,如何合理地将"时间"这一要素纳入研究体系,协调空间与时间的关系也至关重要。因此,本书将"时间"设定在集中调研的这一特定时间段,空间以三峡库区的大、中、小城市为案例,进行"此时此地"的适应度评价,得到在同一时空当中最客观的评价结果。据此分析区域层面和城市层面不同的适应性问题。

3）区域空间体系对接——网络化适应性规划路径

笔者基于区域体育流动性评价的区域空间体系,结合目前区域体育设施空间结构的问题,提出三峡库区区域性体育设施的适应性空间格局、规划类型和布局策略。基于3类适应性要素,构建赛事—旅游—交通综合的区域空间格局决策体系,提出适应性区域体育设施空间结构和功能区划,并分析在三峡库区区域规划层面的体育设施布局模式、场所特点及选址办法。

从区域规划的视角来看,城市发展不能"就城市论城市",三峡库区城市体育发展目标也应该作为区域间各城市协调、合作的综合性问题进行考虑,不应脱离区域大背景,制订孤立的发展目标。应该立足于区域特色和发展现状,厘清三峡库区区域中各城市节点发展体育事业的优势资源,合理制订各城市体育发展目标,对接三峡库区区域城镇空间体系,形成既特色鲜明,又有机联系、互补的体育设施网络化空间结构体系。

4）城市空间模式优化——集约化适应性规划路径

对接流动空间理论"点—线—面"3个层级的适应性要素,在三峡库区城市规划层面制订体育设施多样化类型体系、均等化空间布局、集约化用地模式的规划实施路径。

（1）城市体育设施多样化类型体系

根据需求要素的分析,可以看出三峡库区城市的社会体育需求具有多样性特点,那么在规划方法层面,便要适应这种多样性需求,采用的规划方法能改变现在体育设施规划种类单一的问题,使体育设施层次类型变得多样。但由于多样性是一个复杂且庞大的体系,如果研究面面俱到就不能有针对性地抽象其主要特点,反而会造成重点缺失、目标不明确。纵观体育需求要素构成,在目前发展背景下可以将体育需求的多样性分类为普遍性需求和特殊性需求。普遍性需求针对库区城市居民的日常体育锻炼需求,出行的路程不远、时间不多,但频率可以较多,进行运动的时间也比较随机,属于基本体育圈层。而特殊性需求则主要针对精彩体育赛事的欣赏、体育比赛的承办等设施需求,针对库区居民的高品质、特色化体育需求属于基础或机会型体育圈层。

（2）城市体育设施均等化空间布局

根据城市要素分析,可以看出城市为满足城市居民的体育需求应该重点考虑体育设施的均等化供给,这也是以新公共服务理论为基础的城市公共服务设施空间布局的主要目标,但在市场性与福利性公共服务设施供给共同主导的现实状况下,三峡库区城市体育设施也应该综合考虑公益与营利的关系,那么空间结构的均等必须在规划方法上实现公平与效率的融合。在居住区体育圈层,由于体育设施需求量大,专业化程度要求不高,解决城市居民日常性体育需求,公平性是其空间规划的主要目的,而针对体育爱好者的社区体育圈层设施和休闲、赛事的城市体育圈层由于设施更加专业、投入较大,因此,应该有更加注重服务有效性和运营效率的空间规划。

(3)城市体育设施集约化空间模式

根据三峡库区地形要素分析,影响三峡库区城市规划的因素包括山、水、气候等,造成三峡库区城市用地的紧张,在此背景下需要采用合适的规划方法使城市用地模式更加集约。这种集约的模式主要表现在两个方面,一是体育设施与城市不同功能用地组合的空间集约模式,主要集中在满足日常需求的居住区体育圈层;二是体育设施空间本身多种功能的集约,是一种城市体育设施复合、协调的空间集约规划和使用模式,可主要用于社区和城市体育圈层。

3.5.2 体育设施适应性规划理论框架

将两个体育设施规划层级与3类适应性支撑要素相结合,构成本书的理论框架(图3.33)。

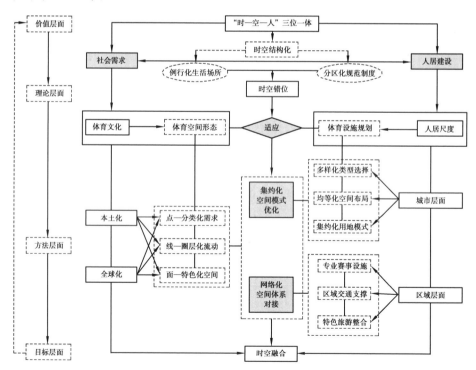

图 3.33　研究理论框架图

资料来源:笔者自绘

3.6　本章小结

　　本章以人居环境理论、山地人居环境理论为基本规划观，以地域文化特殊性为研究切入点，构建三峡库区体育设施适应性规划研究框架，以三峡库区体育设施规划适应性库区社会体育需求作为解决库区体育设施供需时空错位问题的核心理念。本章首先提出在地域特殊性环境下，三峡库区体育设施规划的时空错位问题，并提出适应性规划的研究思路，在区域和城市两个层面，分别运用网络化空间体系对接和集约化空间模式优化的适应性规划方法，去适应库区社会体育发展的分类化人群、圈层化流动和特色化空间的需求。

4 三峡库区城市体育设施适应性评价研究

在构建三峡库区城市体育设施适应性规划研究框架的基础上,本章对三峡库区案例城市进行量化评价研究。作为定性与定量相结合研究的重要组成部分,定量评价研究能够更清晰地反映三峡库区城市体育设施问题的主要方面和严重程度,帮助本研究科学地选择规划干预方法。本次调研分为:评分、选择、对谈3个部分。评分调研是请受访者对供给完成度和需求满意度进行评分;选择调研是请受访者对不同圈层体育设施的项目、使用频率、出行时间、出行距离进行选择;对谈调研是通过问答方式了解受访者主观感受。选择调研结论将在第5、6章针对具体方法进行分析,本章先针对评分和对谈调研结果进行研究:首先建立基于供需关系的三峡库区城市体育设施适应性评价体系,其次选择模糊综合评价方法和语义计量方法以及评价的分阶段解释模式,然后对库区中心城市(重庆主城区)、中等城市(城市人口50万以上)、小城市(Ⅰ类城市人口20万~50万;Ⅱ类城市人口20万以下)分别进行案例城市的研究分析,最后根据量化评价及访谈情况提出库区城市体育设施适应性规划的深层问题(图4.1),以求在后面的章节探索解决之道。

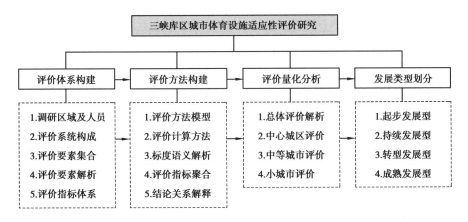

图 4.1 第 4 章研究结构图

资料来源：笔者自绘

4.1 三峡库区城市体育设施适应性评价体系构建

4.1.1 调研区域及人员

1）调研城市

笔者选取三峡库区［包括重庆市主城区（主城 9 区）在内］的 9 个城市进行调研。笔者根据三峡库区大城市突出、中小城市多的特点，选择特大城市 1 个（主城区），中等城市 2 个（万州区、涪陵区），Ⅰ型小城市 3 个（云阳县、长寿区、奉节县），Ⅱ型小城市 3 个（巫山县、巴东县、秭归县）进行适应性综合评价（表 4.1）。

表 4.1 调研城市人口情况

城市	常住人口/万	城市人口/万	城镇化率/%
主城区	1 038.99	967.30	93.10
万州区	106.00	73.14	69.00
涪陵区	111.90	81.35	72.70
云阳县	93.09	50.30	54.03

续表

城市	常住人口/万	城市人口/万	城镇化率/%
长寿区	69.22	38.33	70.64
奉节县	74.73	38.08	50.96
巫山县	46.42	20.74	44.68
巴东县	43.19	17.41	40.30
秭归县	32.47	14.29	44.00

资料来源:笔者根据各区(县)2022 年政府工作报告整理

2)调研对象

在 9 个城市中,对每个城市的 20 位资深体育爱好者进行问卷和访谈调研,共发放问卷 180 份,收回问卷 180 份,问卷有效率 100%。被调查者主要集中在 30~50 岁(图 4.2),男性占 75%,从事体育运动或工作 10 年以上的占 72%,20 年以上的占 21%(图 4.3),本科及以上学历者占 52%(图 4.4)。

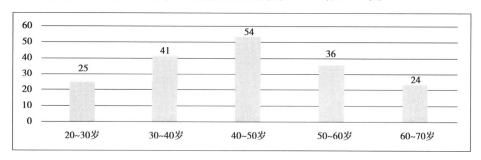

图 4.2 调研人员年龄统计

资料来源:笔者自绘

4.1.2 评价框架构建

1)评价结构分析

前文已经将适应性的要素构成做了 3 个方面的划分,本节在这 3 项要素

（分类化、圈层化、特色化）的基础上建立评价结构框架。根据区位评价理论的研究方法,首先确立体育设施适应性评价总目标,然后将城市体育设施适应性评价的结构关系定义为"供给—需求",适应性要素的价值目标为多样性、均等性、特色性,探索构建一个目标、两个视角、三个要素、四个步骤的评价结构(图4.5),以评价结论量化判断库区体育设施适应性程度,并积极影响适应性规划,最终实现时空融合的适应性目标。

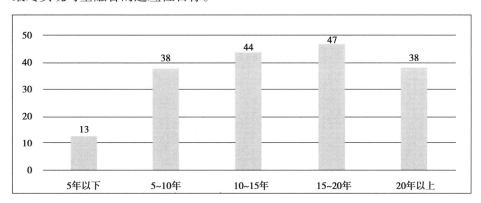

图4.3　调研对象参与体育运动时间统计

资料来源:笔者自绘

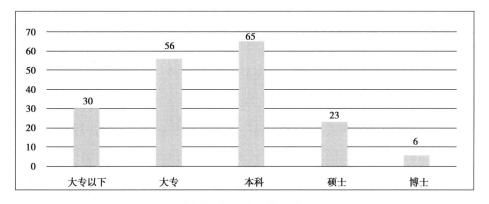

图4.4　调研人员学历统计

资料来源:笔者自绘

供给通常受到6个因素的影响,包括政府决策及执行、建设体育设施的成本、体育设施材料价格、规划及建设技术、体育设施所在的自然环境、获得建设资金的难易程度。需求指的是人们有能力参与,并愿意参与某项体育运动的欲望。显示的是其他因素不变的情况下,随着参与阻力的升降,参与者在一段时间内体育运动的参与意愿,影响这种意愿的空间及设施因素包括设施可达性、项目吸引力、设施质量、设施配套服务质量等要素。

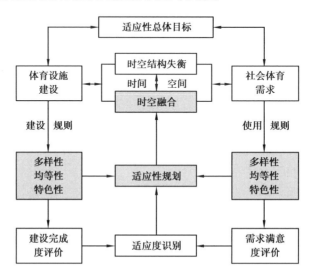

图 4.5　适应性评价结构图

资料来源:笔者自绘

本次评价体系以三峡库区体育设施适应性状况为核心,以供需理论为视角,在适应性理论和供需均衡理论的基础上进行延伸。评价框架以供给和需求的共同价值观即城市体育设施供给完成度和需求满意度在多样性、均等性、特色性 3 方面的体现为基础,以识别三峡库区体育设施建设与三峡库区社会体育需求的适应性程度为目标。在三峡库区城市体育设施的"供给—需求"的关系中,供给是指政府在目前这一发展期内,有能力、有意愿提供的设施和有明确标准和法规要求配建的体育设施,其状态受到强烈的供给价值观、供给方法以及供给制度的影响,供给方面主要考虑布局情况、设施级别、规划理念、空间结构等要素;需求指的是人们在日常生活中需要并愿意使用某个设施的欲望,居民的需求受其运动观念、生活习惯等的影响,需求方面主要考虑个体属性、运动习惯、出行模式、个人偏好等要素。完成框架构建后,进一步将这些影响要素进行数理模型分析得到量化结果,评价结论可以展示出不同城市体育设施适应性的具体状态。为下文进行规划干预研究提供量化支撑。

2)评价系统构成

评价系统的第二个过程是明确总体目标下各分支系统的目标与特征。分支系统的特征是评价的结论子集,目标则可以通过下一个层面的主题进行细化。评价分支系统可以来源于不同的研究领域,每个研究领域又可以划分为多个主题并进一步细化成子主题。

依据对适应性规划要素的解析,将适应性系统分解为三峡库区城市体育设施建设和三峡库区城市社会体育需求两个分支系统,分支系统以下又有多项内容来表现分支系统的整体特征规律,分支系统的信息全面分析后所叠加的结果就是对适应性状况最切合实际的表达。将两个评价子系统下的主题分别概括为:体育设施建设完成度评价,包括 3 个子系统,即多样性完成度、均等性完成度、特色性完成度;体育需求满意度评价,包括 3 个子系统多样性满意度、均等性满意度、特色性满意度(表4.2)。

表4.2　适应性设计评价系统表

总系统(总目标)	分支系统(分目标)	子系统主题(要素集合)
三峡库区城市体育设施适应性评价	体育设施建设完成度评价	多样性完成度
		均等性完成度
		特色性完成度
	体育需求满意度评价	多样性满意度
		均等性满意度
		特色性满意度

资料来源:作者自绘

确定子系统的主题目标后,再分别提出解释每个主题目标的要素指标,例如,在基于供给完成度的子系统中,多样性完成度的主题表达可以由对市级体育设施、区级体育设施、学校体育设施、社区体育设施的评分来反映。因此,选取这些不同空间类型要素作为评价"多样性"主题的要素指标层,即这些指标就是反映"多样性"主题的适应性标准。

4.1.3　评价要素集合

1)目标与功能要素

适应性评价首先要对评价对象做出判断或给定价值,即要对系统目标进行定义。三峡库区城市体育设施适应性评价的总体目标是体育设施的供给与需求的适应程度,使系统的效率得到改善,空间价值得以实现。根据属性不同,系统可以细分为分支系统,分支系统又可以细分为第二层分支系统,如此往下形成金字塔结构。评价系统的最主要目标在于客观、全面地反映三峡库区城市体育设施的适应性状况,因此,评价的总目标层即为城市体育设施供给与需求的量化适应程度。三峡库区城市体育设施适应性评价指标体系应能够描述和体现出三峡库区各城市体育设施建设的现状;应能够描述和反映城市体育设施的变化趋势;应能够描述和表征体育设施发展现状的适应性程度。

2)分支系统要素

本评价体系建立一个4层级结构逐级耦合的评价指标体系。三峡库区城市体育设施适应性评价指标体系包括总目标层、分目标层、要素集合层、要素指标层4个层次。该系统的目标具有层次性,因此,其指标体系也具有层次性。

(1)总目标层

总目标层是表达整套评价指标体系的最高目标。通过社会调研及评价测算体系可得出总目标层,即库区城市体育设施建设与社会体育需求的适应性程度、反映城市体育设施发展的总体态势和总体效果。

（2）分目标层

城市体育设施适应性程度的总目标可以分解为基于供给完成度的体育设施评价和基于需求满意度的体育设施评价两个分目标,这也是城市体育设施规划的两个子系统运行的输出端,正向放大的输出流与状态间的协调稳定共同聚合成了评价系统演化的总结果(总目标)。

（3）要素集合层

各子系统由反映适应性子系统特性的 3 个核心要素构成,每个要素集合都由能反映其要素核心价值的指标构成。根据第 3 章的理论及研究框架构建,要素集合层所反映的适应性集合为:体育设施在供给完成度和需求满意度两方面的多样性、均等性、特色性表现情况。

（4）要素指标层

具体的指标代表着各子系统具体的存在状态,是城市体育设施发展具象的、直观的反映。城市体育设施适应性评价指标应当具有 3 个方面的功能:一是描述和反映某一城市内体育设施数量、质量、项目的水平和状况,即多样性水平指标;二是评价某一区域内各城市地下空间人性化设计体育设施的覆盖范围、利用效率,即均等性指标;三是综合反映城市体育设施对城市特色的体现、区域自然环境的融合、城市协调匹配程度,即特色性指标。

本书所构建的评价指标体系以衡量城市体育设施适应性程度为总目标,以基于供给完成度和需求满意度为分目标,各分目标下设置要素集合层和要素指标层,包含了 4 个递阶层次,共 36 个指标(图 4.6)。

根据以上各要素指标层的评价结果,运用模糊综合评价方法,建立模糊综合评价模型,再依据语义度量模型进行评价,最终反馈至总体目标评价结果(图 4.7)。

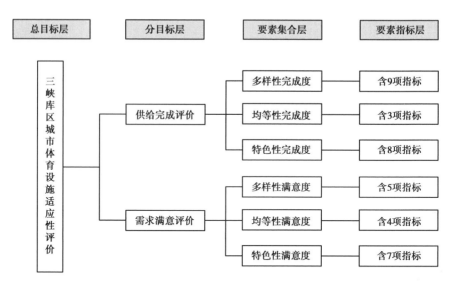

图 4.6　评价指标分解图

资料来源:笔者自绘

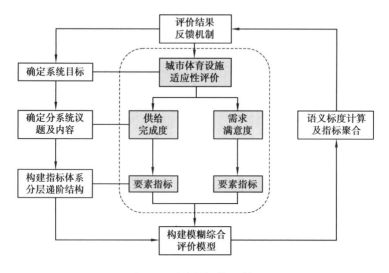

图 4.7　适应性评价机制图

资料来源:笔者自绘

4.1.4 评价要素解析

本小节将对要素指标层的具体指标和来源进行分析,以确保要素指标与评价目标一致,达到有效评价的目的。

1）供给完成度要素解析

从供给者的角度归纳整理调研问题,结合相关的政策和指标要求,将其转化为适应性研究结构的多样性、均等性和特色性要素指标,评价结果可以反映供给质量有没有到位、做得好不好。

（1）多样性要素

依据目前的体育设施供给要求,对体育设施多样性供给起决定作用的是设施类型的设置,即目前体育设施的多样性在供给标准方面仅体现在类型的多样性上。那么供给多样性要素指标层的具体指标就围绕体育设施类型展开,获取评价信息的类型包括市级体育设施、区级体育设施、学校体育设施、社区体育设施、休闲体育设施等。

（2）均等性要素

依据目前三峡库区体育设施供给的均等化要求,对体育设施的覆盖范围进行了说明,市级体育设施和区级体育设施的覆盖半径为 500～600 m,社区体育设施半径 150 m,学校和其他体育设施的服务范围没有具体说明。笔者将覆盖范围转化成出行的距离,为保证均等性,出行距离太长对均等性的研究没有意义。因此,取步行 5 min、10 min、15 min 范围内体育设施供给情况作为评价的均等性要素指标。

（3）特色性要素

特色性的供给要素指标主要针对体育设施所在地域的特殊环境,市级和区级体育设施的建设是否具有自然环境特色,能否体现城市文化及明确的服务功能配套标准,社区体育设施没有强制标准,但为了使用方便应该进行供给,评价要素指标主要围绕山地运动、水上运动、康体运动、设施环境进行设置。

2）需求满意度要素解析

需求满意度是笔者从体育运动参与者的角度,结合不同的运动习惯和喜好进行评价要素指标设定,同样将其转化为多样性、均等性和特色性要素集合,评价结果可以反映三峡库区城市居民的体育需求是否得到满足。

（1）多样性满意度

人的体育设施需求是很复杂的,有自己参与的需求和观看、欣赏体育竞技的需求,也有通过体育进行社交的需求或锻炼身体的需求。根据前文的分析,笔者将多样性需求空间评价归纳为对设施数量、质量、赛事、爱好等综合要素评价指标。

（2）均等性满意度

均等性满意度情况是衡量需求满意度的重要集合,能够反映城市居民对体育设施可达性的认可程度,既是一种居民权利意识的体现,也是对政府服务意识的评价,需求主要体现在出行的距离、出行的时间以及可识别性上。

（3）特色性满意度

需求方面的特色性体现是在居民对体育设施服务功能的认可程度以及与城市其他功能融合的程度感受上,能够反映体育设施内部（设施功能）和外部（城市功能）融合程度,是一种精致发展的体现,对城市的发展能够起到积极作用,主要体现在开放性、联系性、综合性等方面。

4.1.5 评价构建原则

三峡库区城市体育设施的适应性评价在上述供给、需求两方面评价的结构框架下展开。为强调评价的针对性、客观性、综合性,本小节又进一步明确了评价的基本原则。

1）以适应性目标为中心

公平与效率的辩证关系历来是城市体育设施发展的争论所在,而科学地处理体育设施公平与效率的关系必然是体育设施评价的重要环节。但从适应性的视角来分析,公平与效率这对矛盾的理念代表的是笔者探索建立三峡库区城市体育设施适应性规划的一个要素支撑,即关于体育设施服务于城市要素的均等性价值,但体育设施在满足公共服务设施供给的均等性的同时更是体育运动的对象空间,因此,还应该满足能够服务体育需求要素的多样性价值。同时,三峡库区城市依山傍水,城市形态相比于平原城市有很大的不同,土地资源相对稀缺,在满足体育设施土地供应的同时应该不断探索新方法来节约用地,精致发展,因此,需要克服地形影响要素的特色性价值。三者归纳总结起来可以成为满足适应性核心理念的评价原则。

2)以完成度和满意度为评价标准

三峡库区城市体育设施适应性评价的目的是更好地满足使用居民的需求,因此,以供给的完成度和居民的满意度作为评价标准是体现适应性的重要理念,也是新型城市化战略"以人为本"思想的核心体现。在适应性评价中需了解现有设施的配置和布局是否达到了体育设施规划的相关要求,同时也可看作在规划期内进行规划实现程度的评估。需求满意度指标可以了解居民所在的城市空间类型,以及居民的需求层次;了解居民对不同体育设施的满意度水平以及影响满意度的主要因素,从而指导后期的规划与建设;了解居民生活中最喜欢的体育设施以及在不同的城市空间中居民可接受的最低配置标准;同时也需要了解现有的交通环境,即可达性是否满足居民使用城市体育设施的需要。根据供给完成度与居民需求满意度的不同,增加新的设施或提升原有设施的服务质量,从而使体育设施规划由单一的仅注重包括规模、等级在内的规划方式转向更为人本化的规划模式。

3)以"时空融合"作为表现形式

以往城市体育设施的评价中常常通过设施服务半径、人均占有水平、千人指标水平、设施规模总量等指标来衡量,评价的范围过于宏观,而对人的需求也是建立在无差异性的基础之上。但从整个城市来说,不同的城市发展水平下肯定有不同的公共服务设施需求和供给模式,而适应性的实现程度也会随着城市发展水平的不同而有所调整。因此,应针对不同类型的城市做调查,得到针对这个城市的评价样本和数据,评价出该城市体育设施适应性所处的阶段,作为衡量城市体育设施适应性的重要评价结论。

4.1.6 评价指标体系

在完成三峡库区城市体育设施适应性评价的目标、要素指标分解及各项评价要素解析之后,笔者城市提出适应性评价表(表4.3)。

表4.3 三峡库区城市体育设施适应性评价表

目标层		序号	要素集合层	得分									
				1	2	3	4	5	6	7	8	9	10
供给完成度指标	分类化完成度指标	1	是否经常参加体育锻炼										
		2	是否经常在市级体育设施运动										
		3	是否觉得市级体育设施使用便利										
		4	是否经常在区级体育设施运动										
		5	是否觉得区级体育设施使用便利										
		6	是否经常在学校体育设施运动										
		7	是否觉得学校体育设施使用便利										
		8	是否经常在社区体育设施运动										
		9	是否觉得社区体育设施使用便利										

续表

目标层		序号	要素集合层	得分									
				1	2	3	4	5	6	7	8	9	10
供给完成度指标	圈层化完成度指标	10	步行 5 min 体育设施情况										
		11	步行 10 min 体育设施情况										
		12	步行 15 min 体育设施情况										
	特色化完成度指标	13	是否有地域特色										
		14	是否结合山地地形										
		15	是否结合水体										
		16	是否方便停车										
		17	是否方便换洗										
		18	是否有康体设施										
		19	是否有好的环境										
		20	是否能与同伴一起										
需求满意度指标	多样性满意度指标	21	是否满意现有体育设施数量										
		22	是否满意现有体育设施质量										
		23	是否有自己喜欢的体育设施										
		24	设施数量是否能够满足需求										
		25	设施质量是否能够满足需求										
		26	是否有精彩赛事资源										

续表

目标层		序号	要素集合层	得分									
				1	2	3	4	5	6	7	8	9	10
需求满意度指标	均等性满意度指标	27	出行距离是否短										
		28	出行时间是否少										
		29	是否方便到达										
		30	可识别度是否高										
	特色性满意度指标	31	是否方便参与山地项目										
		32	是否方便参与水上项目										
		33	是否与其他功能区有紧密联系										
		34	是否有好的设施管理										
		35	是否有好的指导										
		36	是否有好的配套服务										

资料来源:笔者自绘

4.2　模糊综合评价模型的构建及指标测算

模糊综合评价是按照由指标层到总目标层的顺序逐层聚合的,对上层分目标或主题的影响评价可以通过对隶属于它的若干主题或指标综合评价得到。基于三峡库区城市体育设施适应性评价指标难以量化的特征,选取模糊综合评价的方法实现对指标体系的综合量度。

4.2.1　模糊综合评价模型的理论基础

三峡库区城市体育设施适应性评价指标体系的评价因素集 $U=\{X,Y\}$,其中 X,Y 分别代表供给完成度和需求满意度两个分目标。

$X=\{X_1,X_2,X_3\}$ ——{多样性完成度,均等性完成度,集约型完成度}

$X_1=(X_{11},X_{12},X_{13},X_{14},X_{15},X_{16},X_{17},X_{18},X_{19})$; $X_2=(X_{21},X_{22},X_{23})$; $X_3=(X_{31},X_{32},X_{33},X_{34},X_{35},X_{36},X_{37},X_{38})$, X 共 20 项。

$Y=\{Y_1,Y_2,Y_3\}$ ——{多样性满意度,均等性满意度,特色性满意度}

$Y_1=(Y_{11},Y_{12},Y_{13},Y_{14},Y_{15})$; $Y_2=(Y_{21},Y_{22},Y_{23},Y_{24})$; $X_3=(Y_{31},Y_{32},Y_{33},Y_{34},Y_{35},Y_{36},X_{37})$, Y 共 16 项。

汇总每项具体评价指标,形成调查问卷,请三峡库区体育爱好者进行评分、汇总,得到各个指标对应于等级的频数,经过归一化处理,就可以得到各指标对应于上一级主题的隶属度。

为了计算各要素权重,现定义:

①各要素指标层平均得分为 S_{ijr},i 为目标层,j 为要素编号,r 为要素指标层编码,如是否市级体育设施使用便利平均得分,用 S_{x13} 表示,步行 30 min 是否有体育设施,平均得分为 S_{x23},是否运动花费少的平均得分为 S_{y34}。

②各要素指标层重要性得分为 V_{ijr},识别方法与平均得分相同。

③各要素指标层权重系数为 Q_{ijr}(表 4.4)。

表 4.4　某城市体育设施适应性评价问卷结果统计表

目标层	编号	要素集合层	重要性 V_{ij}	编码	要素指标层	平均得分 S_{ijr}	重要性 V_{ijr}
供给完成度指标	X_1	多样性完成度指标		X_{11}	是否经常参加体育锻炼		
				X_{12}	是否经常在市级体育设施运动		
				X_{13}	是否觉得市级体育设施使用便利		
				X_{14}	是否经常在区级体育设施运动		
				X_{15}	是否觉得区级体育设施使用便利		
				X_{16}	是否经常在学校体育设施运动		
				X_{17}	是否觉得学校体育设施使用便利		
	X_2	均等性完成度指标		X_{18}	是否经常在社区体育设施运动		
				X_{19}	是否觉得社区体育设施使用便利		
				X_{21}	步行 5 min 是否有体育设施		
				X_{22}	步行 10 min 是否有体育设施		
				X_{23}	步行 30 min 是否有体育设施		
	X_3	特色性完成度指标		X_{31}	是否有地域特色		
				X_{32}	是否结合山地地形		
				X_{33}	是否结合水体		
				X_{34}	是否方便停车		
				X_{35}	是否方便换洗		
				X_{36}	是否有康体设施		
				X_{37}	是否有好的环境		
				X_{38}	是否能与同伴一起		

续表

目标层	编号	要素集合层	重要性 V_{ij}	编码	要素指标层	平均得分 S_{ijr}	重要性 V_{ijr}
需求满意度	Y_1	多样性满意度指标		Y_{11}	是否满意现有体育设施数量		
				Y_{12}	是否满意现有体育设施质量		
				Y_{13}	是否有自己喜欢的体育设施		
				Y_{14}	设施数量是否能够满足		
				Y_{15}	设施质量是否能够满足		
				Y_{16}	是否有精彩赛事资源		
	Y_2	均等性满意度指标		Y_{21}	出行距离是否短		
				Y_{22}	出行时间是否少		
	Y_3	特色性满意度指标		Y_{23}	是否方便到达		
				Y_{24}	可识别度是否高		
				Y_{31}	是否方便参与山地项目		
				Y_{32}	是否方便参与水上项目		
				Y_{33}	是否与其他功能区有紧密联系		
				Y_{34}	是否有好的设施管理		
				Y_{35}	是否有好的指导		
				Y_{36}	是否有好的配套服务		

资料来源:作者自绘

根据该表,即可求出各个要素指标层在要素集合层中的权重系数,同样可以求得要素集合层的平均得分、要素集合层在目标层中的权重系数。

4.2.2　模糊评价的计算方法

①各要素指标层权重系数算法:

以多样性完成度指标为例,包含 X_{11},X_{12},X_{13},$\cdots$,X_{19},共 9 个要素指标。

这 9 个要素指标的调查问卷重要性为 V_{x11}，V_{x12}，V_{x13}，$\cdots$，V_{x19}。

利用数学统计方法，设权重分配系数为 m，则有：

$$V_{x11}m+V_{x12}m+V_{x13}m+V_{x14}m+V_{x15}m+V_{x16}m+V_{x17}m+V_{x18}m+V_{x19}m = 1$$

由此可求得 m 值。

则 X_{11}，X_{12}，X_{13}，$\cdots$，X_{19} 的权重系数

$$Q_{rij} = V_{rij} \times m,$$

即为多样性完成度指标中 9 个要素指标的权重系数。

②要素集合层平均得分算法：

$$S_{ij} = \sum_{r=1}^{n} \{ S_{rij} \times Q_{rij} \}$$

式中，n 为要素集合层内要素指标个数。

③要素集合层权重系数算法：

通过问卷调查得到各个要素集合层的重要性数值 V_{ij}。同样根据带有权重分配系数 m 的数学统计方法得到：

$$\sum_{j=1}^{n} V_{ij} \times m = 1$$

式中，n 为目标层内要素集合层数量。由此可以求得 m 值。

因此，要素目标层的权重系数为：

$$Q_{ij} = V_{ij} \times m$$

④目标层最终得分算法：

$$S_i = \sum_{j=1}^{n} \{ S_{ij} \times Q_{ij} \},$$

式中 n 为目标层内要素集合层数量。

根据计算可以得出某城市体育设施空间适应性评价因素及权重，如表 4.5 所示。

表 4.5 体育设施适应性评价因素及权重

目标层	得分 S_i	要素集合层	得分 S_{ij}	权重系数 Q_{ij}	要素指标层	平均得分 S_{ijr}	权重系数 Q_{ijr}
供给完成度指标		多样性完成度指标			是否经常参加体育锻炼 X_{11}		
					是否经常在市级体育设施运动 X_{12}		
					是否觉得市级体育设施使用便利 X_{13}		
					是否经常在区级体育设施运动 X_{14}		
	X_1				是否觉得区级体育设施使用便利 X_{15}		
					是否经常在学校体育设施运动 X_{16}		
					是否觉得学校体育设施使用便利 X_{17}		
					是否经常在社区体育设施运动 X_{18}		
					是否觉得社区体育设施使用便利 X_{19}		
	X_2	均等性完成度指标			步行 5 min 是否有体育设施 X_{21}		
					步行 10 min 是否有体育设施 X_{22}		
					步行 30 min 是否有体育设施 X_{23}		
	X_3	特色性完成度指标			是否有地域特色 X_{31}		
					是否结合山地地形 X_{32}		
					是否结合水体 X_{33}		
					是否方便停车 X_{34}		
					是否方便换洗 X_{35}		

续表

目标层	得分 S_i	要素集合层	得分 S_{ij}	权重系数 Q_{ij}	要素指标层	平均得分 S_{ijr}	权重系数 Q_{ijr}
供给完成度指标	X_3	特色性完成度指标			是否有康体设施 X_{36}		
					是否有好的环境 X_{37}		
					是否能与同伴一起 X_{38}		
心理需求		多样性满意度指标			是否满意现有体育设施数量 Y_{11}		
	Y_1				是否满意现有体育设施质量 Y_{12}		
					是否有自己喜欢的体育设施 Y_{13}		
					设施数量是否能够满足 Y_{14}		
					设施质量是否能够满足 Y_{15}		
					是否有精彩赛事资源 Y_{16}		
	Y_2	均等性满意度指标			出行距离是否短 Y_{21}		
					出行时间是否少 Y_{22}		
					是否方便到达 Y_{23}		
					可识别度是否高 Y_{24}		
	Y_3	特色性满意度指标			是否方便参与山地项目 Y_{31}		
					是否方便参与水上项目 Y_{32}		
					是否与其他功能区有紧密联系 Y_{33}		
					是否有好的设施管理 Y_{34}		
					是否有好的指导 Y_{35}		
					是否有好的配套服务 Y_{36}		

资料来源:作者自绘

4.2.3 评分标度语义解析

为保证本次评价能够有的放矢,受访者必须是体育爱好者才能对问卷的问题有所理解,才能针对体育需求进行评判。因此,笔者在体育教育、体育产业、城市体育设施空间规划的各项专家及体育爱好者中采用了专家调查法。通过问卷调查、讨论、专家的专业知识及经验确定了三峡库区城市体育设施适应性中最重要的评价指标。

指标确定后,采用问卷调查的方法,使大量的体育设施使用者参与到调研中来。在回答调查问卷之前,被调查者通过问卷开始部分的说明,已经对调研的主要目的、所采用的研究方法和回答问卷的方式有了明确认识。问卷调查中,要求被调查者考虑 36 个评价指标。被调查者根据经验对自己所在城市体育设施情况进行评价,按照 1 ~ 10 的标度来表达被访爱好者的评分,1 分为最差或没有,10 分为最好或特别满意。1 ~ 10 分就是受访者认为好与不好的分值区间。

4.2.4 模糊评价的指标聚合

确定了要素指标层后完成评价的指标体系构建,最后由下至上得到评估系统总目标的表达模型:

$$\text{SD} = f(\overline{X}, \overline{Y}, \overline{T}, \overline{L})$$

约束条件:$|\overline{Y}| \leq \min |\overline{X}|$ 且 $|\overline{X}|$,$|\overline{Y}| > 0$。

式中,SD 为三峡库区城市体育设施适应性总体目标,$\overline{X}$ 为基于供给完成度的量化评价,$\overline{Y}$ 为基于需求满意度的量化评价,$\overline{T}$,$\overline{L}$ 为时间、空间矢量,表示体育设施发展的不同阶段。其中不同的需求由不同因素构成,$\overline{X} = (X_1, X_2, X_3, \cdots, X_n)$,其中 X_n 表示供给完成度子系统的主题,包括多样性完成度、均等性完成度、特色性完成度;$\overline{Y} = (Y_1, Y_2, Y_3, \cdots, Y_n)$,其中 Y_n 需求满意度子系统的主题,包括多样性满意度、均等性满意度、特色性满意度。适应性评价的总体目标 SD 是基于供给完成度 $\overline{X}$,和基于需求满意度 $\overline{Y}$ 的函数,总体目标 SD 还与发展阶段和不同区域有关。

由于要素指标层在调查统计时分数为 1～10 分,因此目标层的满分即为 10 分,则评价体系的李克特量表中的等级划定综合分值(表 4.6)。通过计算评价,可得出城市地下空间人性化设计的评价结果。

表 4.6　李克特量表

评价值	评语	定级
1～2	很差	H5
3～4	较差	H4
5～6	一般	H3
7～8	较好	H2
9～10	很好	H1

资料来源:作者自绘

4.2.5　评价的适应性关系解释

笔者根据胡畔(2013)对基本公共服务设施的区位评价研究成果,尝试将供给完成度与需求满意度量化评价组合成区间,运用发展阶段来对三峡库区城市体育设施供需适应性进行解释(图 4.8)。

1)起步发展阶段——供给与需求双低

如果供给完成度与需求满意度得分均位于评价及格分值以下(6 分以下),则被看作处于起步发展阶段。形成这样的结果,原因是多方面的,城市经济发展滞后、人口流出、用地限制都有可能影响体育设施建设。就设施本身来看,这一阶段政府体育设施建设目标是完成体育中心设施的建设,解决重大体育设施的有无问题,还没有关注体育设施与该城市社会体育需求的适应性关系。社区、居住区体育设施的建设还处于起步阶段。

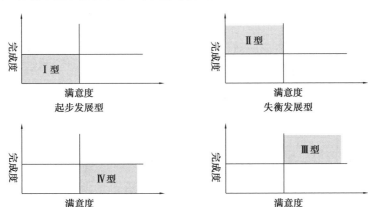

图4.8　定量评价模式图

资料来源:笔者自绘

2)转型发展阶段——供给>需求

如果供给完成度评分位于及格分值以上,而需求满意度评分低于及格分值,则说明该城市的体育设施发展过于追求对建设目标的满足,只是在僵化地执行规划,忽略了日益变化的社会体育需求。这一阶段往往出现在城镇化的快速发展期,城市通过固定资产投入拉动经济增长,获得 GDP 数据的增长,这种需求得不到满足,客观上就会造成体育及城市用地资源的浪费。运营、管理都是财政负担,需要长时间逐渐消化

3)持续发展阶段——供给<需求

这一阶段说明体育设施供给不能满足需求,需要增加供给。也说明城市经济发展状况良好,但对于体育事业发展的认识不足,设施建设滞后,也说明城市体育爱好者的心态较为乐观,可以说是社会和谐的表现。但需要了解未来体育发展需求,加快、加大城市体育设施的供给力度。

4)成熟发展阶段——空间公平与空间效率双高

供给完成度评分和需求满意度评分均在及格分值以上,说明城市体育设施

较为适应体育需求,体育设施空间布局均等化情况较好,各年龄、各阶层的体育需求都在一定程度上得到满足。这一阶段应注重体育设施从均等化向均优化转变,进一步提升设施服务质量,明确城市体育发展特色,争取引进具有影响力的体育赛事,以赛促建,提升整体城市品质。

以上反映的是体育设施空间供给与空间需求的相对关系,而供给完成度与需求满意度的绝对数值的合理性需要通过居民的满意度作为评价标准进行广泛的调研归纳得出。同时,笔者进行的选择调研和访谈调研也是对整体评价的重要补充,结果能够成为适应性规划方法的参考依据。

4.3 三峡库区城市体育设施适应度量化分析

三峡库区城市体育设施适应度情况,不但在不同类型城市存在不均衡发展的状况,同时不同适应性要素指标的适应度也存在不同,本节先对总体评价情况进行分析说明,然后分别将中心城区、中等城市、小城市3类城市的评价状况与调研访谈情况相结合进行综合分析。

4.3.1 总体评价解析

从总体适应度上看,三峡库区城市体育设施表现都有很多不足,最高评价只有一个达到较好(H2)层级,其余要素得分都在一般(H3)及以下。距离三峡库区体育爱好者的希望有很大差距。从城市类型比较来看,中心城区最好,在体育设施的多样性方面评分为较好(H2),均等性、特色性的评价在6分以上,刚超过及格线,规划在这两方面的考虑不足以满足主城居民的需求;其次是万州区、涪陵区为代表的中等城市,这类城市的多样性指标较低,属于较差(H4)级别,说明三峡库区中等城市的体育设施供给与需求的失衡较为明显,供给的设施跟不上中等城市居民生活和需求的快速变化;适应度差距最大的是长寿区、云阳县、奉节县、巫山县等小型城市,3 项要素指标的综合表现都较差(H4),小型城市的体育设施供给与需求的不适应性最强烈。随着三峡库区经济和社会的不断发展,如果供给模式不改变,这种矛盾和不适应将越来越剧烈(表4.7、图4.9)。

表4.7　各类城市体育设施规划适应度汇总表

区域	多样性适应度	均等性适应度	特色性适应度	汇总
中心城区	7.18	6.41	6.31	19.90
中等城市	4.67	5.43	5.86	15.96
小城市	3.99	4.83	4.28	13.10

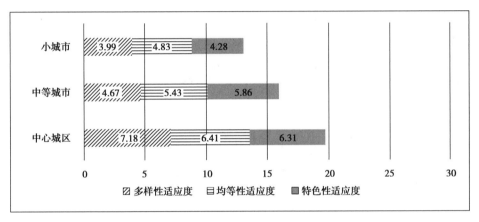

图4.9　3 类城市的适应度对比图

资料来源:作者自绘

从分目标层评价情况看,总体评价依然偏低,评分趋势依旧是主城区、中等城市、小城市逐渐下降的趋势。主城区的得分在两个目标层都较为平均,多样性的得分最高,可以看出相比于提供给市民的多样性体育选择,在均等性供给和设施集约利用方面的适应性更不够到位;在中等城市方面,多样性和均等性的适应程度是需求方面稍好,说明体育设施的供给效率比较高,但特色性比较缺乏;小城市依然是各项目标指标值均垫底,在供给和需求两个目标层的适应性都还有很大提升的必要性(表4.8、图4.10)。

表 4.8　各类城市完成度与满意度汇总表

区域		供给完成度			需求满意度		
		多样性	均等性	特色性	多样性	均等性	特色性
中心城区	中心城区	7.64	6.37	6.27	6.71	6.45	6.35
中等城市	万州区	4.72	5.47	6.15	4.88	5.45	5.57
	涪陵区	4.22	5.27	5.89	4.84	5.56	5.83
小城市	云阳县	4.31	5.84	5.96	4.78	5.73	4.24
	长寿区	4.27	4.84	5.38	4.51	4.77	4.18
	奉节县	3.45	5.33	3.95	3.76	4.36	3.65
	巫山县	3.27	3.85	3.47	3.51	3.85	3.36
	巴东县	3.35	4.10	3.67	3.38	3.25	4.52
	秭归县	3.48	4.27	3.76	3.42	3.47	3.64

资料来源:笔者调研数据统计

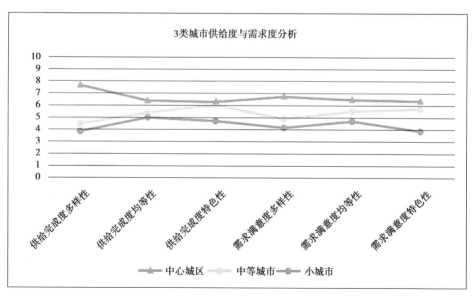

图 4.10　3 类城市供给度与需求度比较分析图

资料来源:笔者自绘

从空间结构上看,在供给方面重庆中心城区供给完成度最高,是目前体育设施建设的集聚区。供给完成度的3类要素指标数据在空间结构上表现出一致性,都是越远离中心城市,满意度越下降,说明重庆主城区体育设施的发展具有辐射能力,但覆盖的区域主要是长寿区、涪陵区,而万州区的体育设施均等性和特色性指标数据都高于云阳县和奉节县,也具备一定的辐射能力。但越靠近三峡库首区域,供给的满意度持续下降,说明万州区体育设施的辐射能力不足以覆盖更远的区域,而宜昌对三峡库区城市兴山县、秭归县和巴东县的影响较小,体育设施辐射能力有限。

在需求满意度方面,空间结构同样呈现出库尾高于库首的状态。重庆中心城区依旧是最满意的区域,其次为万州、云阳区域,最后是巫山、巴东和秭归区域。数据说明,重庆主城区不但完成度较好,设施的满意程度较三峡库区其他区(县)也有优势;其次是涪陵区、万州区,但从影响力来讲满意度也难以辐射到库尾的几个区(县)。

4.3.2 中心城市适应度分析

重庆中心城区体育设施的空间表现不尽如人意,首先从适应性评价的分数来说,有5项子系统的平均分处于H3层级,供给的多样性情况稍好(刚刚进入H2级),但需求的多样性满意度低于供给完成度,因此,多样性供给的效率并不高(表4.9)。

表4.9 案例城市完成度与满意度汇总表

区 域	供给完成度			需求满意度		
	多样性	均等性	特色性	多样性	均等性	特色性
中心城区	7.64	6.37	6.27	6.71	6.45	6.35

资料来源:笔者调研数据统计

但各子要素平均分数均高于三峡库区中等城市和小城市,说明中心城区的体育设施空间的适应性程度更高,特别是在多样性上,在3项要素指标中领先最多,是新兴体育项目和精彩的竞赛资源都优先集中在中心城区的结果。总体来说,除多样性的供给满意度略突出外,其余指标供给完成度和需求满意度均相差无几(图4.11)。

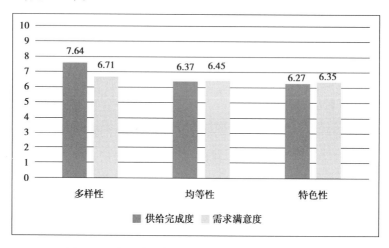

图4.11 中心城区供给完成度与需求满意度比较图

资料来源:笔者自绘

其次从调研对象的反馈来说,问题比较集中在3个方面:首先,重庆市的优秀赛事资源相比于三峡库区城市有优势,但跟成都市、武汉市或其他直辖市相比则差距明显,没有超前的职业体育赛事规划,虽然是直辖市但在很多项目上都不能像其他直辖市一样在家门口看到精彩的赛事,体育设施的相关配置也有所偏差,主要是因为没有长远的战略规划。重庆市体育局杜学勇描述,在体育竞赛这一块,重庆前几年的发展确实比较落后,如今也在缩小差距,寻找新的突破点,争取跟周边大城市差异化竞争,近年来积极引进了重庆马拉松、长寿湖铁人三项赛、国际电竞比赛、"中国之队"国际足球友谊赛等重要赛事。重庆市小轮车职业车手赵旋描述,重庆在九龙坡专门建设了极限运动公园,受到欧洲、日韩相关从业者的高度关注,在西部地区开创了先机,极限运动进入东京奥运会必将迎来大发展,重庆主城区在这方面已经有了设施的准备,后续的发展值得期待。重庆市社体中心白维民介绍说,重庆休闲体育设施的特点是起点低、发展快,全市有相当多的射箭馆、飞镖馆、壁球馆,都是 2014 年以后发展起来的,还有三四家马术俱乐部、卡丁车赛场等,以后还会大力支持休闲体育产业发展。第二是各项目体育爱好者使用的专业体育中心数量少,质量参差不齐。笔者是网球爱好者,从跟其他网球爱好者的交流中感到重庆主城区的高水平业余网球比赛、联赛每年有超过 20 场,数量居全国前列,但能承办比赛的赛场非常单一,因为重庆质量比较好的网球中心只有一两个,大部分参赛选手要走很远的路去参加比赛,网球中心的可达性、布局和设施质量存在大问题。同样,足球爱好者雷先生表示,现在重庆市的业余足球比赛非常多,爱好者也很多,但是踢球经常要往渝北区、江北区跑,这里的场地质量比较好,数量能够支撑多场比赛同时进行,主办方愿意将比赛放在这些区域。但九龙坡、大渡口、南岸、沙坪坝等区的球场虽然能够满足业余训练或者娱乐足球,但难以提供爱好者比较专业的需求和业余需求,有时还要跑到学校球场去踢。第三是重庆主城区社区体育场数量严重不足,新兴的居住小区绝大多数都有配建的居住区体育设施,但一些老旧社区的体育设施仅限于一些健身器材,使社区体育运动开展不充分,大家更愿意到商业广场或其他一些空间开展休闲健身活动,如跳广场舞。沙坪坝区覃家岗社区谭女士说,以前社区没有体育设施时锻炼非常不方便,自己很少出门,去年新建了体育设施,不但自己愿意出门运动,还经常带小女儿去体育公园遛弯,空气很好,也非常方便。

综合量化评价得分与访谈评价情况,笔者认为,主城区城市体育设施适应性处于非均衡发展阶段。设施供给没能很好地满足需求,但发展趋势向好。

4.3.3 中等城市适应度分析

三峡库区中等城市体育设施评价的总体分数低于主城区,从供给完成度和需求满意度两个分要素集合来看,多样性得分位于 H4 层级,均等性和特色性得分均位于 H3 层级,属于适应性较低的水平(表 4.10)。多样性问题尤其突出,说明中等城市的体育设施过于模式化,体育项目选择比较少,体育竞赛的数量和质量也没有跟上。从两个城市横向比较来看,万州区的供给多样性稍微领先,其余指标相差不大(图4.12—图4.14)。

表4.10　案例城市完成度与满意度汇总表

区域	供给完成度			需求满意度		
	多样性	均等性	特色性	多样性	均等性	特色性
万州区	4.72	5.47	6.15	4.88	5.45	5.57
涪陵区	4.22	5.27	5.89	4.84	5.56	5.83

资料来源:笔者调研数据统计

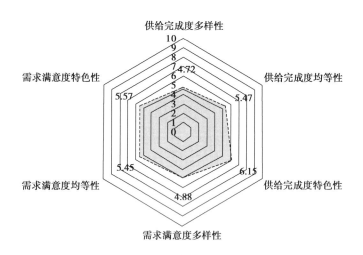

图4.12　万州区适应性量化评价图

资料来源:笔者自绘

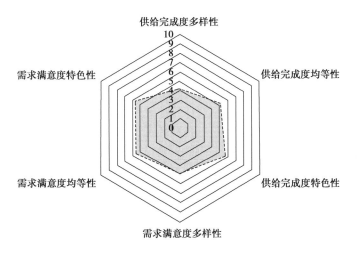

图 4.13　涪陵区适应性量化评价图

资料来源:笔者自绘

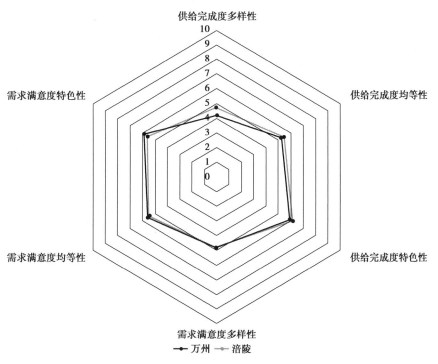

图 4.14　两个中等城市适应性对比图

资料来源:笔者自绘

　　从调研对象的反馈来说,三峡学院冯先生认为,万州区这几年的体育设施发展一般,有些受制约,大多数体育爱好者选择在高校的体育设施进行运动,但三峡学院和几个中专院校集中在五桥片区,与城市中心区距离较远,人口没有这么密集。在万州区的中心城区有三峡体育馆,人气不错,体育场和游泳馆知名度一般,自己比较少去。网球爱好者张先生觉得万州区体育设施发展不够充分,高质量的网球中心、足球中心、羽毛球中心一个都没有,比较落后,希望在万州区合理布局一些好的体育中心,满足爱好者的需求,把周边区县甚至重庆、湖北的人吸引到万州来。张先生同时觉得万州区的社区体育设施发展也比较滞后,有的小区有体育设施,但是用得不多,很多居住密集区都没有体育设施,均等性也差。万州区的邓女士描述,万州区的休闲体育设施发展比较晚,最近才有一些好的瑜伽馆,并且比较少有适合女性的体育设施,都是建设体育场或球类项目,导致女性运动热情不好释放,社区体育设施数量不足,日常性运动没机会进行,只能去专门的瑜伽馆或体育馆锻炼。足球爱好者魏先生觉得足球项目开展越来越好,足球场目前的建设也是越来越多,但多集中在天子、五桥区域,万州区中心区的建设量偏少。从收集的居民的反馈看,万州区体育设施的发展起步较晚,空间布局不够均衡,项目种类较少,体育设施的特色性、功能性还需要进一步提高(图4.15)。

　　涪陵区体育设施空间发展主要有两个问题,第一是空间较为分散,导致体育设施空间利用率比较低。肖先生认为,涪陵区的体育设施发展总体较好,有重庆市级的体育中心,听说质量很好、规模很大,但是在离老城市中心比较远的李渡,去得极少,使用率不高,有点浪费。笔者曾于2016—2017年3次去李渡体育中心,除2017年参加第五届市运会人气比较旺以外,另外两次均是下午时段,人迹寥寥,设施闲置情况严重。郝女士认为,涪陵体育中心虽然在城市中心,但去那里的目的一般都不是进行体育锻炼,所以去得比较少,而且体育场和体育馆都在一起,停车不方便。但笔者曾于2016—2018年4次到涪陵区体育馆考察调研,每次运动的人都不少,但几乎都是附近的居民。另一个问题是社区

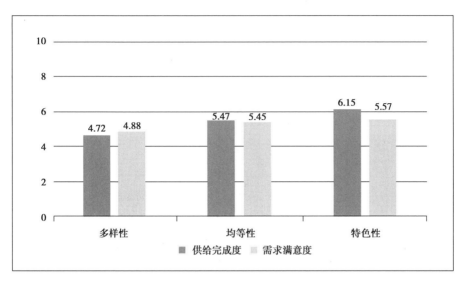

图 4.15 万州区供给完成度与需求满意度比较图

资料来源:笔者自绘

体育设施严重不足,据篮球爱好者刘先生介绍,涪陵篮球运动发展比较好,业余比赛也很多,但社区篮球场比较少,一般都到长江师范学院的运动场去打球,社区体育场主要靠居住区解决,有的老旧住区体育设施相当缺乏。网球爱好者崔女士介绍,她经常在学校和网球中心参加运动,但平时确实没有运动的机会,想锻炼耐力只能专门找时间步行 40 min 以上去附近的学校体育场跑步,很不方便。综上所述,空间布局的边缘化导致利用效率低,空间集中又导致使用的均等性水平下降,老城区社区体育设施严重缺乏等主要问题是涪陵区供给完成度、需求满意度量化评价平均分不高的主要原因(图 4.16)。

综上所述,两个中等城市目前的体育设施发展处于非均衡发展阶段,但需求与供给能力的差距较大,供给层面在竞赛资源和日常体育活动方面都不能很好地满足需求。

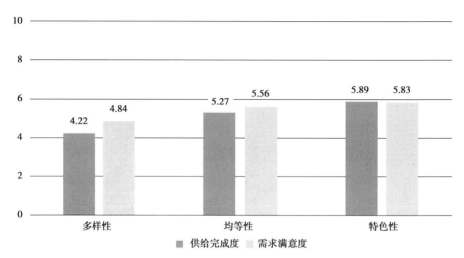

图4.16　涪陵区供给完成度与需求满意度比较图

资料来源:笔者自绘

4.3.4　小型城市适应度分析

从评价分数上解读4个小城市的体育设施适应性。平均分较低,适应性不及更高等级的城市,这反映了我国近年来快速城镇化的弊端,公共服务设施的供给难以满足需求,并且越低等级的城市这种供需的适应性差别更大(表4.11)。

表4.11　案例城市完成度与满意度汇总表

区域	供给完成度			需求满意度		
	多样性	均等性	特色性	多样性	均等性	特色性
云阳县	4.31	5.84	5.96	4.78	5.73	4.24
长寿区	4.27	4.84	5.38	4.51	4.77	4.18
奉节县	3.45	5.33	3.95	3.76	4.36	3.65
巫山县	3.27	3.85	3.47	3.51	3.85	3.36
巴东县	3.35	4.1	3.67	3.38	3.25	4.52
秭归县	3.48	4.27	3.76	3.42	3.47	3.64

资料来源:笔者调研数据统计

　　横向比较发现,云阳县两个分目标的 6 个指标层评分均高于其他 3 个城市,是小城市体育设施发展中综合表现领先的,巫山县各项指标排在末尾,空间适应程度是最低的。长寿区和奉节县各项指标评分大致相当,各有优劣。巴东县、秭归县的适应性情况也不尽如人意,平均不到 4 分(图 4.17)。

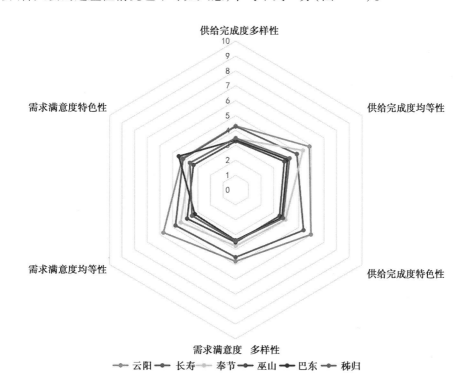

图 4.17　6 个小城市适应性对比图

资料来源:笔者自绘

　　在三峡库区小型城市中,体育设施空间问题主要有 4 点,一是区级城市体育设施的影响力有限,多数为集中布置,虽然利用率较高但均等性不足,甚至有的体育中心与学校布置在同一区域内,导致学校体育设施和体育中心设施重复供给,影响了其他区域的覆盖状况。二是新城与旧城体育设施数量和空间布局的差异巨大,新城的体育设施空间布局按照服务范围有章法可循,只是供给的强制性和时间性不一定完全满足规范,但老城区因为历史原因及产权因素,给体育设施的更新增加了难度,导致适应性严重不足。三是社区体育设施缺乏,日常身体锻炼的设施还不到位,使城市居民的体育活动难以随时展开,不得不占用其他功能空间。四是缺乏专业的各种项目的运动中心,如足球中心、篮球中心、乒羽中心、网球中心等,造成这些球类爱好者缺乏非常满意的运动去处。

目前来看,4个三峡库区小城市体育设施发展处于起步发展阶段,需求层面正在逐渐增长但供给的完成情况还不够充分。

4.3.5 三峡库区城市体育设施发展类型划分

1)起步发展型

从巫山、奉节、巴东、秭归四区(县)两相指标的得分可看出,这4个库区小型城市由于GDP总量和城镇化发展水平较低,正处于体育设施建设的起步发展阶段。

2)持续发展型

云阳县的需求满意度得分高于供给完成度得分,属于调研区县中唯一的持续发展型城市。

3)转型发展型

主城区、涪陵区、万州区是三峡库区3个重要的节点城市,GDP总量和城镇化水平较高,城市居民对体育设施的要求也随之提高,目前均处于供给不能有效满足需求的转型发展阶段。

4)成熟发展型

根据适应性评价结果以及笔者主观上与其他同类城市的发展比较,目前三峡库区城市体育设施还没有达到成熟的阶段,需要城市规划和体育管理者、爱好者共同努力。

从巫山、奉节、巴东、秭归四区(县)两相指标的得分可看出,这4个库区小型城市由于 GDP 总量和城镇化发展水平较低,正处于体育设施建设的起步发展阶段。云阳县的需求满意度得分高于供给完成度得分,属于调研区(县)中唯一的持续发展型城市。主城区、涪陵区、万州区是三峡库区 3 个重要的节点城市,GDP 总量和城镇化水平较高,城市居民对体育设施的要求也随之提高,目前均处于供给不能有效满足需求的转型发展阶段。根据适应性评价结果以及笔者主观上与其他同类城市的发展比较,目前三峡库区城市体育设施还没有达到成熟的阶段,需要城市规划和体育管理者、爱好者共同努力。

4.4　本章小结

　　本章以三峡库区的 9 个城市为案例,根据三峡库区城市适应性规划研究框架,以区位评价理论为三峡库区城市体育设施适应性评价体系构建的基础,以"供—需"关系为视角,以适应性 3 个要素为评价主要内容,构建起具有"总目标层—分目标层—要素集合层—要素指标层"4 个层次的三峡库区城市体育设施适应性评价体系。研究设定适应性评价总目标为"三峡库区城市体育设施适应性规划",分目标层分别为:供给完成度目标与需求满意度目标。在每个分目标之下有多样性、均等性、特色性 3 个要素集合,对应的要素指标共 36 项。通过三峡库区城市体育资深爱好者打分和模糊综合评价模型计算,量化解析各项评价指标。将量化结果与 4 种类型的适应性关系对应,形成不同阶段的适应性关系解释,并且通过调研量化评价和访谈评价结合的方式,将三峡库区 9 个案例城市分为中心城市、中等城市、小城市 3 个层级,分别判断评价反映的相关问题,并尝试归纳总结这些城市的发展现状处于起步发展型、持续发展型和转型发展型 3 个阶段。

　　同时综合适应性评价和访谈调研,笔者发现区域和城市尺度的两个规划发展的重要挑战。在区域层面,体育设施的线性化供给导致同质化的挑战。三峡库区城市目前运用的体育设施规划体系与全国通行体系无异,但三峡库区处于成渝城镇群和武汉大城市圈的腹地,城镇化过程经历剧烈的波动,采用通行的规划体系,在区域层面的设施使用中没有竞争优势。从目前三峡库区周边各大城市的区域级别体育设施发展实际情况来看,库区城市发展比较迟缓,必须寻找更符合库区发展优势的规划路径。因此,区域层面,以网络化空间结构支撑区域特色体育设施规划是未来发展的必然选择。

在城市层面,规划模式单一带来落实有偏差的挑战。现有的规划和供给模式都在以体育设施独立用地为基础进行建设和探索,这种思路在三峡库区独特的地域文化背景下需要进行转变。在三峡库区城市中,体育设施的规划模式是比空间布局更加重要的问题。在三峡库区城镇化基础薄弱,人地矛盾突出的城市中,既要均等布局,又要独立用地,非常困难。目前的办法是减量供给,形成有规划但落实有偏差的现状,影响是不适应三峡库区社会体育需求。因此,在城市层面适应性规划的核心是规划模式的集约化。

5 三峡库区区域体育设施网络化空间体系对接

通过前文的理论框架构建和适应性评价,得出了三峡库区不同类型城市的量化分析数据。在此基础上,以山地人居环境理论和区域发展理论为区域适应性规划研究的理论基础。本章在区域层面提出适应三峡库区区域环境特色的库区体育设施的适应性规划方法,以网络化空间体系对接为战略,以三峡库区区域赛事、旅游、交通综合空间决策体系为基础,构建能够对接三峡库区城镇体系结构的体育设施空间结构。在区域层面规划中明确未来发展的区域级体育社会区空间格局、设施类型及特色项目,使三峡库区区域级体育设施发展能够适应区域社会体育需求(图5.1)。

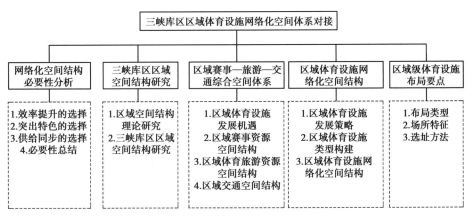

图5.1　第5章研究框架图

资料来源:笔者自绘

5.1　三峡库区区域体育设施网络化空间结构的必要性

5.1.1　基于提升效率的选择

从调研分析可以看出,三峡库区区域的区域级别体育设施建设完成情况的评分较高,说明建设情况较好,但体育赛事的评分较低,且品牌性的体育赛事较少,也从一个侧面说明三峡库区区域级体育设施举办重大体育赛事的利用率不高,更多的只是承担居民日常休闲健身功能。这与笔者在三峡库区各城市调研时所见情景吻合,并且部分城市的中心体育场馆由于常年少有赛事使用,质量有所降低。同时,除万州区外,其余调研的三峡库区城市,其区域级体育设施布局都是以"体育中心"为主要目标,形成体育服务中心或是与城市其他公共服务设施集聚布置,设施空间都尽可能考虑在城市的地理位置中心,少有考虑与重要交通设施的紧密关系,特别是在以高铁为主的区域交通体系日益便捷、完善的今天,区域级体育设施与区域交通体系的连接可以说在规划研究和实践中长期处于边缘地位,导致三峡库区各城市的区域级体育设施与外部区域(成渝城镇群、武汉大都市圈、长三角城镇群等)的联系缺乏高效性,区域级别的体育设施服务效率也因此受到影响。

5.1.2　基于突出特色的选择

区域体育设施应该有鲜明的地域特色,以我国为例,东北地区天气寒冷,冬季多降雪,对发展冬季运动具有天然的气候优势,海滨城市对发展帆船、冲浪、潜水、越野游泳等海上项目也具有得天独厚的条件。三峡库区地形地貌复杂、险要,地理特征突出,是发展山地运动、越野运动、户外运动、水上运动的理想区域。但目前本区域的体育设施规划供给多以综合性体育场馆和社区休闲型体

育设施为主,近年来,虽然也有开州、石柱、武隆、云阳、奉节、巫溪等区(县)因地
制宜开发划船、马拉松、滑雪等设施,长寿区开发了赛艇设施和铁人三项设施,
开州区提出建设国家级水上项目基地,但规模、特色和影响力都有限,从调研评
分也可看出,区域体育设施的特色性的两项指标都不高,还需要规划建设更加
特色鲜明、深入人心、具有品牌号召力的特色化体育设施。

5.1.3 基于区域升级的选择

三峡库区城市发展存在等级差异和定位差异,区域级体育设施的建设也受
到影响。目前三峡库区区域级体育设施的建设水平差距很大,重庆主城区的供
给明显领先其他城市,不仅市级"五个一工程"已经完善,主城九区的区级"五个
一工程"大部分已经完善,只有少数几个区没有全部建设到位(沙坪坝区、大渡
口区)。而三峡库区部分区县的情况则很不乐观,只有涪陵区、江津区、万州区、
开州区等少数几个区域中心城市完成了规划要求,其余小型区(县)城市均存在
区域级体育设施不完善的情况,其中游泳馆、全民健身中心和区级体育公园的
建设存在很大漏洞。总体来看,无论是大型的体育设施还是社区体育设施,三
峡库区各城市之间发展的差距很大,小型城市与大、中城市比较,缺乏同步性。

5.1.4 必要性总结

从以上3个方面的分析可以看出,目前三峡库区城市体育设施规划按照行
政级别来划分层级、提供规划依据的显性化方式,造成了区域体育设施规划的
均质化,没有将这一地区特色的资源凸显出来,进行体育资源的优化配置。首
先,重庆市作为国家中心城市的战略定位没有与之匹配的体育设施;其次,三峡
库区各中型城市具有人口资源优势,同时正在兴建的高铁、机场等交通设施资
源,区域内还没有能够充分利用这些资源的达到一定级别体育设施;第三,三峡
库区地形地貌独特,自然风光旖旎,区域内有多个国内外知名的旅游资源,重庆

市有多个体育发展战略都提到体育与旅游的有机结合,重庆的体育发展"十四五"规划提出,在渝东南地区重点开发山地户外体育项目,在渝东北重点发展水上项目,并规划了包括三峡、涪陵武陵山、丰都南天湖、云阳龙岗在内的多个户外体育运动基地。但目前体育设施与这些优势资源的结合还非常薄弱,各区(县)特色体育资源各有优势,却没能优势互补。可见线性化供给方式有其局限性,构建网络化的区域体育设施空间结构体系是实现特色体育资源优势互补,优化配置的必然选择。

5.2 三峡库区区域空间结构研究

目前,国家提出长江经济带建设,长江流域一直是我国经济、产业发展的重要轴线,陆大道就曾提出中国空间结构发展"T"字形构想,可见长江流域的研究不是"一城一地"的问题,而是要纳入区域研究领域,以更宏观的视角来分析。同时,三峡库区体育设施也不仅是单一设施的问题,需对该区域发展定位、经济基础、区域交通、文化景观等要素进行综合研究。

5.2.1 区域空间结构理论研究

"中心—边缘"结构最早在国际关系领域得到系统的研究和解释,随后依附学派的沃勒斯坦等人将其发扬光大。随后在区域发展、地理学、城市规划学等领域也尝试运用该结构分析区域发展的相关问题。约翰·弗里德曼在区域经济领域提出了"中心—边缘模型"(1966 年),在这之前,缪达尔(Gunnar Myrdal)提出的"二元经济结构"思想(1957 年)和赫希曼(Albert Hirschman)提出的"不均衡增长理论"(1958 年)也表达了"中心—边缘"结构性思想,但也出现了戈特曼(Jean Gottmann)"大都市连绵区"(1957 年)这样的区域连续性研究思想。到了 20 世纪 70 年代,洛斯乌姆提出新的区域城市模式,他把城市、乡村以及城乡之间的区域看作一个渐变的、界限模糊的连续体,取代了传统的"中心—边缘"绝对二分法。美国学者贝里(Brian Berry)提出"逆城市化"理论①,也反映出"中心"与"边缘"边界的模糊化。20世纪80年代中后期,库帕斯(Andrew Copus)基于信息技术对后工业化城市形态的影响,指出地理区位已经受到信息技术、社会资本、商业网络等要素的影响,不平等的"中心—边缘"式结构正在逐步萎缩,去中心化的趋势渐为明显。我国学者钱运春提出"亚中心—周边"结构理论,其实质是一个区域的次级增长极,是一个完整的区域,存在于区域"中心—边缘"结构之中,在"多中心""多层次"的递进推动下得以实现。总体来看,区域空间结构发展体现出以下4种时空类型。

1)均衡空间结构

均衡空间结构是在城市发展的早期,经济活动的流动性、互补性较小,产业链较短,在一个小范围内建立封闭、单一的循环就能够适应社会经济的发展。这种模式的支柱产业一般是农业经济,人群主体为农民,是一种经济水平较低,经济结构简单的空间组织形式(图5.2)。

图5.2　弗里德曼空间一体化 a 阶段

资料来源:笔者根据陈秀山(2003)研究绘制

2)极化空间结构

早期点状发展的空间因为区位条件、工具条件的变化逐渐形成一些点状区域发展得越来越快,而另一些区域的点则逐渐停滞甚至衰落;从空间形态上看,出现向一些区位条件好、资源条件好的点聚集的趋势,形成增长极点。这种极点会对未来区域发展产生影响,从而打破原本均衡的空间状态,形成极化空间,

---

① 从历史的角度看,将20世纪70年代美国部分城市的内部空间结构重组称为"逆城市化"其实并不恰当,淡雅真实、客观反映出"中心—边缘"二元结构的解体。"边缘"开始增强,多中心的结构更加明显,有的"边缘"甚至开始替代"中心",成为新"中心"。

也就是一种非均衡的空间形态(图5.3)。

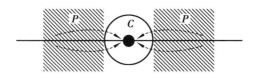

图5.3　弗里德曼空间一体化b阶段

资料来源:笔者根据陈秀山(2003)研究绘制

3)扩散空间结构

极化空间结构尚处于一种较简单的空间结构状态。随着增长极的不断发展,继续对周围的点产生影响,并形成越来越多的运输、交往需求,也就形成了轴线和节点,点的成长有轴线做支撑,发展出一种稳定增长的结构关系。当轴线和节点变得越来越强,也就说明区域的经济活动越来越密集,并以这种"点—轴"关系继续向外围扩散,形成较为复杂的扩散空间结构(图5.4)。

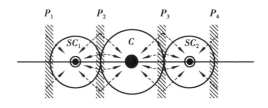

图5.4　弗里德曼空间一体化c阶段

资料来源:笔者根据陈秀山(2003)研究绘制

4)再均衡空间结构

在这套空间体系的扩散过程中,不同级别的点之间的联系逐渐变强,需要构建新的联系轴线,这些轴线逐渐交叉形成空间网络。点与点之间关系更加紧密,使每个点都得到相应的发展机会,这些不同级别的点连成网络,重新构成空间上的均衡结构(图5.5)。

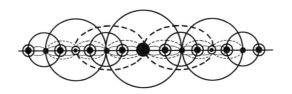

图 5.5　弗里德曼空间一体化 d 阶段

资料来源:笔者根据陈秀山(2003)研究绘制

5.2.2　三峡库区区域空间结构研究

1)全国层面

2018 年,中央提出对重庆市的"两点"定位和"两地、两高"目标①。两点是战略定位,既立足重庆又跳出重庆,以全球的视角看待重庆、要求重庆。重庆作为西部地区唯一的直辖市,国家中心城市之一,是西部大开发的桥头堡,承东启西,连接欧亚,通达江海,独具战略支点作用。两地是战略路径,与习近平新时代中国特色社会主义思想是一脉相承的,包含了高质量发展和生态文明建设两个重要主题,突出重庆在西部大开发、"一带一路"和长江经济带建设中的作用,发挥重庆的区位优势和发展潜力。"两高"是战略目标,体现了习近平新时代中国特色社会主义思想,高质量发展为市民创造高品质生活,高品质生活激发高质量发展热情。两点、两地、两高的定位和目标,站位扎实、立意高远,既为整个重庆市综合发展,也为重庆体育事业和体育设施的建设明确了定位和目标。同时,《西部陆海新通道总体规划》(2019 年)的颁布能够更好地支撑西部地区参与国内外经济、文化、旅游等合作,通过"多式联运"的方式,三峡库区区域与长三角城市群、粤港澳湾区、成渝城市群、武汉大都市圈等国内重要城市群的联系更加紧密,形成一个"十字形"空间触媒结构。

---

① "两点"定位:重庆市西部大开发的重要战略支点,处在"一带一路"和长江经济带的连接点上。"两地,两高"目标:要求重庆建设内陆开放高地,成为山清水秀之地,在建设"两地"基础上,努力推动高质量发展,创造高品质生活。

2)区域层面

到 2020 年,"后三峡"工作计划已经收官,经济发展、社会保障、生态安全指标均达到或超过预期,三峡移民生活安定、社会稳定,可以说交出了一份满意的答卷。但发展时不我待,彻底解决发展中不平衡、不充分的矛盾仍然是三峡库区面临的重大挑战,国家"一带一路"倡议、《长江经济带发展规划纲要》和《成渝地区双城经济圈规划建设纲要》再次为三峡库区未来指明了方向,为三峡库区经济社会发展起到了积极作用。

《长江经济带发展规划纲要》确立了"一轴、两翼、三极、多点"的发展空间格局,重庆在"一轴"中居于核心位置。明确四大战略定位:生态文明建设的先行示范带、引领全国转型发展的创新驱动带、具有全球影响力的内河经济带、东中西互动合作的协调发展带。在西部以成渝双城经济圈作为重要经济中心、科技创新中心和高品质生活依据地(图5.6)。

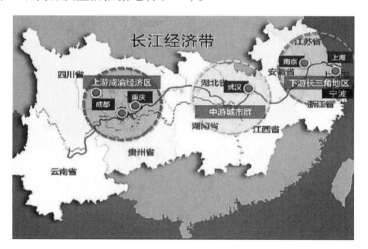

图 5.6　长江经济带空间结构图

资料来源:《长江经济带发展规划纲要》

《成渝地区双城经济圈建设规划纲要》强调要突出重庆和成都两个中心城市的协同发展,树立一体化发展理念。借助区域优势,成为全国高质量发展的增长极和动力源,打通西部陆海新通道,积极参与"双循环"建设(图5.7)。

图 5.7 成渝城镇群空间结构图

资料来源:《山地人居环境七论》

重庆市于 2014 年对 2011 版城乡总体规划进行了深化(图 5.8),提出构建"一区两群"的战略空间格局。由原规划的 1 个特大城市、6 个大城市、25 个中等城市和小城市、495 个小城镇的城镇体系,更新为 1 个中心城市、2 个区域性中心城市、27 个区县城、500 个左右小城镇的城镇格局。规划出不同区域的主导产业及发展方向,强调生态保护、基础设施建设以及公共服务设施的均等化布局。

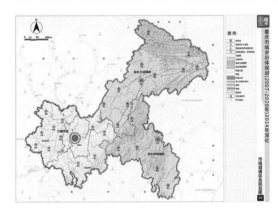

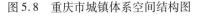

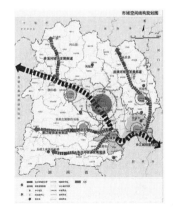

图 5.8 重庆市城镇体系空间结构图　　图 5.9 宜昌市域空间体系规划图

资料来源:《重庆市城乡总体规划(2007—2020)》(2014 年深化)

《宜昌市城市总体规划修改(2011—2030)》

《宜昌市城市总体规划（2011—2030 年）》将宜昌市规划为 13 个组团的特大城市，形成"沿江带状多组团"空间结构（图 5.9）。规划至 2030 年，市中心城区实际居住人口控制在 300 万人左右，建设用地控制在 300 平方公里以内。规划强调组团间的便捷联系以及公共服务设施的均等化布局。

进入后三峡时代，不论是区域层面还是城市层面的规划，产业布局、经济发展及公共服务设施均等化都是新型城镇化发展阶段的主要关注重点，以上规划对三峡库区区（县）城镇的城镇化发展模式有较强的指引作用。

3）三峡库区层面

三峡库区城镇沿长江布局，西起重庆、东至宜昌有 600 多千米的长江岸线，根据《长江经济带发展规划纲要》的总体布局、区域内各城市规划及地形地貌条件，赵万民教授（2015）研究指出，三峡库区延续其"点—轴"空间格局，有利于充分发挥库尾重庆主城区（特大城市）、库中万州区（大城市）和库首宜昌市（大城市）在库区前、中、后三点的辐射和影响作用，同时依靠长江的航运交通作为串联库区各城镇的"轴线"，构成三峡库区"点—轴"开发的格局也更加明显（图5.10）。段炼博士论文及周珊博士论文研究成果（2009，2018）库区城镇化发展可采用"点—轴—网"开发模式（图 5.11）。其要点是，以"点—轴"开发为基础，同时沿中心城市和长江主轴向纵深地区延伸，使沿江地区经济和文化的发展，沿交通轴伸向内陆的贫穷地区，形成"中心点—轴线—域面"相结合的区域空间结构。根据经典的区域空间结构理论以及赵万民教授、段炼、周珊等在三峡库区空间研究中提出的空间结构，笔者认为，随着重庆主城区的"吸附"能力越发明显和区域中心城市的中心程度越来越高，三峡库区库尾、库中、库首 3 个区域的概念更加明显，"以点带域"成为三峡库区内部空间结构的主要动力，故三峡库区区域城镇空间可归纳为"一轴三极三域"的整体空间结构（图 5.12）。

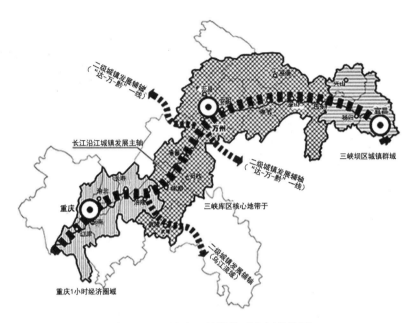

图 5.10　三峡库区城镇体系空间结构图

资料来源:《山地人居环境七论》

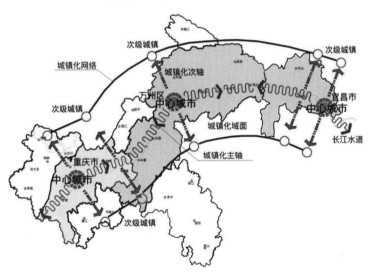

图 5.11　三峡库区"点—轴—网"空间结构图

资料来源:周珹(2017)

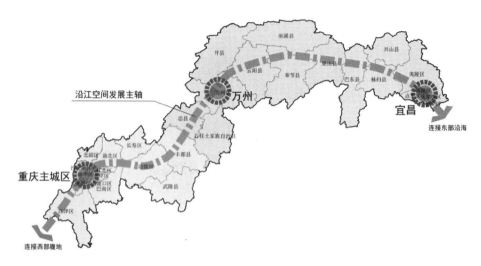

图 5.12　三峡库区城镇体系空间结构图

资料来源:笔者自绘

"一轴"为长江主轴,连接东部沿海与西部腹地,在未来依然是三峡库区的主要空间发展轴线;"三极"分别是重庆主城区作为库尾空间极核,万州区是一个库中空间极核,宜昌市属于库首空间极核。"三域"是库尾、库中、库首 3 个区域,库尾区域包括重庆主城区和江津、涪陵、长寿、武隆、丰都 5 个区(县);库腹区域,以万州区为极核,辐射石柱、忠县、开州、云阳、奉节、巫山及巫溪等区(县);库首区域,以宜昌市为极核,辐射带动秭归、兴山和巴东 3 个县。区域城镇化空间结构具有不均衡发展的特点,整体空间结构的重心向库尾区域倾斜。

库尾区域呈"一极一圈多点"的网络型空间结构,该区域以重庆主城区形成空间极核,向西逆江而上形成"主城区—江津"的西部发展轴,以及顺长江而下的主城区与一体化地区(涪陵区、长寿区)的东发展轴。以涪陵区的发展为一个次级区域核心辐射丰都、武隆两县发展。这一区域是三峡库区经济、社会、空间发展的核心,是三峡库区发展的主要拉动力量(图 5.13)。

库中区域和库首区域,空间结构均呈点轴型,万州区和宜昌市分别是两个区域的发展极核,但空间发展梯度有限,暂时不能形成多层次的网络化空间结构。库中区域有向网络型格局发展的趋势,万州区首先辐射开州区、云阳县,形成"万开云"空间极核,进而向西辐射忠县、石柱县,向东辐射奉节县、巫山县、巫溪县。在库首区域,宜昌市则向西辐射巴东、秭归县和兴山(图5.14、图5.15)。

图 5.13　库尾区域空间结构图

资料来源:笔者自绘

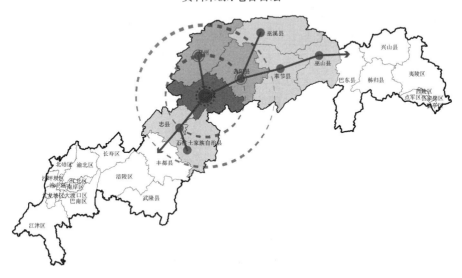

图 5.14　库腹区域空间结构图

资料来源:笔者自绘

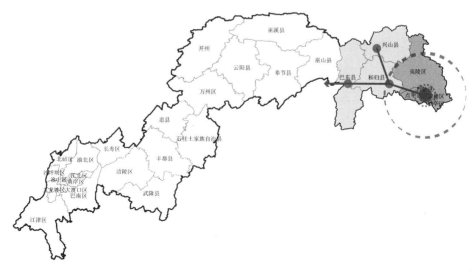

图 5.15　库首区域空间结构图

资料来源：笔者自绘

5.3　三峡库区区域赛事—旅游—交通综合空间结构决策体系

5.3.1　区域级体育设施发展空间结构构建

1）区域级竞技体育设施现状

区域级竞技体育设施主要面向全球性大事件和建设中心型城市的服务配套，是为满足世界级、国家级职业体育比赛、训练需求而规划，能够体现城市的能级与形象。比如，举办过奥运会的鸟巢和水立方就是北京进入世界城市能级的标志性产物。城市居民可以从这些职业体育比赛中获得欣赏、体验的乐趣，也可以于赛后在这些设施中切身参与体育运动。但举办具有国际影响力的赛事才是区域级体育设施的主要使命，举办全球性高级别体育比赛的城市也能因此提升知名度、获得不菲的经济收益并完善城市公共服务建设。区域级体育设施没有严格的空间服务范围,是服务全球要素流动的体育设施。据笔者调查,三峡库区城市能够达到国际职业比赛水平的有5个,包括九龙坡奥体中心、涪陵李渡体育中心、万州体育中心、巴南体育中心(图5.16)和忠县三峡湾电竞馆(图5.17),这类体育设施还极为缺乏,利用效率尚可提高。但也和目前大多数城市还不具有这种国际竞争力有关,虽然有不少城市也在有意识地建设这类设施,但还是没有形成品牌、形成文化的设施和赛事。因此,三峡库区城市在区域体育设施层面应该首先做好各城市的项目选择和定位,并与城市特色空间、传统体育空间保持有机的联系,发挥地形地貌优势,与周边大城市进行差异化的品牌赛事发展,构建特色与品质共存的区域级体育设施。

图5.16　巴南体育中心

资料来源:笔者自拍

图5.17　忠县三峡港湾电竞馆

资料来源:笔者自拍

2)区域体育设施发展空间结构

根据"节点—连接—基底"的流动空间结构3要素,区域空间结构的组成要素可归纳为重要赛事设施空间(节点)—区域交通空间(连接)—区域旅游空间(基底)。其中,重要赛事设施空间的物质表现形式是专业赛事体育设施,区域交通空间的物质表现形式主要是高铁和航空,区域旅游空间的物质表现形式是三峡库区著名的旅游目的地(图5.18)。

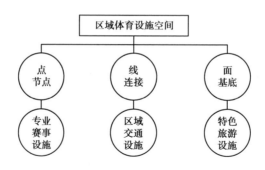

图 5.18　区域体育设施空间结构图

资料来源:笔者自绘

　　首先,世界体育发展正在出现四大趋势,即体育与商业的深度结合,体育与传媒的无缝衔接,体育与城市服务的息息相关,体育与旅游的相互促进。四大趋势带来的是巨大的流动性,包括人流、信息流、资本流等。同时,这些要素流又会带来新的流动和机会。在国家政策方面,《国务院关于加快发展体育产业促进体育消费的若干意见》《全民健身计划(2021—2025)》《健康中国 2030 规划纲要》《国务院办公厅关于加快发展健身休闲产业的指导意见》《关于大力发展体育旅游的指导意见》等文件,都把体育事业作为推动中国发展转型升级的重要力量。2019 年,国务院颁布《体育强国建设纲要》,提出达到 3 项指标建设 5 个战略,到 2035 年,人均体育场地面积达到 2.5 m²,经常参加锻炼人数达到 45%,城乡居民《国民体质测定标准》合格率超过 92%。完善全民健身公共服务体系;建立中国特色现代化竞赛体系;激发市场主体活力,将体育产业培育成为国民经济支柱产业;推动运动项目文化建设;构建体育对外交往新格局。

　　其次,重庆市 2021 年颁布《重庆市体育发展"十四五"规划》,提出推进体育健身设施建设,在有条件的区县分别布局"一心、一园、一基地"①作为转型升级动力源,推广"专业体育医院+运动健康促进中心""体医融合门诊+运动健康促

_____

① "一心"指设立体育智能装备研究中心;"一园"指建设体育智能装备产业园;"一基地"指建设户外运动装备制造基地,推动建设完备的户外运动用品和装备制造体系,作为国家体育产业协同创新中心的支撑。

进中心"、社区运动健康时间银行等。聚焦打造国际范、中国味、巴蜀韵的世界级休闲旅游胜地和打造全国户外运动首选目的地,着力创建国家体育旅游示范区。持续办好"巴山蜀水 运动川渝"体育旅游休闲消费季系列活动。充分运用体育比赛、体育艺术节、各类会展等平台打造一批彰显巴渝体育特色的体育文化精品工程与体育文化品牌活动。

最后,三峡库区具有优质、独特的自然和人文景观资源,是我国重要的旅游目的地,在《重庆市体育产业加快发展行动计划(2018—2022年)》中,进一步提出体育与旅游共同发展的模式,重点打造"全域体育旅游·万盛示范区""武陵山区户外运动·武隆示范区""都市体育旅游示范区""三峡库区体育旅游示范区""现代时尚体育旅游·龙兴示范区"5个户外体育旅游示范区,积极争创国家体育旅游示范区。其中武隆示范区、龙兴示范区均在三峡库区范围之内,可以说三峡库区体育旅游的发展对整个重庆市的体育事业发展都有决定性作用。

综上所述,区域级体育设施的发展应从两个方向突破,一是利用重庆城市发展的定位和库区重要城市的城镇化发展水平,建设竞技项目的重大赛事体育设施,二是三峡库区蓄水后,新三峡以崭新面貌出现在世人面前,使游客的期盼值增加(图5.19)。利用三峡库区与东非大裂谷、美国大峡谷、尼罗河谷等齐名的自然环境优势和世界级旅游 IP 优势,建设具有三峡特色的户外运动赛事设施,并最终适应城镇体系空间格局、旅游发展、交通发展空间格局,实现与三峡库区整体城镇体系对接,形成竞技项目与户外运动融合的网络化区域空间发展结构。

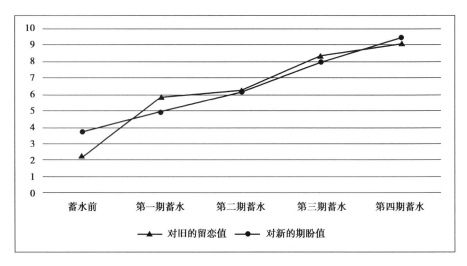

图 5.19   三峡库区蓄水与游客心理变化图

资料来源：张世威（2011）

5.3.2   区域赛事资源与空间结构分析

1）体育赛事资源

三峡库区的主要赛事资源较为丰富。以 2019 年为例，三峡库区举办了 4 项国际性主要赛事及多项全国性主要赛事[①]（表 5.1）。比较有影响力的有重庆国际马拉松赛（2009 年首届）、重庆半程国际马拉松（2016 年起）、武隆国际户外运动公开赛（2003 年起）、长寿湖国际铁人三项赛（2012 年起），开州汉丰湖半程国际马拉松（2018 年起）、长江三峡（巫山）国际越野赛（2016 年起）等。

表 5.1   三峡库区 2019 年主要赛事汇总表

序号	赛事名称	时间	地点
1	国际攀岩世界杯赛	4 月	九龙坡区

---

① 国际性赛事和全国赛事的定性是看其主办组织的属性，并不是以参与者的国籍来衡量的。比如 2019 年国际攀岩世界杯赛的主办单位是国际攀岩联合会，所以定性为国际性赛事。2019 重庆国际马拉松赛，主办单位是中国田径协会、重庆市体育局、南岸区政府、巴南区政府，所以是全国性赛事。

续表

序号	赛事名称	时间	地点
2	亚洲青年攀岩锦标赛	待定	九龙坡区
3	亚洲田径赛	6月	九龙坡区(奥体)
4	亚洲田径赛	6月	江津区
5	全国跳水冠军赛	4月	九龙坡(奥体)
6	"一带一路"田径接力赛	9月	涪陵区
7	全国室内跳伞(风洞)锦标赛	3月	渝北区
8	重庆国际马拉松赛	3月	南岸区、巴南区
9	巴东高山国际半程马拉松赛	3月	巴东县
10	重庆开州·汉丰湖国际半程马拉松赛	4月	开州区
11	重庆江津国际半程马拉松赛	4月	江津区
12	世界体育舞蹈公开赛	5月	宜昌市
13	全国沙滩排球巡回赛	6月	云阳县
14	宜昌国际龙舟漂流赛	6月	兴山县
15	重庆长寿湖国际铁人三项赛	7月	长寿区
16	石柱·黄水铁人三项赛	7月	石柱土家族自治县
17	巫山当阳大峡谷户外运动挑战赛	7月	巫山县
18	巫溪大宁河国际漂流大赛	7月	巫溪县
19	全国游泳公开水域系列赛	7月	巴东县
20	中国国际山地户外运动公开赛	8月	武隆区
21	中国自行车联赛(三峡之巅站)	8月	奉节县
22	巫溪红池坝国际山地自行车赛	8月	巫溪县
23	四面山生态五项极限挑战赛	9月	江津区
24	汉丰湖国际摩托艇公开赛	10月	开州区
25	重庆国际女子半程马拉松赛	10月	南岸区
26	全国沙滩足球邀请赛	10月	云阳县
27	全国围棋元老精英赛	10月	九龙坡区
28	全国轮滑公开赛	10月	沙坪坝区

续表

序号	赛事名称	时间	地点
29	宜昌国际马拉松赛	10月	宜昌市
30	长江三峡国际越野赛	11月	巫山县
31	长江三峡国际马拉松赛	12月	忠县
32	重庆铁山坪国际半程马拉松赛	待定	江北区
33	全国登梯邀请赛	12月	云阳县

资料来源:笔者依据国家体育总局、重庆市体育局、湖北省体育局资料整理

2)空间结构分析

从三峡库区城市国际性赛事数量可以看出,重庆主城区的赛事最多(10项),并且最集中的是九龙坡区(5项)——因为有奥体中心,九龙坡区自然是国际性赛事举办的集聚地。在整个空间结构中属于一极。其余区(县)均在1~2项(图5.20),还处于空间结构的初期发展阶段,呈点状、均质的串联分布(表5.2)。

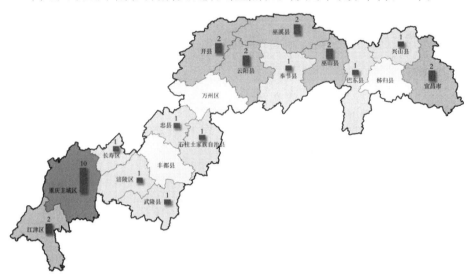

图5.20 三峡库区体育赛事空间结构图

资料来源:笔者自绘

表5.2　各区县举办国际性赛事数量表

地区	九龙坡区	沙坪坝区	江北区	南岸区	渝北区	长寿区	涪陵区
数量	5	1	1	2	1	1	1
地区	江津区	武隆区	石柱县	忠县	开州区	云阳县	奉节县
数量	2	1	1	1	2	2	1
地区	巫山县	巫溪县	巴东县	兴山县	宜昌市		
数量	2	2	1	1	2		

资料来源:笔者整理

3)区域格局分析

虽然是众多主要赛事的主办地,但三峡库区居民对体育赛事的渴望依旧十分强烈。在笔者的调查中,对举办国际性职业赛事有比较强烈愿望的人数超过70%。福布斯杂志2022年公布了世界最具价值的体育赛事品牌排行榜,从前20位的赛事可以看出,足球、篮球、网球项目的品牌价值最高,世界杯排名第一,综合性运动会中奥运会最具价值。国家体育总局长期跟踪调研国人最喜爱的运动项目,目前健步走和跑步位居前2,小球项目(乒乓球、羽毛球、网球)、广场舞和大球项目(足球、篮球、排球)位居第3—5位。从长江经济带的重点城市武汉市、南京市、成渝城镇群两个增长极之一的成都市、同为直辖市的天津市与三峡库区城市的比较来看,体育赛事的影响力不及其他几个城市,对重要赛事资源特别是足球、篮球、网球、羽毛球等世界性赛事的吸引力不够强、达到国际各体育项目协会认可的专业性设施支撑不足是三峡库区城市区域级体育设施发展面临的主要问题。同时还面临着持续性大型赛事主办经验、大型赛事管理人才、多元化专业竞赛场地、配套服务设施、体育文化培育等方面的发展瓶颈(表5.3)。

表 5.3　五个城市重要体育赛事统计表

城市	国际综合赛事	足球	篮球	网球	国际专项赛事	全程马拉松
重庆市	无	中超重庆力帆队	无	无	无	重庆国际马拉松赛
成都市	世界运动会;世界大学生运动会	中甲四川尖庄队	无	ATP 成都公开赛	2021 世乒赛	成都双遗马拉松
武汉市		中超武汉卓尔队	无	WTA 武汉皇冠赛	世界军人运动会	武汉马拉松
南京市	2014 青奥会	中超江苏苏宁队 2019 意大利超级杯	CBA 江苏肯帝亚队、南京同曦队国际篮联世界杯亚洲区预选赛		2019 国际田联世界挑战赛 2017—2019 国际女排大奖赛总决赛	南京国际马拉松赛
天津市	2013 东亚运动会 2017 全运会	中超天津泰达队,天津天海队	CBA 天津荣钢队	WTA 天津网球公开赛	女排超级联赛	天津武清开发区杯国际马拉松赛

资料来源:笔者整理

　　统计来看,重庆市与 4 个城市存在两方面的差距。一是没有举办世界综合性运动会的场地和经验,缺乏由低级别逐渐到高级别综合运动会的设施建设过程,综合服务能力略有不足。二是对专项赛事的承办经验较为缺乏,重庆奥体中心曾经承办过亚洲杯足球赛小组赛的比赛和中国之队与哥伦比亚国家队的足球友谊赛,是中超重庆斯威队的主场,具备承办国际性职业足球赛事的设施,但是目前还缺乏承办篮球、网球等项目世界大赛的标准场地,相信经过一定时间的积累,也能够让重庆市民在家门口欣赏更多的精彩职业赛事。

5.3.3　区域体育旅游资源及空间结构分析

1)体育旅游资源

三峡库区城市旅游资源丰富,星级景区 135 个(表 5.4),国家自然保护区 8 个。优越的区位条件给三峡库区体育事业发展和赛事举办提供了良好的基础,同时又因为得天独厚的地形地貌造就了绚丽多姿、奇异壮观的自然风光,三峡库区的自然风光集山、峡、洞、林、泉、水、瀑为一体,构成了三峡库区发展特色体育项目和赛事的自然资源和文化资源。首先,三峡库区有着丰富的山地资源,例如,江津四面山国家森林公园、奉节天坑地缝、巫峡十二峰、涪陵武陵山国家森林公园、云阳龙缸国家地质公园等体育旅游资源,适合建设登山、攀岩、越野跑、速降、跳伞等体育设施。其次,三峡库区还有丰富的草原风景,如巫溪红池坝、武隆仙女山大草甸,适合建设骑马、穿越、滑草、滑雪、野营等设施。同时由于三峡大坝蓄水 175 m 后,水面变宽,水流变缓,形成长达 700 多 km、水域面积 1 084 km^2 的“高峡平湖”和“千岛湖”的壮观景象,同时新增湖泊 11 个和岛屿 14 个,峡谷及漂流河段 37 处,可以发展赛艇、皮划艇、公开水域游泳、龙舟、摩托艇等体育设施。重庆市政府、市体育局准备在丰都、长寿、开州、忠县 、奉节 、巫山等区(县)建设赛艇、皮划艇、摩托艇等水上运动项目基地(图 5.21)。

表 5.4　三峡库区各区县景区统计表

地区	主城区	江津区	长寿区	涪陵区	忠县	丰都县	万州区
数量	68	12	4	7	1	4	11
地区	开县	云阳县	奉节县	巫山县	巫溪县	武隆区	石柱土家族自治县
数量	10	3	4	3	3	1	4

资料来源:笔者根据杜果(2018)研究及相关资料绘制

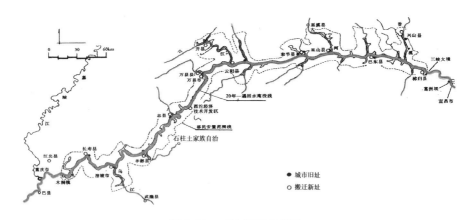

图 5.21 三峡库区水系图

资料来源:引自童丹(2017)研究图片

2)空间结构分析

三峡库区体育旅游资源丰富但分布不均,可根据张建华(2007)提出的基尼系数计算:

$$G = 1 - \frac{1}{n}\left(2\sum_{i=1}^{n-1} W_i + 1\right) \tag{5.1}$$

式(5.1)中,G 表示基尼系数,n 表示区县数量,W_i 表示从第 1 个区县累计到第 i 个区县的景区数量占全市景区数量的百分比。基尼系数的取值介于 0 ~ 1,值越大说明集聚程度越高,均匀程度越低。若 $G<0.2$,则景区分布均匀;若 $0.2<G<0.3$,则景区分布比较均匀;若 $0.3<G<0.4$,则景区分布相对合理;若 $0.4<G<0.5$,则景区分布较不均匀;若 $G<0.5$,则景区分布极不均匀。根据式(5.1)计算得出,三峡库区旅游景区空间分布基尼系数 $G<0.4715$。可见,重庆旅游景区空间分布均衡性较低(表5.5)。

表 5.5 三峡库区略有景区分布均衡性测度表

区县	景区数量	所占比例/%	累计比重/%	均匀分布比重/%	均匀累计比重/%
渝中区	14	10.37	100	4.55	100
江津区	12	8.89	89.63	4.55	95.45

续表

区县	景区数量	所占比例/%	累计比重/%	均匀分布比重/%	均匀累计比重/%
九龙坡区	11	8.15	80.74	4.55	90.90
万州区	11	8.15	72.59	4.55	86.35
开州区	10	7.41	64.44	4.55	81.80
南岸区	8	5.93	57.04	4.55	77.25
渝北区	8	5.93	51.11	4.55	72.70
巴南区	7	5.19	45.19	4.55	68.15
北碚区	7	5.19	40.00	4.55	63.60
涪陵区	7	5.19	34.82	4.55	59.05
沙坪坝区	6	4.44	29.63	4.55	54.50
丰都县	4	2.96	25.19	4.55	49.95
奉节县	4	2.96	22.22	4.55	45.40
江北区	4	2.96	19.26	4.55	40.85
石柱土家族自治	4	2.96	16.30	4.55	36.30
长寿区	4	2.96	13.33	4.55	31.75
大渡口区	3	2.22	10.37	4.55	27.20
巫山县	3	2.22	8.15	4.55	22.65
巫溪县	3	2.22	5.93	4.55	18.10
云阳县	3	2.22	3.70	4.55	13.55
武隆区	1	0.74	1.48	4.55	9.00
忠县	1	0.74	0.74	4.55	4.45

资料来源:笔者自绘

洛伦兹曲线能够进一步直观地反映重庆旅游景区在 38 个区(县)分布的非均衡态势。将三峡库区 135 个 A 级以上景区在各个区(县)的分布按照景区数量和所占比重进行升序排序,并以此计算出实际累计比重和均衡累计比重(图 5.22)。

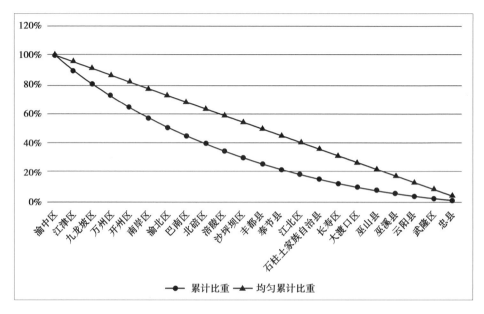

图 5.22   三峡库区体育旅游空间分布洛伦兹曲线图

资料来源:笔者自绘

从图 5.22 中可以看出,重庆市旅游景区空间分布的劳伦兹曲线明显下凹,且弧度较大,仅主城区景区数量达到 68 个,占三峡库区区域景区数量的 50%,进一步验证了三峡库区旅游资源在空间分布上的非均衡性特征。从数量上看,分布最多的区域在主城区、江津区、万州区,而武隆区、忠县最少,各只有一处星级景区,但武隆喀斯特自然风景区是三峡库区仅有的 3 个 5A 级景区之一。而具有丰富旅游资源的万州区如果能更好地将旅游与区域体育设施结合将更积极地推动万州区旅游的发展。结合资源分布和建设情况来看,三峡库区体育旅游空间目前处于空间结构的第一和第二阶段,即点状均衡阶段和极核非均衡发展阶段,呈现"点轴"结构特征(图 5.23)。仔细分析体育旅游设施现状,在库尾段可以看出,重庆主城区周边的长寿区、江津区目前发展比较领先,都以户外综合项目设施为主,体育与特色旅游结合得较好,并有品牌赛事做拉动,因此,有潜力将特色体育传统持续下去,成为主城区一体化地区的重要功能,吸引主城区休闲旅游人口,完善主城区产业结构,支撑体育服务产业发展。而重庆主城区本身的体育旅游发展目前还处于起步阶段,南部巴南区比较领先,北部北碚区和西部九龙坡西区、大学城也拥有很好的资源和项目,但还需持续提高影响力。库中段武隆区体育旅游基础最好,以山地项目设施为主,国际影响力最大,石柱土家族自治县、丰都县也发展较快,都以冰雪项目设施为主,丰都县已经举办过市级"冰雪马拉松"赛事,项目设施达到赛级标准。"万开云"区域的体育旅游也已经开始起步,开州区、云阳县已经利用自然资源建设区域性特色体育设施,开州区以水上项目设施为主,云阳县则以山地和沙滩运动设施为特色。万州区可利用后发优势和丰富的自然资源、优势的地理区位,融入"万开云"体育旅游体系,形成特色鲜明的一个区域。涪陵区、万州区和江津区是区域中心城市,经济总量、人口规模和资源条件在三峡库区都处于领先,应该将重要赛事与特色体育旅游结合发展。奉节县、巫山县和巫溪县一直是三峡旅游的重点区段,这3地的体育旅游发展较快,体育设施也比较完善,其中奉节县、巫山县主要发展山地体育设施,巫溪县则面向山地、水上综合体育设施,目前都有国际品牌户外运动赛事,达到越野竞赛级设施标准。库首段巴东县、兴山县的体育旅游设施发展较快,以高山和水上项目为特色,宜昌市、秭归县也具备优良的体育旅游资源可以选择发展优势项目设施,后发赶超。

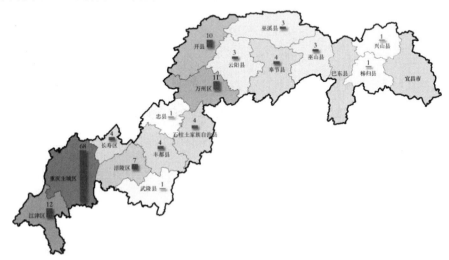

图 5.23 三峡库区星级旅游空间结构图

资料来源:笔者自绘

3）区域空间格局

由于三峡库区有丰富的山水资源,因此,串联的资源特别丰富。在区域格局中有两条支流,寻水而上可构建新的特色体育旅游空间格局,对三峡库区形成相互支撑关系。一条是沿乌江而上,构建"涪陵—丰都—乌江画廊"生态休闲体育旅游环线。自古乌江山峡辉映,风景秀美,有"千里乌江、百里画廊"的美誉。涪陵区作为区域中心城市和重庆主城区一体化地区,与重庆主城区的联系日益紧密,涪陵区域内有武陵山国家森林公园、雨台山等适宜发展体育旅游的风景区。涪陵区与丰都县距离只有 40 km,且丰都县有国家森林公园双桂山、国家 4A 级风景名胜区名山鬼城等。而沿着乌江长廊有仙女山、芙蓉洞等知名景区和文化景观,是一个气候宜人、文化资源丰富且交通便捷的旅游度假线路。涪陵区可利用位于长江、乌江连接点的区位优势,向南沿乌江延伸至彭水县、酉阳县、黔江区,构建与培育"涪陵—丰都—乌江画廊"体育旅游区,大力发展户外运动、极限运动,形成户外运动的知名胜地。在更大格局上可联系长江三峡—乌江画廊—梵净山自然保护区—张家界自然保护区。另一条是沿神龙溪,构建"巫山—奉节—巫溪"生态体育旅游环线。因为这 3 个相邻县城相距 50～70 km。同时,奉节县有闻名海内外的瞿塘峡和"天坑地缝",巫溪县有云中草原红池坝和大宁河风景线,巫山县有大宁河、小三峡、神女峰等,构成生态而奇绝的体育旅游资源。构建"神农溪—神农架—三峡大坝"生态体育旅游环线,因湖北省巴东神农溪以其原始、古朴、野趣闻名于世,沿神农溪向纵深延伸到神农架,在从神农溪到神农架的旅游线上有国家 3A 级风景名胜区兴山昭君故里相连,通过香溪河又与长江相通,直达三峡大坝,构成"神农溪—神农架—三峡大坝"生态体育旅游环线等(图 5.24)。

图 5.24 神农架景区图(左),红池坝景区图(右)

资料来源:景区实景图

5.3.4 区域交通与体育旅游空间综合结构分析

目前,最快捷、有效的区域交通工具非高铁和飞机莫属,在对三峡库区区域进行交通与体育设施空间分析时,首先应梳理区域内高铁运输与航空运输有哪些资源和规划,然后在此基础上分析区域内及外部关联区域的空间结构。

1) 区域交通空间结构

重庆首条动车于 2009 年通车(成渝高铁),标志着重庆区域交通正式进入高铁时代。截至 2018 年,重庆的高铁网络已建成 5 条高铁线路,分别为成渝高速客运专线铁路、郑渝高速客运专线铁路(渝万段)、兰渝高铁(渝广段)、沪蓉高铁(遂渝段)和沪蓉高铁(渝利段),与此同时正在建设中的高铁线路有 3 条,一共 8 条高铁线路。其中经过三峡库区区域的有两条,分别是郑渝高速客运专线铁路(渝万段)和沪蓉高铁(渝利段)(表 5.6)。

表 5.6 三峡库区高铁建设现状表

高铁名称	里程 km	设计时速 (km·h⁻¹)	建设时间	通车时间	库区区域内站点
郑渝高速客运专线铁路(渝万段)	247	250	2010 年	2016 年	重庆北—万州北
沪蓉高铁(渝利段)	264	200	2008 年	2014 年	重庆北—利川

资料来源:笔者根据杜果(2018)研究绘制

2017年,重庆市政府颁布了《重庆市中长期铁路网规划(2016—2030年)》,在现有基础上发力推动重庆高铁网络化建设的进程。规划到2030年,重庆市将建成"渝—西"、"渝—郑"、"渝—武"、"渝—湘"、"渝—贵"、"渝—昆"、成渝中线、兰渝高速铁路和"渝—达"城际铁路,形成连接重庆外部8个方向的"米"字形高速铁路网(图5.25)。对外实现1 h到达成都、贵阳等西南地区周边城市,3 h到达武汉、长沙等中部城市,6 h到达北京、上海、广州等东部沿海城市;对内实现重庆市内部所有区(县)2 h可达的"2小时高铁重庆"。

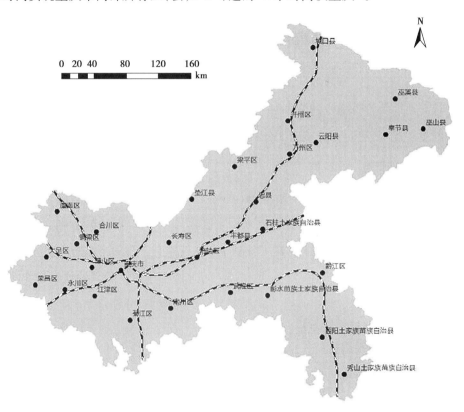

图5.25 重庆市"米"字形高速铁路网规划图

资料来源:《重庆市中长期铁路网规划(2016—2030年)》

根据《重庆市人民政府办公厅关于加快国际航空枢纽建设促进民航业全面发展的意见》(渝府办发〔2017〕28号),2020年前,重庆将建成"一大四小"的民用航空机场格局。其中"四小"中的万州区、武隆区、巫山县3个机场位于库区内。"一大"为重庆市江北机场,该机场计划新建一条3 800 m的4F级跑道,使该级别跑道数量达到3条;以及新建53万 m^2 的T3A航站楼和35万 m^2 的综合交通枢纽。在三峡库区内3个支线机场中,巫山机场新建2 600 m跑道和3 500 m^2 航站楼;万州五桥机场将跑道增加至2 800 m,新建8 000 m^2 航站楼;武隆机场新建2 800 m跑道,新建6 000 m^2 航站楼。

2)高铁对旅游通达性的影响

根据杜果(2018)的研究,高铁带来的时空压缩效应对城市通达性产生巨大影响。城市的流通度更高,长时间等时圈的范围将大大缩小,以下是两个级别城市旅游等时圈在有无高铁情况下的范围对比(图5.26、图5.27)。可以看出,高铁的建成将重庆旅游的1 h以内能到达的区域推进到万州区以东,已经将区域中心城市万州区纳入1小时高铁圈,对库区旅游发展将是极大利好。在两小时内能完成对三峡库区的穿越,在时间上有了极大提升。而从万州区出发一小时内可到达秭归县、巴东县,也增大了城市辐射能力。随着高铁网的完善和不断提速,"2小时高铁重庆"和三峡库区区域一体化进程将大大加快。

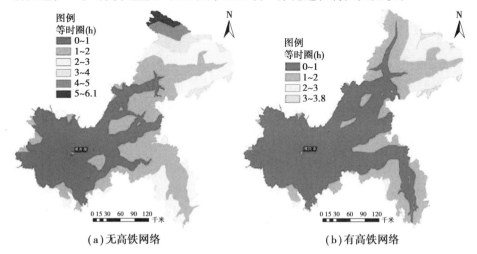

(a)无高铁网络　　　　　　　　　(b)有高铁网络

图5.26　一级旅游中心等时圈(重庆主城区)范围特征图

资料来源:引自杜果(2018)研究图片

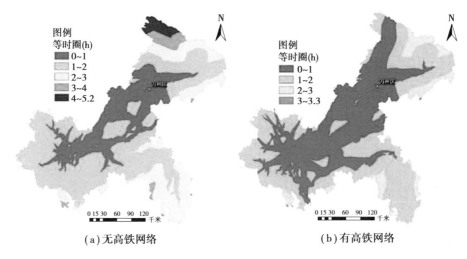

（a）无高铁网络　　　　　　　（b）有高铁网络

图5.27　二级旅游中心等时圈（万州区）范围特征图

资料来源:引自杜果（2018）研究图片

5.4　三峡库区区域体育设施网络化空间结构规划

5.4.1　区域体育设施发展策略

1）区域综合竞技体育设施空间结构

根据前文的分析,综合性体育赛事需要城镇化发展水平作为保障,三峡库区目前3个省级综合性体育中心的格局在长时间内不会改变,重庆市如果要申办世界级别综合性赛事,需要先申办国家级综合性赛事（全运会等）和区域级综合性赛事（东亚运动会、亚运会等）,届时万州区、涪陵区可以承办相关比赛。因此,目前"三城三体育"中心的格局会维持,同时不断完善不同项目设施,例如,巴南华熙体育馆就是一个职业赛事级综合性体育馆,内场可举办NBA级别赛事和职业冰球赛事,也可举办演唱会等文化表演。综合性运动会对赛后场馆、公共服务设施的利用问题已经越来越困扰申办城市,才会出现2024、2028年奥运会申办城市寥寥,只能由国际奥委会指定承办的局面。而承办洲际规模的综合运动会则可以起到改善城市公共服务面貌的作用,如果是几个城市联合承办则让更多城市和居民享受公共服务提升带来的福祉,在三峡库区可以依靠便利的高铁网,采用主城区、涪陵区、万州区联合承办的方式申办国际综合性运动会。

2)区域专业竞技体育设施空间结构

与综合运动会相比,专业型竞技赛事则越来越多地受到国人追捧,这类设施有两个优势。首先受关注度高。比如,城市马拉松,这种职业选手与业余玩家共同参与的赛制融合了竞技体育与群众体育,在三峡库区城市中长期热度不减。中超联赛的重庆斯威队主场上座率从2015年起历年保持全国前列。而武汉、成都的世界顶级职业网球赛事每年都保持较高的全球关注度和上座率,在泸州和郑州每年要举办国际网球挑战赛和国际青少年网球赛事,并因此建设专业竞技体育设施(图5.28、图5.29)。第二个优势是设施项目可以灵活选择,瞄准最受居民喜爱的项目进行规划,同时对综合体育中心也是一种项目的补充,如竞技型射击射箭馆、赛马场、赛车场、高尔夫球场等设施。三峡库区可考虑在主城区及一体化区域或"万开云"区域布局,保证与主要区域交通设施的便利性和必要的服务设施即可,还可发展为集竞赛、度假为一体的空间模式。

图5.28　泸州网球中心
资料来源:笔者自摄

图5.29　郑州网球中心
资料来源:笔者自摄

3）度假旅游体育设施

以赛事或旅游目的地为依托的"体育+旅游"的度假型体育设施,其定位可以针对休闲娱乐,比如,仙女山、红池坝的跑马场、石柱目前正在运营的3个滑雪场等。目前三峡库区还缺少另一种模式,就是以赛事和度假结合的空间模式,比如,云南安宁温泉度假区,于2011年开始举办ATP挑战赛昆明网球公开赛,由于比赛点燃了温泉度假的热情,已经兴建安宁温泉国际网球小镇,并且计划承办更高规格的赛事,到目前为止,可以说是"体育+旅游"的成功案例。重庆素有"温泉之都"的美誉,放眼三峡库区还有更多的旅游资源,特别是拥有便利的高铁网和较丰富的航空运输资源,必须规划将旅游资源、交通资源与体育赛事充分融合的体育设施,成为知名的三峡库区体育IP。

5.4.2 区域体育设施类型构建

1）综合性体育中心

该级别体育设施是整个城市最重要的体育服务中心,从全国普遍情况来看,市级体育中心有超过3万人的中心体育场,还有大规模的游泳馆和综合体育馆。布局方式有两种,一是所有场馆集中布置,大多数城市采用这种办法;二是分散布置,天津市采用的就是市级体育设施分散布置的空间格局。重庆市市级体育中心的发展在全国同级别城市中处于滞后位置。北京是中国的首都,承办过奥运会,有中国最高标准的体育场馆设施,鸟巢(田径、足球)、水立方(游泳、跳水)、五棵松体育中心(篮球、综合)、国家体育中心(体操、篮球、手球、综合)等,都是世界综合性运动会级别的体育设施。上海和天津都承办过全国运动会,体育设施标准足够承办全国综合性运动会。除此之外,深圳承办过2011年世界大学生运动会,广州承办过2010年亚洲运动会,南京承办过2014年青年奥林匹克运动会,杭州于2023年举办亚洲运动会(图5.30、图5.31)。这些城市的体育中心设施多能满足洲际综合性运动会标准,而重庆市目前有3个市级体育设施,但还没有承办全国性综合运动会的设施级别,只能举办一些专项的体育比赛。因此,作为重庆市来讲,应该考虑提升大型、市级体育中心的服务层级。

图 5.30　南京奥体中心　　　　　图 5.31　广州天河体育中心

资料来源:来源于网络　　　　　资料来源:来源于网络

对于洲际综合体育盛会,主办城市需要在一定时间内进行城市重要交通设施、市政基础设施、体育场馆设施、城市生态环保方面的建设等。根据罗森斯坦·罗丹的“大推进理论”,这些建设需要投入大量的财力,可为城市带来新的工作机会和服务设施,也会推动城市旅游业的发展和交通的便利,当然这也在政府财政和赛后管理方面提出了挑战。从体育设施来看,综合性体育中心的建设可以带动旅游及房地产业的快速发展,因为体育中心都拥有良好的交通环境,非比赛日的交通较为便利,同时赛场占地面积大,可容纳餐饮、娱乐、体育器材、体育培训活动等,是一个以体育为核心的大型综合建筑(图 5.32、图 5.33)。

图 5.32　重庆奥体中心　　　　　图 5.33　重庆大田湾体育场

资料来源:笔者自摄　　　　　资料来源:笔者自摄

但是也要看到,目前大型综合运动会后的场馆利用问题一直困扰着申办城市,夏季奥运会、冬季奥运会近年来的申办城市竞争已不再像过去那么激烈,很多申办城市在国内的民众申办投票就通不过,这恰恰说明综合性运动会将给城市带来机会也带来挑战,但无可否认,积极争取承办符合城市发展的综合性运动会,能够提高体育设施建设和服务水平。

2)专业体育设施

随着体育职业化的项目越来越多,对专业体育设施的需求程度也越来越高。目前,职业体育中足球、网球、篮球、板球、橄榄球、棒球、冰球、赛车、马术、高尔夫、马拉松的产业成熟度位居各项体育运动前列,在这些项目中,我国职业化程度较高、关注度较高的项目包括足球、网球、篮球和高尔夫,在足球方面,中超联赛持续多年火爆,吸引众多有实力的赞助商投入其中,在综合性体育场比赛已经不能满足广大球迷的热情,专业足球场在欧洲是非常普遍的体育设施,特别是豪门球队,专业足球场的容量常常超过 5 万人。目前,中超有 3 支球队拥有自己的专业足球场(天津泰达、上海申花、广州富力)(图 5.34),广州恒大、河北华夏幸福、天津权健、上海上港都有兴建自己专业足球场的计划,重庆球市的火爆是全国闻名的,并且也有一个专业足球场(洋河体育场),地处城市中心地区,但是配套不到位,不能满足职业联赛要求,利用率极低,在足球事业发展蒸蒸日上的今天应该考虑搬迁洋河体育场,使其焕发生命力。在网球项目中,上海、武汉、北京、成都、天津、珠海、深圳、南昌、广州有举办 ATP(男子网球职业巡回赛)、WTA(女子网球职业巡回赛)的专业网球中心,上海是男子大师赛,武汉、北京是女子皇冠赛,都是仅次于大满贯的网球赛事。目前来看,各城市都非常投入,举办非常成功,在每年 9 月下旬—10 月的国际职业网球赛场上有"中国赛季"的说法。三峡库区城市中,重庆主城区应该有专业体育设施的级别设置,其目的就是举办具有全球影响力的重大体育赛事,由于其他城市在设施布局上已经先行一步,三峡库区应该运用创新思维,为吸收与其他城市不同的赛事资源提供专业体育设施,可在热门赛事和冷门赛事之间进行选择(图 5.35)。目前巴南区建设了有 NBA 标准的篮球中心,忠县布局了国际电竞中心,已经在有意识地规划布局专业体育设施。

图 5.34　天津团泊专业足球场　　　　　　图 5.35　广州专业棒球场
　　　资料来源:网络　　　　　　　　　　　　资料来源:网络

3)度假休闲体育设施

休闲体育运动包括户外运动、滑雪、高尔夫、马术、赛车、赛艇、自行车等项目,这类项目所需要的设施是人与自然联系最紧密的体育运动设施,是非常好的有氧休闲运动,在总规和城市体育设施专项规划中应划分或预留相对应的城市建设用地。这类设施的投入较大,需要在城市体育设施专项规划中提出具有创新性的总体发展构想,做好顶层设计,再进行不同项目设施的定位和规模确定。以成都为例,成都市的休闲体育发展较快,在成都市周边布局有温江国际马术俱乐部、成都赛车场,每年承办多项国内外体育赛事,具有较大的影响力。在阆中市已经规划"赛城",准备集聚更多的体育赛事资源。度假休闲体育设施同时也是地域文化展示和发展的重要载体。新西兰自然地理风光旖旎,皇后小镇是全球知名的户外运动胜地;美国西部阳光充足,文化开放、狂野,西部牛仔闻名世界,发源自西部农场的骑牛、马术绕桶等项目也已经成为美国家喻户晓的体育项目,并逐渐向世界推广(图 5.36)。三峡库区也有独特的地域风光和地域文化,但基于这些特色资源的休闲体育设施发展还相对滞后。目前在西永大学城布局有卡丁车场地,长寿区利用长寿湖的水上资源优势,在长寿湖镇建设了赛艇、皮划艇设施,在四面山、武陵山景区建设有户外探险体育旅游设施,将自然风光和山水环境与休闲体育生活融为一体(图5.37),在石柱建设有滑雪设施,在九龙坡区、江北区有马术俱乐部,但从规模和影响力来看,休闲体育设施不及成都,更像是专项体育设施各自独立的布局,还缺少专业的度假休闲体育设施这个层级的成体系的规划,需要在适应性规划中通过设置创新的度假休闲体育项目设施和空间体系予以补充。基于地域文化的体育设施目前刚刚处于起步阶段。

图5.36　美国西部骑牛(左)、马术绕桶(右)比赛图

资料来源:网络

图5.37　四面山划船、溪降体育设施图

资料来源:笔者自摄

5.4.3 区域体育设施网络化空间格局构建

1）近期区域体育设施点轴空间结构

由于高铁对区域交通的重大影响,渝、万两地两小时不到的高铁时间,因此,可将"万开云"融入周末度假体育圈层(表5.7),同时万州区有机场,有省级体育中心,这意味着一个全新的区域体育空间格局在未来将形成。

表 5.7　2030 年前重庆主城区到部分城市用时表

江津区	长寿区	涪陵区	武隆区	石柱土家族自治县	万州区	开州区
25 min (预计时间)	30 min	38 min	30 min (预计时间)	1 h 15 min	1 h 37 min	1 h 55 min (预计时间)

资料来源:《重庆市中长期铁路网规划(2016—2030)》

2）中远期区域体育设施网络化空间结构(图5.38)

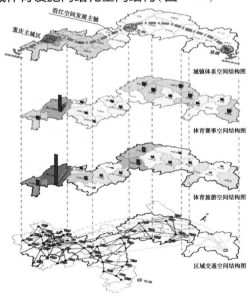

图 5.38　三峡库区区域赛事—体育旅游—交通空间叠加图

资料来源:笔者自绘

渝湘高铁预计2024年通车,重庆主城区到武隆区只需30 min。渝昆高铁预计2030年前通车,重庆主城区到江津区只需25 min。江津区的体育旅游设施、专业竞技体育设施与武隆体育旅游设施对重庆主城区体育设施的支撑将更加完善。同时"渝—万"形成更加集聚的两个国家级体育中心设施+专业赛事设施的综合极核,两地之间不同赛事的承办,在互补性上更加紧密,渝、万两地两小时不到的高铁时间,可相互融入对方的周末度假体育圈层,同时万州区有机场,有省级体育中心,这意味着一个全新的区域体育空间格局在未来将形成。从西南地域来看,以前的"成—渝"两极将逐渐演变成"成—渝—万"三足格局。因此,"万开云"区域将会有更多重要竞技体育布局在此,万州区主要发展综合性体育馆,开州区、云阳县则助力发展专业型赛事设施和体育旅游、户外体育设施,西连忠县、丰都县,东接奉节县、巫山县,成为极为重要的综合性体育发展极核。涪陵区由于目前已经具备省级综合体育中心,并且有郑渝、渝武两条高铁穿过,联系郑州和武汉两个大城市,未来也会有更多的高级别竞技体育设施布局,与重庆主城区逐渐融合为一体,成为具有鲜明特色的专业赛事设施集聚地。机场的存在也会极大促进"奉山溪"区域体育设施的发展,形成国际知名的户外运动目的地,和体育旅游的重要区域。形成双核引领,多极支撑,多点互动的三层级网络体系(图5.39)以及两区两带的功能分布格局(图5.40)。

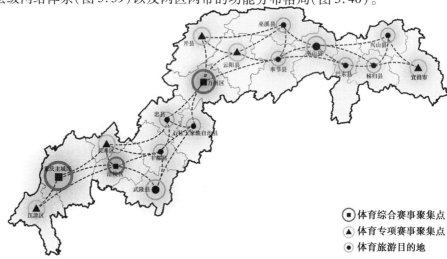

● 体育综合赛事聚集点
▲ 体育专项赛事聚集点
◉ 体育旅游目的地

图5.39 区域体育设施空间结构图

资料来源:笔者自绘

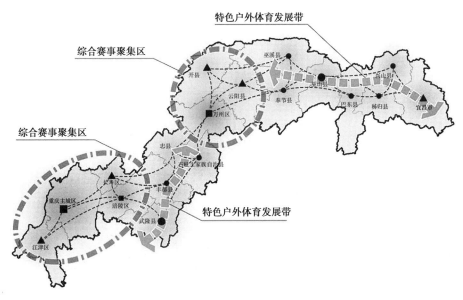

图 5.40　区域体育设施功能分区图

资料来源:笔者自绘

5.5　区域级体育设施布局要点

5.5.1　布局类型

1)城市中心型

将区域级城市体育设施布局在城市中心的原因有二,其一是城市中心区有成熟的公共服务和较大的人口聚集度,出行时间能够很好控制,只要体育设施用地能够保证,建造成本控制得当,中心型体育设施将是使用率很高的公共服务设施。其二是体育设施在建设时位于城市边缘区,随着城市规模的不断扩大,逐渐演变成城市中心。中心体育设施的优点在于交通便利,集聚效应强,产业发展多样,设施使用率高,并且是很好的应急避难设施。但缺点是遇到重大比赛时人流、车流的疏散困难,容易造成交通拥堵且建设成本、维护成本高。

1992年,巴塞罗那奥运会场馆和重庆奥体中心都采用此布局方式。巴塞罗那奥运会后,设施马上转为民用体育中心,没有造成浪费和闲置,与之形成对比的是雅典奥运会主场馆,由于建设在城市郊区,奥运会后闲置情况堪忧。重庆奥体中心也属于城市中心型布局,是重庆斯威足球队主场也是重大运动会或集会的场所,周边服务设施齐全,使用率较高,只是在比赛日也会不可避免地造成交通拥堵(图5.41、图5.42)。

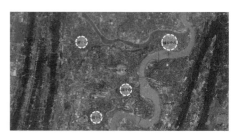

图5.41　巴塞罗那奥运会中心赛场布局图　　　图5.42　重庆奥体中心布局图
资料来源:笔者改绘　　　　　　　　　资料来源:笔者改绘

2)城市外围型

与雅典奥运会一样,2000年悉尼奥运会的主赛场也布置于城市郊区,奥林匹克公园位于悉尼西部约1.5 km的区域,该区域原是悉尼的老工业区,随着城市现代化进程逐渐衰败,到20世纪90年代末已经衰落。澳大利亚政府希望借助奥运会契机,恢复这一区域的城市活力,因此,给予了极大的优惠政策,使得土地审批、场馆建设等过程都非常顺利,生态保护也做得极为出色,再加上当地景观环境非常宜人,奥运会成功举办后,城市经济社会活力逐渐恢复,成为大型体育赛事城市更新的典型案例。北京奥运会也汲取了悉尼的成功经验,将主要奥运场馆设置在城市外围,将交通和生态环境设施配套到位,使得奥体公园片区在奥运会后得到快速发展(图5.43)。

 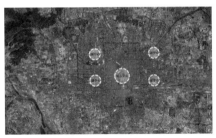

图 5.43   悉尼奥运会中心赛场布局图   图 5.44   北京奥运会中心赛场布局图
          资料来源:笔者改绘   资料来源:笔者改绘

该布局更多考虑的是城市未来规模和人口的扩张,并对交通、市政、环境等基础设施的投入要求较高,如果城市发展达不到预期的速度,将会使设施使用率下降,管理维护费用成为政府的财政负担。近几届夏季奥运会、冬季奥运会承办城市都在发展趋势良好的发展中国家或人口较多的东亚国家,就是因为这些地区的发展潜力巨大,而传统发达国家办奥运会进行巨大投入后,由于增长乏力,相关设施的运营将成为难题。

3)中心、外围结合型

为兼顾中心型和外围型的优点,避免两种类型的缺点,大多数城市选择中心、外围结合型布局方式,北京就采用这种布局(图 5.44)。前文说将主要的国家体育场、国家游泳中心等场馆布置在北京的北郊,但还有大量奥运体育场馆在北京市中心,如五棵松体育中心和首都体育馆,并且还将多个高校的体育馆改造成符合奥运标准的专业运动场馆,这样既利用了高校体育设施,又能方便地安排志愿者,同时保证了奥运会能正常进行也没有赛后运营的压力,可以说是一举多得。北京奥运会后,伦敦、里约热内卢、东京 3 个奥运主办地都采用这种结合型布局。

5.5.2 场所特点

1)设施规模较大

区域级体育设施承办比赛质量高,受关注程度高需要足够的观众席,目前国内区域级体育场的观众席多在 3 万个以上,因此,设施占地规模大,且服务设施也需要较大用地面积。三峡库区中,涪陵李渡奥体中心占地面积 13.2 hm²,万州奥体中心占地面积 14 hm²。

2)短期性超负荷

区域级体育中心可承办全国性及以上重大体育赛事,赛事举行时短时间内会有大量观众、运动员、教练员集聚,出现短时间超负荷人流的情况,对设施的疏散和保障人民安全的能力要求高。

3)便捷性要求高

区域性体育设施适合举办重大比赛,赛事级别高,参与赛事的明星和球队都有大量粉丝,主办方也会想尽办法做好宣传,吸引粉丝到场,这就要求交通方便快捷,从机场、高铁站都有快速通道连接,并有方便的公路交通和充足的停车设施。

5.5.3 选址方法

基于帕累托最优原则,一方面本研究中城市体育设施效率,指居民的使用效率,是居民使用便捷度最大化下的效率。另一方面,是指投入效率,是区域体育设施投入使用最充分、经济效益最大化、设施布局最优化下的效率,最直接的表现是能够吸引高水平国际赛事,发展体育产业、促进公共服务、惠及更多城市居民。在区域级体育设施公平与效率的优先顺序上,研究主张"效率优先,兼顾公平",尽量满足效率最大化的公平。

因此,对区域级体育设施的选址需找到一套方法,既能够满足供给者办事有效率的宗旨,又能够代表需求者希望尽量被公平对待的要求。据此,笔者选用潜能模型法。该方法源自重力模型法(Hansen,1959),因为用重力模型法计算公共设施可达性只考虑"供给"方因素,所以公共服务设施离居民区越近,其可达性越高。法国学者提出了"潜能模型"的概念(Joseph,1982),其具体运算方法表示为式(5.2)和式(5.3):

$$A_i = \sum_{j=1}^{n} \frac{S_j d_{ij}^{-\beta}}{V_j} \tag{5.2}$$

$$V_j = \sum_{k=1}^{m} p_k d_{kj}^{-\beta} \tag{5.3}$$

式中,A_i 表示可达性度量值;n 和 m 分别表示公共服务点和居民点的数量;S_j 为服务点 j 的服务能力(如体育设施座位数、体育赛事服务人员数);d_{ij} 为居民区 i 与服务区 j 之间的出行阻抗(距离或时间);β 为普查单元到公共服务设施的阻抗系数;V_j 表示 j 医疗机构的人口潜能;P_k 表示居民区 k 的人口数量。潜能模型综合考虑了"供求"两方面的核心诉求,适用于区域级体育设施的可达性选址。

5.6 本章小结

本章为解决三峡库区区域体育设施适应性不足的问题,从区域层面对三峡库区区域体育设施空间体系与区域城镇空间体系进行对接,提出网络化适应性规划方法。具体来说,首先,对前一章适应性评价结论进行区域空间体系的必要性分析,辅以基于区域空间理论的库区城镇体系规划理论的探索,对三峡库区区域空间体系现状进行梳理,提出"一轴三极三域"的城镇体系空间格局。为进一步确定三峡库区区域体育空间的体系对接奠定基础框架。

其次,基于三峡库区区域体育设施发展现状与机遇提出区域"赛事—旅游—交通"综合的空间结构决策体系,通过对三峡库区区域这 3 个要素的分析,提出各要素空间结构,将三要素空间结构与城镇体育空间结构叠加分析,构建三峡库区区域体育设施"一轴多极"的网络化空间结构体系和"两区两带"的功能布局。

最后,详细分析区域体育设施的 3 种空间布局类型,3 个场所特点与基于帕累托最优原则的空间选址办法。

6 三峡库区城市体育设施集约化空间 模式优化

　　本章首先提出三峡库区城市体育设施适应性规划理想空间模式,是一种从居住区体育生活圈、社区体育生活圈、城市体育生活圈 3 个圈层,满足适应性类型多样、空间均等、用地集约三要素的空间规划模式。构建这种适应性的集约规划模式,目的是解决三峡库区城市因为城市规模差异大、空间形态多样、城市空间高密度所造成的体育设施发展现状问题,同时也能满足未来发展中库区城市居民对体育设施的多层次、多样性的需求并与城市空间相互协调和促进。然后分 3 个适应性要素——都针对居住区、社区和城市 3 个圈层进行具体规划方法的分析,构建三峡库区城市体育设施多样的层级体系、构建三峡库区均等的城市体育设施空间布局、构建三峡库区城市体育设施集约的用地模式(图 6.1)。

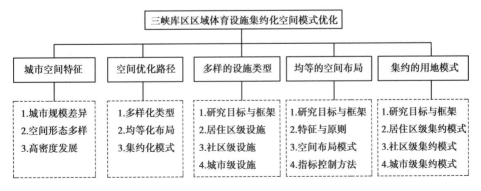

图 6.1　第 6 章研究框架图

资料来源:笔者自绘

6.1 三峡库区城市发展空间特征研究

6.1.1 城市空间规模差异

城市的人口与 GDP 的增长是城市空间规模扩大的两个主要诱因,然而这两个诱因规模和增长水平的差异也导致了城市空间规模的差异。从目前的趋势看,这种空间规模的差异正在逐渐拉大。这本身也是马太效应的一种空间上的直观体现,即原本人口与 GDP 规模大的城市,空间增长的速度更快于规模小的城市,大者更大,小者更小。而这种规模差异将导致城市公共服务水平的不同,也就是在空间规模更大的城市,获得的体育设施资源也将更多,服务的等级更高。

6.1.2 城市空间形态多样

三峡库区是典型的西南山区,地形复杂,城镇形态在人与环境的相互适应中自然生长,形成了区别于平原城镇的"簇群式的整体构成"。由于三峡工程蓄水的需要,三峡库区城市也经历了空间形态的变迁,主要有组团型、带型、绿心型 3 种基本形态特征(表 6.1)。

表 6.1 三峡库区城市基本空间形态分析表

类型	组团型	带型	绿心型
基本空间形态图			

类型	组团型	带型	绿心型
空间形态特征	多中心、高密度	线型多中心、高密度	城市环绕绿心
空间形态成因	城市位于山谷或水系分割区域,城镇发展受自然环境影响,形成多组团、多中心的形态	受自然山体、河流等自然环境限制,形成沿街、沿河、沿山脊的线性高密度城镇空间形态	城市受自然山体、河流限制,包围山体,预留出生态空间及城市公共空间

资料来源:笔者根据《山地人居环境七论》总结绘制,表中图片引自《山地人居环境七论》

由于三峡库区建设,各城市经历了不同的空间变迁方式,与原址城市的空间关系也各不相同,以新的自然环境为依托,经过十余年的发展后已经构建起新的、较稳定的城市空间形态(表6.2)。

表6.2 库区城市典型形态特征表

类型	城市	与原址关系	相关山、水关系	城市现状形态图
组团型	长寿区	新址后靠、扩大	凤山处,长江与龙溪河交汇处	

续表

类型	城市	与原址关系	相关山、水关系	城市现状形态图
组团型	涪陵区	新址后靠、开拓李渡组团	南山处，长江与乌江交汇处	
组团型	万州区	新址后靠	翠屏山、天城山、太白岩处，长江与彭溪河交汇处	
带型	开州区	新址隔江而建	南山、大慈山、盛山处，东河、南河入彭溪河交汇处	
组团型	丰都县	新址隔江而建	双桂山外，位于长江与龙河交汇处	

续表

类型	城市	与原址关系	相关山、水关系	城市现状形态图
带型	忠县	新址后靠	翠屏山处，位于长江与甘井沟交汇处	
绿心型	云阳县	新址搬迁至离原址30 km的双江镇	磨盘山处，位于长江与彭溪河交汇处	
带型	奉节县	顺江展开	三马山、宝塔坪处，位于长江与梅溪河、朱衣河交汇处	
带型	巫山县	新址与原址相邻而建	北山处，位于长江与大宁河交汇处	

资料来源：文字根据李泽新《三峡库区人居环境建设综合交通体系研究》中相关资料绘制，图片资料来自重庆大学山地人居团队（2019）研究成果

6.1.3　城市空间高密度发展趋势

由于三峡库区区域人地矛盾突出,三峡库区城市在发展过程中形成了城市空间高密度城市形态。童丹(2015)通过对三峡库区城市的毛容积率进行统计,得出三峡库区多数城市毛容积率超过 0.6,属于高密度城市,其原因主要有3 个。

①用地条件限制。三峡库区复杂的山水环境是三峡库区城市发展的重大限制和瓶颈,尽管"后三峡"建设时期以来,三峡库区城市规模快速扩张,但无不受到地形条件的阻碍。比如,涪陵区,老城与李渡新城之间因为山势拉开了距离,形成双中心城市。万州区由于老城用地紧张,发展受限,也不得不选择跨江发展。三峡库区小城市中,巫溪县、奉节县城市被山体分割成多个区域,云阳县也选择跨江发展。尽管现代城市发展工具和交通手段缩短了物理距离,但山水的存在依然阻隔了城市空间,增大了建设成本(图 6.2、图 6.3)。

图 6.2　云阳县土地利用高程图　　　　图 6.3　奉节县土地利用高程图
资料来源:云阳县总规(2005—2020)　　资料来源:奉节县总规(2005—2020)

②平缓用地不足。前文已证明库区城市整体城镇化水平呈增长态势,但三峡库区新城的建设需要大量土地资源,库区的蓄水要求(175 m)使原来一部分三峡库区城市的河流平原变成了蓄水湖面,另一部分三峡库区城市由于就地后

靠,不得不选择海拔更高、地势更加陡峭的地形进行发展。同时,由于三峡库区的特定的地形地貌条件和地质环境,在部分地段存在着多处地质灾害区①,导致新城的建设不得不放宽其建设标准,选择一些坡度较大、较为破碎的用地来作为城市建设用地,甚至一些新城选择建立在地势较高、坡度较大的用地上(图6.4)。特别是奉节、巫山、巫溪、巴东、兴山、秭归几个县,少有平缓用地,大量用地坡度超过25%,巫山县新城的用地坡度甚至达到40%(表6.3)。可见因为用地不足,人口增加,三峡库区城市不得不向高密度化发展。

图6.4　三峡库区山地城市典型适应性方式图

资料来源:笔者自摄

表6.3　坡地分类一览表

类型	平坡地	缓坡地	中坡地	陡坡地	急坡地
坡度百分比	≤ 3%	3%~10%	10%~30%	30%~60%	60%~100%
倾斜度	≤1.72°	1.72°~5.71°	5.71°~16.70°	16.70°~30.96°	30.96°~45°
规划特征	基本属于平地,注意排水	不需设置台阶	需要设置台阶	道路需要与等高线成较小的锐角布置	道路需盘旋,台阶需与等高线成斜角布置

资料来源:笔者根据王心源(2017)研究改绘

---

① 《三峡库区地质灾害防治总体规划》估算,三峡库区内共有各类崩塌、滑坡体2 490处,在移民迁建处863处,在移民新城中,初步统计有高切坡1 428处。三峡库区新城的地质灾害严重,对三峡库区现代城市的选址和发展方向具有重大影响。

③城市用地风险。地质条件是造成城市用地风险较大、空间零碎的主要原因。三峡库区高密度城市均有不同程度的地质问题,例如,云阳县有小型崩塌、滑坡,奉节县蓄水后老滑坡容易复活,巫山县斜坡对城市有影响等(图6.5)。因此,三峡库区现代高密度城市内部有很多不可建设的用地,使得原本恶劣的用地条件显得更加局促,城市内部用地相对零碎,不得不在城区内的可建设用地区上加大开发强度来满足城市的发展需求。

图6.5　奉节县城市护坡图(左)和巫山县城市护坡图(右)

资料来源:笔者自摄

6.2　三峡库区城市体育设施规划模式优化路径

6.2.1　构建适应三峡库区城市的类型体系

类型体系简单导致多样性缺乏。目前三峡库区城市体育设施的规划层级体系过于简单,在总规层级只有市级和区级体育设施的定位和规模要求,在各区(县)体育设施专项规划中只有区级和社区级体育设施布局和用地规模要求,由于体育设施专项规划并非法定规划,因此,只有少数区县予以编制,编制后落实情况也不尽如人意。另外,重庆市还组织编制了体育公园专项规划,利用城市边角用地进行体育设施的建设和补充。以上为指导三峡库区城市规划编制的体育设施层级体系,与现实的体育运动需求有很大出入,没有体现出体育运动需求的多样性,使得不符合这些级别的运动设施在规划中难以体现,导致一些运动项目设施难以布局,一些专业运动中心和运动场难以落地,一些运动服务设施难以落地,客观上造成多样性的缺乏。

6.2.2　构建适应三峡库区城市的空间布局

一方面,指标体系落后导致均等性缺乏。从评价的量化结果看,三峡库区城市体育设施供给的均等性情况比较差,究其深层原因是,目前三峡库区城市规划依据的指标体系是要首先保证市级和区级体育设施的供给。这种方式造成两个突出矛盾,一是高等级、高质量的体育设施空间供给过于集中,只有在重大比赛、运动会时可以运用,但居民日常的体育需求与人口密度相关,并且有分散化、差异化的特点,两者不相适应,集聚供给的体育设施使用效率不足,有日常体育需求的居民又去占用其他功能空间进行体育运动。二是可达性问题,城市体育中心的分布规律,呈"中心—边缘"的布局,而出行的距离和出行感受会决定居民对体育设施的评价,中心区的体育设施会面临停车难的问题,城市边缘区体育设施的出行距离又会大大增加,造成体育设施需求满意度下降,使用效率不高。

另一方面,是缺乏针对三峡库区中小城市的体育设施空间布局技术。在重庆主城区虽然整体适应性评价也不高,但主要问题在于落地高级别赛事以及促进体育文化、体育产业升级的空间支持,这种支持可以是新建也可以更新,在空间供给的模式上并没有特别大的偏差,重大项目的经费也比较充足,普通项目社会化机制也灵活多样,能够保障设施落地。只是体育事业发展战略还需更加有前瞻性、全面性来引领空间发展,故核心矛盾在于发展战略。而中小城市特别是三峡库区有山地特征的中小城市的体育设施核心矛盾在于空间规划,目前规划的技术手段是采用预设服务半径和预测服务人口的方法来确定体育设施的选址,但由于层级体系过于简单,均等性考虑不足,在山地城市用地紧张、环境约束大、体育设施建设困难重重的前提下,运用这种常规选址技术,设施得不到保障,已经不能让居民满意,需要针对三峡库区居民的需求、三峡库区城市的建成环境和三峡库区城市依托的山水自然环境的特殊性,研发适应性规划空间布局技术,提高三峡库区居民的需求满意度。

从社区体育设施来看,城市等级差距依然明显存在,三峡库区小型区(县)城市的社区体育设施建设处于起步阶段,只有极个别社区进行了规划建设,区域中心城市的建设也开展得比较晚,但万州区、涪陵区已经做了城市范围的体育设施规划,相信建设步骤会越来越快,重庆主城区的社区体育设施已经进入发展的快车道,不同形式、不同项目的社区体育设施近 5 年迅速发展,除少数老社区的设施还不完善外,总体势头非常积极(图 6.6)。

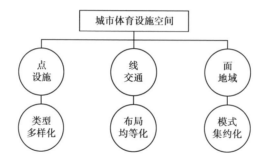

图 6.6　城市体育设施空间结构图

资料来源:笔者自绘

6.2.3　构建适应三峡库区城市的用地模式

用地模式僵化导致集约性缺乏。山地城市用地条件复杂,城市可建设用地并不充足,特别是中小城市的规模更是有限。近年来,由于移民、农村人口转移等因素城市规模不断扩大,但首先要保证让进城的人能够居住、生活下来,三峡库区中小城市在规划上想了很多办法进行扩展,城市发展的成本也随之升高,在此前提下城市体育设施并能够没有进行集约化设计,依然按照统一的指标进行规划和建设,造成用地条件不好、建设成本增加、空间区位边缘等问题,影响体育设施的建设和使用。同时,三峡库区中、小城市学校体育设施比重很高,但因为缺乏开放的政策和办法,学校体育设施社会化利用率极低,也造成了集约性的缺乏。

通过调研及访谈,笔者发现,三峡库区城市日常爱好类体育设施的不适应程度是最高的,老旧居民小区、移民社区的不适应程度也较高。这主要是由于没有独立用地保障。市级、区级体育设施由于由独立的用地保障(A4类)规划建设,完成度较高,能够部分满足职业竞训和准职业竞训两类人群的需求。居住小区由于有《城市居住区规划设计标准》(GB 50180—2018)的要求,新的居住小区基本都有满足日常休闲的体育设施。只有日常爱好类体育设施需要由社区级别的体育设施来满足,但这一级别体育设施在城市规划中没有独立用地进行保障,实现起来较为困难。同时老旧小区和一些移民居住区由于没有设计规范的要求,体育设施配备情况也较差。

6.3　三峡库区城市体育设施多样化类型构建

本节首先提出权力结构、体育需求、规划类型三者结合且对应的体育设施多样化类型体系构建,共分为4个层次、9种类型,其次分别研究4个层级对应的具体设施类型并结合案例进行分析。

6.3.1　多样化层级体系构建目标及框架

基于前文分析的空间结构反映权力结构,以及前文对体育需求分类化和体育行为圈层化的论述,再结合实地调研结果。笔者认为,三峡库区城市体育设施的规划层次和类型不应该只是行政层级的直接体现,而应该由行政层级、体育需求类型与体育设施类型相互对应来体现,使其更具有"适应性、多样性"的特征,并且能够与重庆市、湖北省城市空间体系衔接,并纳入重庆市、湖北省及各区县总体规划、体育设施专项规划的框架,与城市发展的总体战略相契合。从权力层级、多类型需求与设施规划层级与类型3个角度的相互适应出发,提出新的体育设施规划层级和类型体系,具体构建如下(图6.7)。

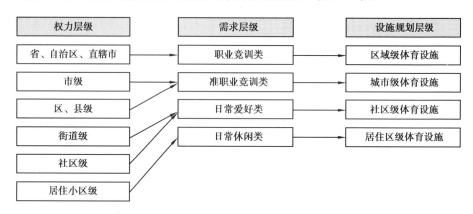

图 6.7 三峡库区城市体育设施多样性层级体系

资料来源:笔者自绘

1)居住区级体育设施

该级别的体育设施主要服务三峡库区城市居住区体育生活圈,面向居住小区的日常生活,是为了满足小区居民日常休闲类体育锻炼的设施层级和服务圈层,规划在每个居住区、居民小区或移民社区之中。设施以日常身体锻炼,健身器械,有氧运动设施为主,是小区居民每天早、晚都能够参与体育运动的空间。与居住区的距离在步行 5 min 以内,方便小区居民的使用,是数量最多、规模适度,但服务的层级最贴近居民日常生活的体育设施。

2)社区级体育设施

该级别的体育设施主要服务三峡库区城市的社区体育生活圈,主要面向社区生活,服务于社区和街道的体育空间,是为了满足城市居民共性的、经常性的体育锻炼的设施层级和服务圈层,规划在每个城市的社区和城镇。设施以球类运动场地与健身器械,慢跑步道、健走步道相结合为主。社区级体育设施的空间范围一般在步行 15 min 以内或公共交通 15 min 之内的区域,即国家及不少城市提倡的 15 min 健身圈范围。根据笔者调查,三峡库区城市的社区级体育设施极为缺乏,人均社区体育设施面积有限,导致居民更愿意在家中进行日常的锻炼。由此可见,目前较低的社区级体育设施配置水平,对满足三峡库区城市居民的基本体育活动需求和提高三峡库区城市居民体育生活水平都会有很大的影响。因此,要进一步在城市总体规划和体育设施专项规划中明确加强三峡库区城市社区体育设施的建设,特别是社区体育中心建设和老、旧居住区体育设施建设。并且在城市社区体育设施建设中,不仅要增加体育设施的数量和扩大场地面积,还要重视提高体育设施档次,提高三峡库区城市社区体育设施配置水平,满足城市居民日常爱好类体育运动需求。

3)城市级体育设施

该级别的体育设施主要面向城市(宜昌市)及区(县)(如万州区、涪陵区、奉节县、巫山县等)的体育发展,服务于城市体育生活圈,是为满足城市居民准职业体育竞赛、训练以及提高运动技能的需求,针对球类项目和综合运动会项目提供的高质量、较高专业性的体育设施,或能够满足专项业余比赛要求的综合性体育设施。城镇圈体育设施的最大空间范围一般在车行或公共交通 1 h 以内的区域。由于长期以来三峡库区城市区级体育设施的规划建设受到了重视,就目前三峡库区城市级体育设施的配置情况来看,情况相对较好,但区级体育设施公益性、单一性的特点又不能完全满足体育运动爱好者的需求。城市级体育设施是居民期待实现较高品质体育生活需求的空间,愿意花时间来到这里进行活动的居民对体育运动和身体塑造有着更高的追求,他们往往希望能在这一类设施中获得更多、更全面的体育运动满足感。因此,在三峡库区城市体育设施适应性规划中,需要首先明确这一层级以及相关体育设施类型,并在有条件的城市提升城市级体育设施规划的规模和数量,完善体育项目配置。从三峡库区城市的实际情况来看,要促进城市级体育设施的品质化、专业化、规模化提升,更好地适应性本区域准职业竞训的需求。

本书形成基于三峡库区城市体育设施适应性理论的 3 个规划层级的体育

设施,以期形成解决库区体育设施发展困境,满足三峡库区各类体育人群需求的多层级、多样性城市体育设施类型体系。

6.3.2 居住区级体育设施规划要点

在满足三峡库区居民基本体育需求层面,研究提出主要的体育设施包括居住小区体育设施、旧居民区体育设施,本节具体分析这两类体育设施的作用及项目配置。

1)居住小区体育设施

根据《城市居住区规划设计标准》(GB 50180—2018)要求,居住区需要根据建筑面积和用地面积指标配置相应面积的体育设施,其中,居住小区体育设施建筑面积不低于 45 m^2,用地面积不低于 65 m^2,居住组团的体育设施建筑面积不低于 18 m^2,用地面积不低于 40 m^2。居住小区的体育设施配置不足问题主要在三峡库区多个区(县)城市,在江津、长寿、开州、万州、涪陵、云阳等区(县),近年来建设的居住小区也开始把体育设施作为标配,质量也越来越好,没有体育设施的小区已经是极个别的现象,但在库区小型城市中由于居住小区、居住组团和散点居住地的边界不明显,造成《城市居住区规划设计标准》在这些城市并不适用或没有强制作用,加之三峡库区小城市人居民收入不高,城市建设用地反而比较紧张,设施建设成本较高,影响了居住小区体育设施的空间供给。同时居住建筑的底层可以通过架空的形式预留出空间安置一些小型、休闲体育设施,或是利用城市边角用地集中布置室内体育设施(图6.8)。本研究认为在居住小区、居住组团规划中应该强化《城市居住区规划设计规范》的实施力度,保障每个居住小区都有适量的体育设施空间。

图 6.8　利用边角用地的体育公园

资料来源：笔者自摄

2）旧居民区体育设施

在三峡库区城市体育设施的矛盾中还存在新城区与旧城区空间分布不均的问题,主要是旧城区的一些老旧居民点和年代较长的城市社区建设时没有考虑预留体育运动空间,造成体育设施缺乏,笔者于 2016—2018 年走访了重庆主城区嘉陵新村（渝中区）、模范村（沙坪坝）、大庆村（江北区）3 个老居住小区,了解到在社区更新建设中,体育设施的建设仍是难题。目前的解决办法大多有两种,一种是在旧居住区的小公共空间加设体育健身器材,目前重庆市正在主城区利用边角用地建设体育公园,到 2019 年春节共交付使用 10 个,笔者走访了10 个体育公园观察其建设和使用情况,应该说 7 成以上是非常受住区居民欢迎的（图 6.9）。另一种是利用附近的城市广场和中小学体育设施健身,但第一种办法的体育器材质量参差不齐造成使用率低下,第二种办法需协调中小学体育设施的开放问题。在城市旧居住区的改造中目前正兴起一种登山步道或慢跑步道的体育设施,这类设施用地不集中,可以结合城市地形规划爬山步道将地形高差利用起来,满足在老城的居民日常性体育运动需求(图6.9)。或是在有条件的城市公共空间控规中,布置线型的、集中型的体育设施,让城市旧区居民步行一段时间也能够使用体育设施,逐渐形成固定的城市公共健身点(图6.10)。

图6.9 渝中区健身步道

资料来源:笔者自摄

图6.10 沙滨路公共健身点

资料来源:笔者自摄

6.3.3 社区级体育设施规划要点

社区级体育设施是在一定的城市范围内建设的为满足社区居民参加体育活动的室内、外体育设施。在发达国家,社区体育设施是开展大众体育活动的基本载体,数量较多,是社区生活的重要组成部分。在日本,社区体育设施明确要求建设具有鲜明民族特点的体育项目,包括柔道、剑道、棒球等(表6.4)。

表6.4　日本社区体育设施配置表

类型		1万人	3万人	5万人	10万人	备注
室外		1个10 000 m²	2个10 000 m²	3个10 000 m²	6个10 000 m²	棒球、垒球、足球、田径综合场地
		2个1 560 m²	4个2 200 m²	6个2 200 m²	10个2 840 m²	网球、排球
室内		1个720 m²	2个720 m²	3个720 m²	5个720 m²	篮球、羽毛球、乒乓球
		1个200 m²	1个300 m²	1个300 m²	1个400 m²	柔道、剑道
		1个400 m²	2个400 m²	3个400 m²	6个400 m²	游泳池

资料来源:笔者根据林显鹏(2005)研究绘制

　　英国体育理事会制定了英国社区体育设施的基本标准,要求每个社区体育中心能够开展包括羽毛球、篮球、保龄球、壁球在内的17项体育运动。新加坡国土面积狭小但也在全国修建了15个社区体育中心,每个体育中心都配备有运动场、游泳馆、多功能体育馆、健身中心。可见社区级体育设施在各国体育发展和社区治理中的重要作用。目前在三峡库区城市,社区级体育设施的建设没有强制要求,不像市级、区级和居住小区配套体育设施一样是必须完成的建设任务,因此,建设滞后,受到体育爱好者的诟病。在受访者中,认为最希望增加社区体育设施的人数排名第一(图6.11)。可见在三峡库区城市体育设施规划层级中急需强化社区级体育设施,提高社区级体育设施在总体体育设施空间的比例。广州市在公共体育设施专题研究中明确指出了广州社区级体育设施用地严重不足、建设见缝插针的现状,提出由重点控制市区级体育用地转向重点控制社区级体育用地,大幅提高人均社区体育用地指标,实现体育用地结构从体育设施向社区体育设施的转变,并且将社区级体育设施深入到控制性详细规划深度来进行编制。在三峡库区城市中,特别是中小城市,应该借鉴其经验,在城市总体规划、城市公共服务设施规划或城市体育设施专项规划中,明确增加社区级体育设施的供给数量,提高社区级体育设施用地规模,设置具有鲜明民族特点、受到广大群众喜爱、满足日常体育需求的体育项目类型。

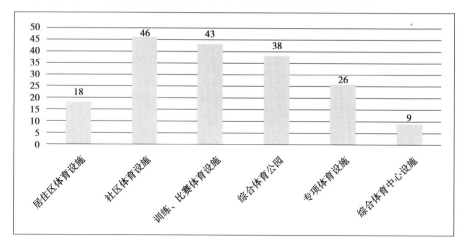

图6.11　最希望增加的体育设施数据图

资料来源:笔者自绘

6.3.4　城市级体育设施规划要点

在满足三峡库区居民基础体育需求层面,研究提出主要的体育设施包括区级体育设施、专项体育中心设施、综合休闲、极限体育设施,本节具体分析这3类体育设施的作用及项目配置。

1)区级体育设施

区级体育设施是区(县)城市最主要的体育运动场所,是库区区县城市的标志性建筑和公共集会与活动的空间,在《国家公共体育设施基本配置标准》中规定区(县)城市的区级体育设施要建设一个综合运动场、一个综合体育馆、一个游泳馆、一个全民健身中心和一个体育公园,称为"五个一"工程。区级体育设施由于规模合适、质量上乘能够满足多样化的体育需求,同时还能作为大型文化活动、避难场所使用,是城市公共服务空间的重要补充,但库区城市奇迹体育设施建设状况不容乐观。主要是规划落实力度不够,主城区的沙坪坝区除有一个已用作其他功能的综合体育馆之外,没有完成任何一项"五个一"工程,其余区县在完成度上也"缺斤少两",相对来说万州区和江津区的完成度最高,主城区的渝北区和巴南区的完成度较好,多个区没有全部完成。从设施来看,游泳馆、全民健身中心和体育公园的完成度较低,需要在城市总体规划层面监督落实,形成丰富的设施类型。

2)专项体育设施

从目前已有的体育设施研究来看,专项体育设施还是一个比较新的名词,联想到这个词是因为目前已经蓬勃发展的业余体育赛事及活动。这类体育设施并不是针对个人的、日常性的体育需求,而是针对长期的体育爱好者,在一些体育项目上有相当高水平的业余选手,经济实力能够负担长期体育场租的开销,这类体育爱好者通过现代非常方便的信息化工具和交通工具形成自发民间体育组织,这种组织形式已经越来越多地呈现出来。在全国层面,每年球类运动、极限运动、休闲运动、户外运动等项目上有数十项业余比赛,还在每年近乎翻倍地增加,由于前几年全民健身运动的积淀,各项赛事水平已经接近甚至达到了专业的程度,全国高手层出不穷,并且规模也越来越大,对体育设施的要求也就逐渐提高。近年来,各种民间体育组织的发展也越来越快,各组织的日常活动和训练,加上各组织之间相互活动也日益频繁,对专项体育设施的需求与日俱增。这种趋势在三峡库区城市也有明显的体现,从高水平业余赛事来说,现在三峡库区每个城市都有全区的足球、篮球、羽毛球、乒乓球业余联赛,主城区、万州区、涪陵区有全市的业余网球赛事,主城区的球类赛事更是数不胜数,几乎周周有赛事。2017年,全国性业余赛事或青少年准专业赛事在重庆有30多项,这一数字已连续5年增长。总的来说对专项体育设施的需求已经越来越多,但这类体育设施的供给还极其缺乏,这么多体育赛事活动以及民间体育组织的聚会、交流都只能在少数的区级体育社会进行,区级体育设施的准公共性特征让参加公益体育运动的居民和参加体育比赛或体育组织活动的爱好者会产生冲突,为体育爱好者提供的专项体育设施还非常缺乏,这种矛盾越往小城市就越突出。在重庆主城区南岸区的江南网球中心和奥体羽毛球中心就是比较知名的专项体育设施,但由于数量太少,且也都是在区级体育设施用地范围内,与其他体育设施的布局过于集中,因此,使用的时间比较长,缺乏可达性。另外,2017年投入使用的九龙坡极限运动公园一开园就承办了国际性极限运动赛事,吸引了大量的行业关注。可见,专项体育设施的影响较大,规划建设应该显示出专业度,但用地模式灵活,可有独立用地和非独立用地两种模式,在城市总体规划中应该划定独立用地的规模和布局。在城市体育设施专项规划中应该把这类用地的运动项目进行明确,如足球专项设施、网球专项设施、篮球专项设施等,以及能够承办赛事级别,如全国顶级业余、全国青少年顶级赛事等。

3)特色全民健身中心

休闲运动和极限运动一直是体育的重要组成部分,在重庆日益受到追捧。全民健身中心设施为容纳多样化的体育运动项目提供了空间,室内场所能够不受天气限制,创造多种项目设施是非常灵活、好用的体育设施形式。目前,重庆较少有特色全民健身中心,从全国来看,水上运动项目、冰雪运动项目、极限运动项目都能在全民健身中心中布置,让不同地域的市民享受多样的运动项目。休闲运动项目多样,适应不同年龄人群,受到城市居民的喜爱,休闲体育比赛也层出不穷,休闲体育设施的供给也是非常重要的,是城市居民和休闲体育爱好者的运动目的地。目前,重庆有西格玛运动休闲馆金开运动公园等场所,提供羽毛球、射箭、保龄球、跆拳道等,深受市民喜爱,尽管地处鱼嘴工业区,但每到周末或节假日,都能吸引全市各地的居民前来活动(图6.12)。另外,重庆极限运动中心龙兴工业园区,能够提供室内冲浪、风洞跳伞、室内攀岩等极限体育项目,际华园休闲体育中心提供了室内滑雪场地(图6.13)。现在全民健身中心的内涵已发生了巨大变化,不再局限于提供基本体育项目服务,而是转型提供高质量、多种类的体育设施,并且集中布置,使城市居民能够不受天气约束和气候特点约束,体验到丰富的休闲、极限体育运动设施。三峡库区城市夏季炎热,冬季多雨,全民健身中心非常适合这一区域的体育运动发展。

图 6.12　金开体育公园的壁球俱乐部　　　图 6.13　际华园休闲运动中心
资料来源:笔者自摄　　　　　　　　　资料来源:笔者自摄

6.4　三峡库区城市体育设施均等化空间布局

三峡库区城镇多为山地城镇,城市形态多样,交通出行方式丰富,城市空间增长具有特殊性。因此,各级各类城市体育设施的配置不能单纯将地理距离或服务半径作为划定依据;三峡库区城镇空间建设密度较高,更需考虑分片区、分组团来进行设施配置。

6.4.1　均等化空间布局的构建目标及框架

基于前文对体育需求分类化的论述,再结合实地调研结果,笔者认为三峡库区城市体育设施的布局应根据各级体育生活圈的空间特征,形成体现层次化、均等化的空间布局模式。

1)居住区级体育设施的空间均等目标

居住区级体育设施应该面对的是日常休闲类体育需求,属于日常体育生活圈。居住区体育设施的目的是服务最基层、最普遍的体育运动需求,是日常体育生活圈中满足居民最基本体育活动需求和居民参与体育活动频度最高的圈层空间。那么这一层级的核心目标就是空间的公平,即无论居民住在哪里,属于什么阶层都应该在空间上平等对待,要最大限度地使居住区居民到达、使用体育设施的距离均等,享受公共体育服务的机会均等;并且基于这一层面需求的最大合理性,设置运动项目,提高设施质量,减小因阶层差异、地域差异所导致的设施供给的不均等程度,并且使居住区体育设施供给最大限度地考虑低收入人群、儿童、女性、老年人及老、旧住区居民的需要,让城市居民都能享受基本的体育设施服务。

2)社区级体育设施的空间均等目标

社区级体育设施应该面对的是俱乐部体育活动及体育训练类需求,属于社区体育生活圈。社区体育设施的目的是服务最基层、最普遍的体育运动需求,是日常体育生活圈中满足居民最基本体育活动需求和居民参与体育活动频度次高的圈层空间。那么这一层级的核心目标同样是空间的公平性,要最大限度地使社区居民到达、使用体育设施的距离均等,享受公共体育服务的机会均等。并且基于这一层面需求的最大合理性,设置运动项目,提高设施质量,减小因阶层差异、地域差异所导致的设施供给的不均等程度,使社区体育设施供给最大限度地考虑社区居民体育锻炼、运动技能提升的需要,让社区居民拥有满意的体育服务设施。

3)城市级体育设施的空间有效目标

城市级体育设施应该面对的是俱乐部体育活动及体育训练类需求,属于城市体育生活圈。该圈层是城市高水平体育联赛或城市综合运动会的更高品质、更专业的体育需求,因此,与日常和社区体育生活圈设施的规划和发展目标有本质区别,其存在的目的不是参与运动的机会平等,而是让有共同爱好的体育运动人群能够聚集,给予能满足其需求的设施,并可以满足这类人群持续的运动需求。同时能够承办各类比赛,是体育需求水平的较高层次。这个圈层的体育设施需要有良好的使用效率才能够可持续地发展,因为该类设施的维护成本较高,如果不能有自身持续的造血机制,那么政府和社会承担其维护费用数额较大,也不能很好地发挥土地功能和设施功能,是对城市公共资源的浪费。影响其使用效率的因素有许多,其中空间方面包含了设施的可达性、功能综合性、空间的气候适应性等,其他方面还包括设施质量、是否有优质赛事资源等要素。如果很好地利用城市体育生活圈设施,将会为城市带来巨大的经济利益和社会效益。

6.4.2　体育设施均等化布局及计算模型

1)空间圈层特征

(1)居住区体育设施空间圈层特征

有效服务半径,指体育设施与其能够服务到的最远居民所在地之间的距离。居住区体育生活圈构建要求居民出门以正常速度步行 10~15 min 左右就可享受到城市社区体育设施服务(城市 15 min 健身圈),而成年人以正常速度步行 15 min 相当于 1 300 m 左右的距离,即社区体育设施的有效服务半径为 1 300 m 左右。据笔者调查,在山地城市中,据体育设施步行距离以 10 min 为宜,15 min 的步行意愿不强。由于山地城市少有直线步行路径,在步行距离计算时会参考 PRD 差异值(俗称绕路系数),并且有梯道、坡道等步行阻拦因素,因此,强烈意愿步行时间少于国家标准"15 分钟健身圈"所拟订的时间,步行 10 min 的接受意愿开始变得强烈(图 6.14、图 6.15),也就是说三峡库区城市居住区级体育设施所覆盖的日常体育生活圈范围大致在,步行 10 min 左右,覆盖人口在 3 万人以下。

从出行距离来看,经过笔者调研发现,三峡库区居民参与日常体育活动的最大出行意愿为 500 m,其次是 1 km,有一半以上的受访者选择在 1 km 以内进行活动,城市居民参与日常性体育锻炼的最大距离为 2.5 km 左右,超过 3 km 则没有吸引力(图 6.16)。

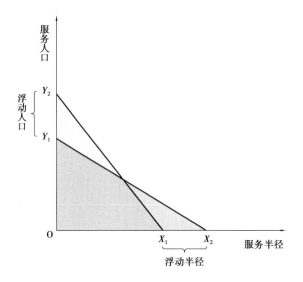

图 6.14　公共体育空间服务半径与人口关系图

资料来源:笔者根据蔡玉军(2016)研究改绘

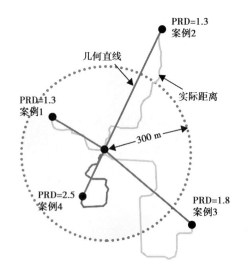

图 6.15　PRD 计算关系图

资料来源:笔者根据王心源(2017)研究改绘

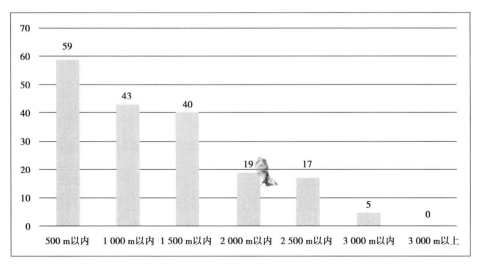

图 6.16 居住区体育圈最大出行距离意愿图

资料来源:笔者自绘

(2)社区体育设施空间圈层特征

社区体育生活圈来说,主要覆盖城市社区及街道空间范围。由于三峡库区城市居民对自行车出行的接受程度较低,而自驾车和公共交通出行比例较大,因此,服务范围和人口的差异较大。而在相关研究中,李建国(2004)建议社区体育中心服务半径 1 000 m,服务人口 10 万,周末体育圈层则是在公共交通 30 min 内到达的范围。朱晓东(2015,2016)提出 20 min 步行时距门槛,即绝大多数居民参与体育活动愿意接受的单程步行时距是 20 min 以内,超过 20 min 他们就会放弃或舍远求近。程蓉(2018)则提出 15 min 社区生活圈的服务人口为中学最小服务人口规模,约 5 万人,服务半径 800 m。

笔者调研结果与部分学者结论吻合,但有的出入较大,笔者认为,可能是对"社区"这一概念的理解上出现了偏差。笔者对社区体育生活圈的内涵在前文中已做过描述,在访谈中给调研对象的解释是:能够参与自己爱好的运动项目,至少每周都能参加并且能坚持下来。从调研结果看,10 km 是一个距离边界,大部分受访者愿意到 10 km 以内的体育设施参与自己爱好的体育项目,但也有不少受访者觉得 15 km 以内都能够接受,但超过 20 km 则只对极少数人有吸引力(图 6.17)。

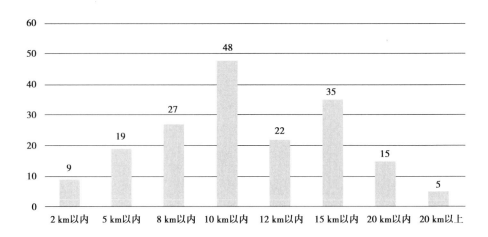

图 6.17 社区体育圈最大出行距离意愿图

资料来源:笔者自绘

(3)城市体育设施空间圈层特征

在对三峡库区居民城市级体育生活圈最大出行距离的调研中,受访者参与城市体育圈运动的峰值为 20 km,最大出行意愿在 20 km 以内的占 80%,也有少数受访者愿意接受 25~35 km 的距离。但超过 35 km 则出行意愿极低,除非是不得不参加的比赛或城市、单位组织的运动会。在城市体育设施内活动的人群中,超过半数是以自驾出行,访谈中笔者听到不少的声音说参加业余体育比赛大家都很有热情,但一想到要开近一小时的车,并且还有可能堵车,就有点犹豫。还有因为不想起得太早而放弃参加比赛的案例。因此,城市级体育设施合理的规划布局以及交通路况都会在很大程度上决定参与者的热情和设施的利用效率(图 6.18)。

2)空间均等化布局模型及求解流程

本书在运用改进的区位集覆盖模型求解所需新建最少设施点数量 P 的基础上,利用基于公平性和效率性原则的设施选址组合模型修正这 P 个新增设施点的位置,然后通过设施点的有效覆盖率 R 对修正后的 P 个设施点的位置分布进行检验。若这 P 个设施点能够 100% 有效覆盖所有需求点,则 P 个设施点的位置为最终新增设施点的分布,若有效覆盖率小于100%,则求解公式为:$P=P+1$,重新计算组合选址模型,直到 P 个设施的分布满足100%有效覆盖。具体解流程如图6.19所示。

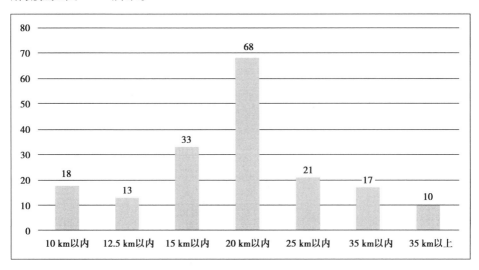

图6.18　城市体育圈最大出行距离意愿图

资料来源:笔者自绘

3)模型构建原理

(1)区位配置解析

区位配置(Location-Allocation, LA)模型是公共设施选址常用的离散型模型,LA 模型有区位集覆盖模型、P-中值模型、P-中心模型、动态选址模型等,一般根据不同的选址目的而采用不同的 LA 模型。

社区型体育设施建设是政府投入的一部分,从经济性角度出发,应使投入产出最大化。本书在确保所有居民点位于设施有效服务半径范围之内的前提下,使配置的社区型体育设施点数目达到最少。区位集覆盖模型的目标是在给定的距离内求解满足所有需求的最小设施建设成本或设施数量,是一种体现设施建设经济性的选址模型。本书假设所建设的设施属于同一等级,建设成本近似,以设施点的数量表示经济性。

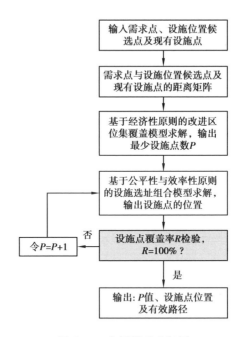

图 6.19　布局模型求解图

资料来源:笔者根据顾校飞(2014)研究改绘

(2)选址模型构建原理解析

P-中心模型是在给定设施数量的前提下,求任何一个需求点到与它最近设施的最小最大距离,一般用于体现设施选址的公平性;P-中值模型是在给定设施数量的前提下,使所有需求点到最近设施的平均权重距离(时间)最短,是体现设施使用效率性的模型。前文基于经济性原则,构建在考虑现有设施点基础上的改进的区位集覆盖模型,求解了满足 100% 有效覆盖的需新增最少设施点数 P。接下来从居民角度出发,运用 P-中值模型和 P-中心模型对前文求解的设施点位置进行修正,使最终设施点位置的分布满足设施布局的公平性和效率性原则。

6.4.3　适应性空间模式

1）"节点—轴线—网络"空间布局模式

在城市层面,体育设施的首要目的是为城市居民的日常体育运动服务,如前文论述的新公共服务理论提倡的,体育设施应服务于公共利益,应该服务于人的多样化的体育需求,力求最大限度地实现布局均等化状态。结合三峡库区城市基本形态呈组团化、集中式发展趋势,体育设施与城市其他功能空间和交通空间应综合形成"节点—轴线—网络"的空间模式。城市总体规划经过历史传承、现状调研和未来发展的综合分析,拟定城市级体育设施选址,服务范围最广,将形成城市的重大体育赛事及全民健身的核心节点,居住区级体育设施服务范围最小,满足居民日常体育需求,这类体育设施围绕城市级体育设施布置,社区级体育设施在围绕居住区进行布置,各类体育设施之间形成健身带或体育发展轴线,轴线与节点共同形成网络布局结构(图 6.20、图 6.21)。

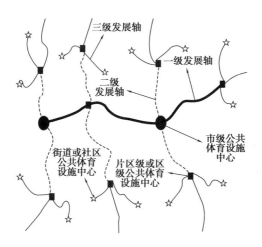

图 6.20　体育设施层级组合图

资料来源:毕红星(2012)

目前,重庆市体育设施专项规划中主要是按照市级、区级、街道级、社区的层次划分,与重庆市总体规划的分级描述略有偏差。根据上文的研究,居住区体育生活圈到社区体育生活圈再到城市体育生活圈,需求类型多样的体现是从日常性逐渐向专业性变化,空间结构均等的体现是从公平性逐渐向有效性变化,根据这一规律,在体育设施空间结构构建时不仅要按照市级、区级、街道级、社区的层次划分,还应按照居住区、社区、城市 3 个圈层考虑布局,兼顾大众需求的均衡和专业需求的高效。

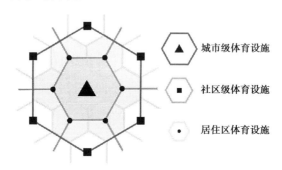

图 6.21　各级体育设施覆盖范围示意图

资料来源:笔者自绘

2)与山水环境呼应的组团布局模式

三峡库区地形复杂、生态敏感、气候多变,城市空间发展受限,但产业发展带来人口增长,使城市规模扩大,势必呈现出多中心、组团式形态。城市体育设施空间形态应与城市整体空间形态保持有机关系。因此,三峡库区城市体育设施与山、水环境也要形成良好的空间关系,保障城市级体育设施的可持续发展。

3)发展性构想

空间均等与效率的评价标准和结论是具有时间性的,是随着城市社会、经济的发展和城市空间形态的演进而变化的。应根据每个时间阶段社会生产条件和城市空间形态确定空间对人群的服务水平。结合三峡库区城市空间形态 4 个发展阶段(起步期、发展期、成熟期、远期)的不同特征及与城市的动态演变关系,本研究尝试提出起步期极化结构,发展期散状结构,成熟区和远期的网络结构空间构想图。

（1）起步期极化布局阶段

城市形态发展初期，人群结构较为单一，以原住民和务工人员为主，产业的持续增长带动人口集聚，各种公共资源的生产主要是对城市核心区发展的依赖，对城市体育设施的需求层次较低，很多需求因物质、信息等原因被压抑。此阶段城市以规划建设中心体育场馆为目标，以城市级体育设施为主，重点考虑的是符合城市规模和定位的综合性体育设施，形成体育活动中心，建设标志性体育建筑。对设施服务均等性的考虑欠缺，设施主要服务于专业运动队、运动员及重大赛事活动。这一时期，体育设施的空间布局依据行政级别的排序，呈极化特点。

（2）发展期散状布局阶段

城市空间形态快速发展时期，人口数量不断增长，人口结构逐渐丰富，物质条件改善，城市多元功能不断植入，城市居民对体育需求多样化也逐渐体现，体育设施供给也由简单极化走向多元，社区、居住区级别的体育设施逐渐增多。但此时城市空间因经济水平不均，人口差异等问题，形成不稳定的空间结构，体育设施供给也必将契合这一系列的转变，在经济发达，人口密集之地建设更多的日常性体育设施，服务于人们的日常锻炼和兴趣爱好。这一时期，体育设施的空间布局与城市空间发展基本吻合，但单个设施规模缩小，数量明显增多，呈现散状布局特点。

（3）成熟期及远期层级网络布局阶段

在城市空间形态发展进入成熟期后，极化空间之间的冲突逐渐淡化，融为一体，各级各类体育设施空间也得到一定程度的发展，体育设施能够高效地为绝大多数居民提供所需的、优质的体育服务。发展到这一时期，城市体育设施的供给已趋于完善，体育设施发展的目标应转向提升城市或区域的体育竞争力和提升体育产业发展能力，辐射周边城市及地区的体育发展，并对城市内已有的体育空间结构进行丰富，对已有设施进行更新，力求发展体现城市文化的标志性体育项目，承办有一定影响力的国际国内专项体育赛事。

　　将三类型三圈层的体育设施"节点—轴线—网络"空间布局模式与三峡库区城市特殊的自然山水环境及不同发展阶段3个要素进行叠加,形成三峡库区城市体育设施适应性空间模式(图6.22)。

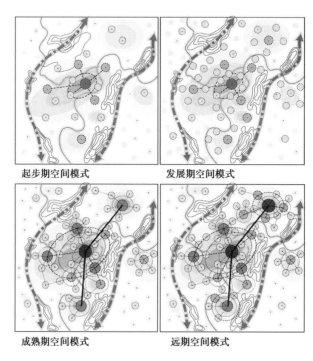

起步期空间模式　　　　　　　　　　发展期空间模式

成熟期空间模式　　　　　　　　　　远期空间模式

图6.22　三峡库区城市体育设施发展模式构想图

资料来源:笔者自绘

6.4.4　指标控制方法

　　规划指标是城市法定规划的重要部分,是指导落实规划内容的评价标准,规划内容的安排最后都有指标来控制。在城市级体育设施规划中,应体现"自下而上"的思路,充分考虑居住区和社区体育生活圈适用人群的需求,改进现有规划模式,可参考广州市城市体育设施规划的经验,体育设施用地指标构成,由现状"倒三角"结构转变为规划的"正三角"结构(图6.23)。社区级体育用地的比重从现状的12.85%增长为规划的41.38%,人均社区级体育用地面积从现状的 0.06 m² 增长到规划的 0.31 m²。这正是规划思路转变的充分体现,说明规划关注了上述社区级体育用地严重不足的问题,将明显提升社区级体育设施的建设规模和品质。同时,广州体育设施规划仅有 20.25% 为新规划的增量用地,也体现了整合用地与优化布局相结合的思想(表 6.5、表 6.6)。

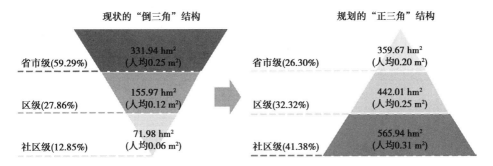

图 6.23　广州市体育用地构成变化示意图

资料来源:闫永涛(2015)

表 6.5　各级城市公共体育设施配建标准建议表

设施等级	设施形态	服务半径/m	时间距离/min	服务人口/万	设施规模
居住小区级	小区健身点	300 ~ 500	步行 3 ~ 5	0.5	65 ~ 105
居住区级	健身苑	800 ~ 1 000	步行 8 ~ 10 自行车 3 ~ 5	5	225 ~ 645
乡镇 (街道)级	社区体育中心	约 1 500	自行车 5 ~ 8 公共交通 10 ~ 15	15	500 ~ 1 000
区(县)级	区县两馆一场	约 2 500	公共交通 15 ~ 30	50 ~ 100	由城市统一规划

资料来源:蔡玉军(2015)

表6.6　广州市公共体育设施配置标准表

设施级别	设施名称	用地规模/hm²	服务规模/万	观众规模/千座	用地要求
区(县)级	体育馆	1 ~ 3	100	2 ~ 4	独立占地
	体育场	5 ~ 6.3	100	10 ~ 15	独立占地
	游泳馆	1.3 ~ 1.7	100	2 ~ 4	独立占地
	中心全民健身中心	2 ~ 4	30 ~ 50	可不设置固定看台	独立占地
街道(镇)级	群众性体育运动场	1 ~ 4	3.5~ ~ 0	不设置固定看台	独立占地
居委(村)级	居民健身场所	0.12 ~ 0.19	0.6 ~ 0.75	不设置固定看台	宜独立占地,可综合用地

资料来源:闫永涛(2015)

6.5　三峡库区城市体育设施集约化空间模式

　　三峡库区城市依山傍水,用地条件特殊需要构建以土地集约为目标的体育设施用地模式,控制成本,综合功能,让三峡库区城市体育设施及体育服务能够可持续发展。本节首先提出集约用地模式构建的 3 个层级的目标及构建框架,其次具体研究 3 个层级对应的集约用地方法并结合案例进行分析。

6.5.1　集约型用地模式的构建目标及框架

　　三峡库区城市体育设施适应性规划的重要任务是在山地复杂的地形地貌环境中合理地规划城市体育设施。三峡库区城市规划、建设的一大痛点就是适宜城市建设的用地紧张,由于城市经济和人口增长的需要,多年以来,三峡库区不少城市的规划建设更加注重商业、居住和必需的公共服务设施(医疗、教育)的供给,忽视了体育设施的规划和建设。目前,三峡库区城市由于用地面积不断增加,使新增建设用地更加困难,各级体育设施用地的保障难度也日益增加,有必要采取集约的用地模式,来布置充分满足三峡库区城市居民需求的体育设施。

1)居住区体育设施空间集约目标

该类型体育设施数量众多,在空间上呈网络化布局特点,但现实中给予这类体育设施的不一定是独立用地,在许多地区和城市老、旧住区甚至没有考虑体育设施用地。但这类体育设施的空间布局优势最为灵活和普遍的,因此,应动用一切可用的土地资源将其转化为体育活动空间或能够进行体育锻炼的空间。具体集约目标是以整合与开放结合的模式,将各层级商业设施、文化设施、公园设施、城市边角用地整合利用起来;将按照人口指标布置的中、小学校体育设施有计划地开放出来满足周边居民的体育需求。

2)社区体育设施空间集约目标

目前,三峡库区城市该类型体育设施的空间比较缺乏,应根据每个城市社区具体的空间布局形态,以整合与开放结合的模式,与城市商圈商业设施、中心商业设施,专类公园,市级、区级城市公园进行功能整合,同时按计划开放高等院校的体育设施,满足城镇圈层的体育需求。

3)城市体育设施空间集约目标

城市体育设施均有独立体育用地,且用地规模较大,功能集中,因此,有研究认为这类体育设施具有较强辐射效应,即举办大型体育赛事的城市借助赛事带动相关产业发展并对广域空间内的经济和社会发展产生的巨大推动作用。在这种前提下,城市体育生活圈体育设施的集约应该表现为与城市主要空间增长方向保持一致;与城市重要公共交通设施保持有机的联系;与城市空间环境有机协调;与城市居民生活能够有效互动。

4)集约型用地模式框架构建

根据体育生活圈理论的空间圈层布局方法,在生活体育圈层与城镇体育圈层,由于数量众多,用地规模适当,笔者选择与商业、文化、公园等其他城市空间进行功能整合模式,与各级学校、事业单位进行空间开放模式进行集约化构建。在都市生活圈层面,由于用地规模大,设施影响深远,这类体育设施需要与城市进行互动和协调的空间、用地整合模式。

6.5.2 居住区级体育设施空间集约模式

1)边角地整合

边角地是没有取得土地使用权的用地,这种现象在城市内也有所见到,如居住小区之间的间隔用地,还有应为不规则地块而没有被开发的土地,这些土地就在城市中不起眼的角落,与居民生活圈的距离不是太远,合理利用这些土地是集约发展的典型代表。重庆市利用主城建成区边角地建设社区体育文化公园启动会举行。会上明确,从 2019 年起,主城九区加两江新区,将修建 92 个社区体育文化公园。目前来看,重庆主城区的边角地主要有 3 种,每一种的修建布局情况也有所区别,具体如下。

首先是大型的边角地可开发成社区体育公园。该类地块较为规整、高差不大、面积较大,适宜建设一定数量的足球、篮球、网球场等大、中型体育活动场地,配套一些餐饮、医疗、读书等服务设施,满足周边居民运动健身需求(图 6.24、图 6.25)。

图 6.24　综合型社区体育公园　　　图 6.25　生态型体育公园

资料来源:笔者自摄　　　　　　　　资料来源:笔者自摄

　　其次,还可建设带型体育公园。结合山地地形,利用较狭长的边角用地,在山崖、河岸建设自行车道、慢跑道、健走步道等休闲体育场地,还可配套一些趣味活动设施、健身器材、乒乓球场等小型运动设施。

　　最后,结合用地环境,规划园林式体育设施。这一类地块较为狭长或坡度较大,但生态环境良好,有园林绿化景观,可针对女性运动建设环境优美,适宜拍照的运动环境,以及羽毛球场、乒乓球场等运动场地,还可布置儿童、老人运动设施和康复设施等(图6.26)。

图6.26　园林式社区体育公园

资料来源:笔者自摄

　　利用边角地打造社区体育文化公园,将充分考虑重庆的地形特征,并结合市民需求来进行设计。市民对小型足球场、篮球场、羽毛球场等场地需求较多,边角地体育公园项目会充分考虑这些元素。计划到2023年利用边角地修建的92个社区体育文化公园将覆盖主城九区与两江新区。从具体分布看,渝中区5个、两江新区10个、渝北区11个、江北区4个、北碚区10个、沙坪坝区8个、九龙坡区3个、南岸区10个、巴南区25个、大渡口区6个。

　　经初步测算,92个社区公园可布局各类健身设施1 223个,其中五人制足球场23个、标准篮球场83个、三人制篮球场21个、羽毛球场154个、排球场40个、乒乓球场370个、其他健身设施532个。这些设施建成后,可形成满足群众就近健身锻炼、社会交往需求的高品质邻里中心,服务周边市民约213万人。

利用边角地修建社区体育文化公园,对市民日常休闲锻炼大有益处,能够有效解决场地缺乏的问题,是一件有利民生的好事。同时,经过对这些城市不起眼的边角用地的更新利用,能够提升城市整体风貌和品质,为城市更新提供新方法,也起到提升城市形象的作用。

2)中、小学体育整合

根据《重庆市城乡公共服务设施规划标准》的数据,小学的规划服务半径为500~1 000 m,服务人口1.5万~3.5万人;初中为1 000~1 500 m,服务人口3.5万~7.5万人。该服务半径范围和人口范围正好符合居住区级体育设施的服务范围需要。同时,中、小学体育设施是中、小学建设的法定设施,必须按照《中小学校体育设施技术规程》(JGJ/T 280—2012)进行建设,体育设施能够得到充分保证。2018年修订的《全民健身条例》和《中华人民共和国体育法》明确提出,鼓励公办、民办学校创造条件,向社会开放体育设施,上海、广州、深圳、重庆等地均开始尝试在节假日及非上课时段城市中、小学向公众开放的执行办法。这种尝试在山地城镇、中小城镇尤为重要,山地城镇人地矛盾显著,中心城镇公共财政能力有限,都是制约群众体育发展的主要因素,中、小学校体育设施的开放,既能提高中小学体育设施在课余时段作为公共服务产品的利用效率,又能在居住区级范围内实际满足城市居民日常休闲锻炼的需要,一举两得(图6.27、图6.28)。

图6.27　云阳中学体育设施　　　　图6.28　云阳小学体育设施
资料来源:笔者自摄　　　　　　　资料来源:笔者自摄

3）广场整合

广场,原为"集中",是古代庆典和祭祀等活动使用的广阔的空地,之后逐渐演变为交易、集会活动场所。当今的城市广场是由于城市功能上的要求而设置的,是供人们活动的空间。它是现代城市生活不可缺少的公共空间,是市民集会的核心场所,在公共广场进行的活动越来越丰富,极大地满足城市居民的文化生活。深受三峡库区群众喜爱的"坝坝舞"(也叫"广场舞"),就是广场承担全民健身功能的最好案例。现在,三峡库区个别城市的广场已不再是跳"广场舞"这样单一的活动形式,万州区城市广场开辟了羽毛球场供市民打球,沙坪坝区凤鸣山的社区广场建设了屋顶及运动健身设施,供市民进行多种体育锻炼(图6.29、图6.30),还有的广场利用可拆卸设施搭建跑酷专用道和小轮车泵道,让极限运动也在城市中开展起来。

图 6.29　万州区广场体育设施　　图 6.30　凤鸣山社区广场体育设施
　　资料来源:笔者自摄　　　　　　　资料来源:笔者自摄

6.5.3　社区级体育设施空间集约模式

1）公园绿地整合

城市公园是市民最喜爱也是最常使用的城市公共空间之一。公园里有很多文化娱乐活动,也符合人们对自然生态的向往,对提高城市生活品质起到积极作用。体育设施与公园绿地相结合,形成功能丰富的城市公共空间,能更好地满足居民的体育和休闲需求,起到一举多得的作用。美国、日本等发达国家在城市体育空间规划设计中特别注重结合绿色空间进行功能的整合,设立了相关管理机构,并针对各类公园的不同特点进行规划,保证满足该区域人口对公园体育设施的需求。三峡库区城市中已有先行者进行了公园体育设施的尝试,主要依托居住小区周边的公园进行体育设施的布置,笔者从 2005 年开始经常在这些公园体育设施中参加锻炼和比赛,认为这确实是一种可取的整合关系(图 6.31、图 6.32)。

图 6.31　江与城体育公园慢跑设施　　　　图 6.32　蓝湖郡体育公园运动设施
资料来源:笔者自摄　　　　　　　　　　　　资料来源:笔者自摄

通过对布局合理、规模合适的公园绿地与社区级、城市级体育设施进行整合,既能够丰富绿地功能,提升使用效率,节约维护开支,又能使运动者在自然生态环境中锻炼,提高城市的健康品质。与城市绿地结合的整合需要建立规划设计的整体观念和协调观念,并逐步完善体育设施与城市绿地相结合的各种规划设计、建设、长效管理的规范和标准,进行多层次、全面的结合,有效发挥城市绿地与休闲体育场所的多重功能效益。在三峡库区城市体育设施与绿地的混合规划中,可根据绿地系统的层级,与体育设施对应起来进行考虑(表 6.7)。

表 6.7 "绿—体"空间整合表

设施层级	绿地空间类型	体育生活圈	体育设施层级	活动频次
市级	市级综合性公园	城市体育圈层	城市级	较多
		区域体育圈层	区域级	较多
区级	区级综合性公园	社区体育圈层	社区级	频繁
		城市体育圈层	城市级	较多
专类公园	区级儿童公园、游乐公园、体育公园	社区体育圈层	社区级	频繁
	市级儿童公园、游乐公园、体育公园	城市体育圈层	城市级	较多
社区级	社区公园、居住区公园	社区体育圈层	社区级	频繁

资料来源:笔者自绘

金银日(2013)通过对上海休闲体育设施的研究,提出绿地与体育设施的整合模式,包括 3 种类型(表 6.8),社区级主要参考 1 ~ 10 hm² 和 10 ~ 50 hm² 两类。

表 6.8 "绿—体"整合模式表

绿地总用地面积	绿地开敞空间面积	分类	城市绿地功能	功能
1 ~ 10 hm²	500 m² 以上	健身类体育设施	街道、社区、的小绿地公园	日常性运动
10 ~ 50 hm²	1 ~ 2 hm² 以上	球类、健身类体育设施	城市型绿地公园、专项公园	专项性运动、爱好者锻炼
50 hm² 以上	10 hm² 以上	综合型、专业型体育设施	城市综合公园	业余比赛、训练

资料来源:笔者根据金银日(2013)研究改绘

另外,三峡库区城市的城市滨水公园也是一大特色,它作为城市建设用地与水体开敞空间的边缘,是城市水陆生态交错地带,三峡库区多个城市也在其中进行一些必要的建设活动,如建设广场、游园及亲水设施等。滨水空间是三峡库区多个城市独特的空间形态之一,因为良好的视野和开敞性,加上人的亲水性深受市民喜爱,国家也制定相关规定,长江沿岸不搞大开发,江、河、湖岸一定范围内不能作为建设用地,但可以作为开敞空间供市民进行活动。近年来,三峡库区各城市也将滨江岸线的打造作为城市品质提升的重点工作,重庆主城区、涪陵区、云阳县、忠县都邀请著名设计师和尽管团队进行设计,形成了一些好的案例,其中就有云阳的滨江公园和忠县滨江公园,两个公园都将体育设施融入公园设计,提供了球类设施、极限运动设施和休闲运动设施,据笔者观察使用效率很高,深受市民喜爱(图6.33、图6.34)。

图6.33 忠县滨水体育设施	图6.34 云阳县滨江体育公园设施
资料来源:笔者自摄	资料来源:笔者自摄

2)高校体育设施整合

三峡库区城市中,重庆主城区、涪陵区、万州区拥有高等院校,十几年前就开始陆续建设新校区,学校的用地是充足的,体育设施的建设水平也不低,长江师范学院(涪陵区)、三峡学院(万州区)的新老校区都建设有综合体育场馆及多个球类场地,重庆主城区的高校和大学城更是体育设施齐全,这些设施应该充分响应向社会开放的倡议,在非上课时段向社会全面开放。这样可以弥补城市体育设施的不足,也可以为学校提供体育设施的维护经费,更有利于刺激学校体育的发展。在发达国家,学校体育一直是为职业体育输送人才的最大摇篮,也是体育产业的重要部分。而三峡库区城市的高校体育发展已有非常良好的势头,需要从经费、设施、教练、运动员、康复等方面给予保障。可以说,将三峡库区城市高校的体育设施整合进城市体育设施发展的总体规划中对高校和社会都具有积极意义(图 6.35、图 6.36)。

图 6.35　长江师范体育设施(涪陵区)　　　图 6.36　三峡学院体育设施(万州区)
　　　　　资料来源:笔者自摄　　　　　　　　　　　资料来源:笔者自摄

3)商业综合体整合

在重庆主城区,城市体育设施与商业设施的混合使用的现象如今已经十分普遍,这本身也是体育设施规划模式的更新、经营战略的调整方向。商业设施本来的功能就是给居民提供休息、停留、消费服务的场所,体育设施的进入使得居民能够将商业消费需求同体育锻炼需求结合,在同一个空间解决不同需求,达到一举两得的效果。这种形式不论是在大型商圈还是在中、小型商业综合体都比较普遍,特别是中、小型商业综合体已经越来越多,布局与人口聚集度和消费能力成正比,是社区和居住小区居民平时都能光顾的空间,服务于周边的居民,能够作为社区级的体育设施,满足一些日常性、普遍性的体育运动需求。在商业设施中布置的体育设施空间应该更精准地针对目标居民的需求,布置一些受居民喜爱并有特色的体育活动,如滑冰、卡丁车、射箭、击剑、跆拳道、健身等,既为社区居民服务,同时起到专项体育设施的服务功能,吸引不同项目爱好者前来使用。同时还可以借鉴主城区某些区域的做法,将商业建筑或公共建筑的裙楼规划为体育设施空间,形成空中的体育公园或体育服务中心,更加有效地利用空间资源。三峡库区中、小型城市由于城市建设用地非常有限,商业设施中心地的作用更加凸显,用这种"商—体"混合的模式既有利于集约用地,也有利于提高城市体育设施利用效率。

6.5.4　城市级体育设施空间集约模式

1)区级文体设施整合

按照重庆市文化广播影视管理局对上海市文化场馆的分类,主要可分为图书馆、文化馆、文化宫、少年宫、博物馆、剧场、电影院、展览馆、娱乐场所及社区文化活动中心。其中可以与体育结合,成为供居民使用的体育空间的主要有大剧院、文化馆、文化宫、少年宫、青少年活动中心、文化艺术中心、社区文化活动中心 7 种形态,各种形态又分为不同的等级,如文化艺术中心有市级和区县级的区别。三峡库区城市由于体育设施的层级还不完善,在中、小城市的文化设施空间中,基本可以用来满足基本体育生活圈层的需求,利用文化设施的广场空间、公共空间进行轮滑、广场舞等活动,或是进行一些不需要大规模、专业体育设施的休闲体育活动能够部分替代社区级、居住小区级体育设施的功能,也是保障老旧居住区体育运动空间的一个办法。在市级和区级大型文化设施空间内还可以在一定的时候起到全民健身中心的作用,在设施空间内设置一些适当的体育设施,并承担区级或是部分专项体育的竞赛任务。总体来说,可将不同形态和级别的文化设施与体育生活圈层级和城市体育设施空间分别对应(表6.9)。

表 6.9　"文—体"空间整合表

文化设施层级	文化设施类型	体育生活圈	体育设施层级	活动频次
市级	大剧院、文化艺术中心、文化馆、会展中心	城市体育圈层	城市级	较多

续表

文化设施层级	文化设施类型	体育生活圈	体育设施层级	活动频次
区级	区文化馆、文化艺术中心、少年宫、文化宫	社区体育圈层	社区级	频繁
		城市体育圈层	区级	较多
社区级	社区文化中心,社区活动中心	社区体育圈层	社区级	频繁
		日常体育圈层	居住区级	频繁

资料来源:笔者自绘

2)区级以上公园整合

在我国大规模的城镇化进程中,城镇建设用地的空间扩张速度远远超过城镇人口增长的速度,过度城镇化的问题十分突出。但自三峡工程建设以来,库区城市的社会经济结构以及生态景观结构都发生了较大的变迁。同时城市级体育设施与前文分析的居住区、社区级体育设施整合的绿地性质和形态均有不同。这类绿地与城市的地形起伏、城市形态息息相关,在城市内部形成绿廊、绿楔、绿带、绿心等景观空间结构,在城市外部形成生态屏障或郊野公园,在城市绿地覆盖率指标中占有重大比例(表6.10、图6.37)。

表6.10 2017年三峡库区部分城市绿地指标统计表

绿地指标	丰都县	万州区	开州区	云阳县	奉节县	兴山县	秭归县	国标
建成区绿地率	35.4%	32.38%	36.06%	37.40%	33.01%	33.02%	38.94%	38.9
建成区绿地覆盖率	38.6%	35.05%	38.37%	41.1%	34.09%	37.27%	43.23%	41.5
人均公共绿地面积/(m² · 人⁻¹)	11.9	10.81	14.73	13.95	9.7	13.64	14.75	14.6

资料来源:各省市政府工作报告

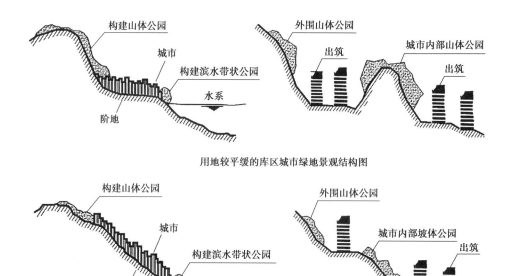

图 6.37　两种类型山地城市绿地空间结构图
资料来源:笔者根据偶春、姚侠妹、张建林(2012)研究总结绘制

在未来三峡库区城市更新或新城建设中,高级别的、绿地中心景观是三峡库区城市的建设重点。我国《城市绿地分类标准(CJJ/T 85—2017)》将绿地分为 5 类,根据公园绿地的面积,同时参考国家标准,城市级体育设施的整合主要参考市级公园(大于 20 hm²)和区级公园(2～20 hm²)。市级、区级公园规划中可将城市级体育设施整合在其中,使公园的服务功能更加多样,活动丰富,提高公园的使用效率,也可让体育运动在生态和美好的环境中进行。体育设施与区级以上公园进行整合所以是非独立用地体育设施,可节约独立用地体育设施指标,使城市拥有更多的城市级、高品质的体育设施。重庆渝北区全民健身中心的建设就充分结合了渝北区的公园绿地,打造了一个花园式区级体育设施空间,在实际应用中达到良好的效果,受到运动参与者的好评(图 6.38、图 6.39)。

图6.38　石子山体育公园(江北区)　　　图6.39　融创鹿角体育公园(巴南区)

资料来源:笔者自摄　　　　　　　　资料来源:笔者自摄

3)体育小镇

近年来,由于人民群众对健康和锻炼的需求越来越强烈,在我国兴起了体育小镇建设的热潮。体育小镇是一种在国际上非常流行的"旅游+体育"模式的空间载体,在我国起步较晚。2019年,国家正式推动特色体育小镇发展。目前国内在过冬地区以及度假休闲产业发达地区已经有滑雪、网球、水上运动等特色体育小镇布局(图6.40、图6.41),三峡库区具有特点鲜明的生态和文化旅游资源,武隆、石柱、丰都、巫溪等城市应该抓住机遇,协调旅游资源与城市的空间关系,在交通便利,服务较完善的空间节点布局以不同项目为特色的精品体育小镇建设。

图6.40　昆明安宁国际网球度假村　　　图6.41　昆明安宁国际网球度假村规划

资料来源:笔者自摄　　　　　　　　资料来源:网络

6.6　本章小结

　　本章为解决三峡库区城市体育设施规划适应性不足的问题,首先,针对城市体育设施多样化不足的问题,根据城市体育生活圈"三圈层"理论,构建与基本圈层、基础圈层和机会圈层分别对应的社区型、城区型、城市型 3 个层级的体育设施,每个层级再细分为 3 种类型,形成三层级、九类型的三峡库区城市体育设施适应性层级体系。然后,针对三峡库区城市体育设施空间布局缺乏均等性的问题,构建在三峡库区特殊的山水地形条件和 3 种典型城市空间形态条件下,三层级九类型体育设施理想空间模式,并提出规划用地与设施类型的指标控制方法。最后,针对三峡库区城市地形条件复杂,城市建设用地紧张的客观条件,从 3 个层次的城市体育设施空间特征出发,构建空间整合、设施开放、功能互动的集约用地模式。研究希望通过以上 3 种规划方法的构建,能够为三峡库区城市体育设施的适应性规划提供有效的规划途径。

7 结　论

7.1　研究结论

本书以三峡库区城市体育设施为研究对象,以适应性规划为研究切入点,参考城乡规划理论、山地人居环境理论、适应性理论,通过对三峡库区城市体育设施空间问题的梳理,提出了城市体育设施适应规划研究框架,探讨了城市体育设施的居民需求、城市布局、用地集约 3 个维度之间的适应性支撑关系及适应性规划的重要作用;从适应性空间规划方法论三要素角度结合区位评价理论构建本书的评价方法、评价基本原则并对 9 个三峡库区城市评价总结出量化结论;在区域级体育设施空间体系对接部分,以区域发展理论为基础,梳理三峡库区区域空间结构现状,构建"赛事—旅游—交通"综合空间结构决策体系,提出"一心多极"的网络化区域空间结构。在城市级体育设施空间模式优化部分,本书以"体育生活圈"理论为基础,以 ArcGIS10.2 及 SPSS 21 软件为分析平台,运用均等性、可达性等空间分析方法以及因子分析、交叉分析等数据处理方法,构建了一个基于三峡库区社会需求与复杂城市空间形态适应性的体育设施空间发展模式。本书的主要结论如下。

1)三峡库区体育设施与社会体育需求存在适应性调适问题

基于三峡库区时空结构化的研究框架,三峡库区体育设施建设与社会体育需求存在适应性不足问题。首先是对三峡库区体育发展战略定位的体现不足，三峡库区城市类型多样，生态、文化特色鲜明，既有直辖市、国家中心城市，也有地区中心城市和仙女山、小三峡等5A级景区。我国多个中心城市或文化旅游景区都已成功举办或将要举办有影响力的国际性赛事，而三峡库区却缺乏适应举办重大国际赛事的设施。同时，国家体育设施配置标准及布局方法与三峡库区城市复杂的地形地貌存在不适应的问题，导致三峡库区城市体育设施供给指标暂时落后于全国同等城市水平，也落后于国家制定的目标水平。其次是对不同体育人群需求的满足还不够，经过调查研究发现，重庆主城区体育设施满意度刚超过及格线而部分区县的体育设施满意度评价较低，存在体育设施供给与体育人群需求不适应的问题。

2）三峡库区体育设施规划要适应"点—线—面"三位一体的社会体育空间需求

三峡库区社会体育需求存在典型的全球化与本土化共存的二元特征。由于三峡库区城市普遍处于城镇化发展的加速阶段（城镇化率25%～70%），而重庆主城区则处于成熟阶段（超过70%），又有国家中心城市及"两点""两地""两高"定位和目标的加持，融入全球城市体系和建立均等的公共服务体系两个目标同时存在。另外，国家体育发展战略提出坚持竞技体育与群众体育共同发展的方略。从这两个意义上说，在这个信息化、全球化的时代，三峡库区体育设施的空间基本结构应该是二元的，一方面是能够积累各种全球性要素流动的流动空间；另一方面，则是能够满足三峡库区居民日常性锻炼，保持身体健康的地方空间。这种二元空间结构联通三峡库区体育发展的流动性基础和地域性基础，形成"点—线—面"的社会需求结构。点，即体育运动场所；线，即交通空间和信息获取；面，即三峡库区的地域特色和文化特色。体育设施规划需要适应"流动空间"三位一体的空间需求结构。

3）多尺度适应性规划是三峡库区体育设施可持续发展的适宜方向

以人居环境科学整体性、层次性的思想为基础，三峡库区体育设施适应性规划分为区域与城市两个层面。三峡库区区域层面体育设施规划,针对三峡库区城市体育设施的显性化供给导致同质化的挑战,提出网络化空间体系对接适应性规划方法。适应区域级社会体育需求,这些需求包括全球或国家级综合体育赛事或国家级专业体育赛事以及具有区域级影响力的体育旅游设施。在空间体系上以网络化为适应性方法构建"一心多极"的区域空间结构,和"两心两带"的空间功能分区模式,完成与三峡库区城镇空间结构相适应的空间体系对接。

三峡库区城市层面体育设施规划,为适应本土化的身体锻炼和健康需求,这些需求包括多样性的体育人群需求、圈层化的交通需求和集约化的空间模式需求,克服单一的独立用地规划模式带来供需偏差的挑战,在空间上以集约化为适应性方法。构建三层级九类型的三峡库区城市级体育设施层级和分类体系、满足3个体育生活圈层的空间布局结构和多种用地功能整合的集约化空间模式,完成与三峡库区地域性城市空间形态相适应的空间模式优化。

7.2 创新点

7.2.1 理论创新

我国体育文化和体育战略研究,都强调了体育的二元结构,但在体育设施研究中,对这种二元结构则强调不够。据此,本书在三峡库区体育设施研究中根据库区的地域文化特性,提出具有二元结构的适应性规划理论创新。研究以山地城乡规划理论、流动空间理论为理论基础,提出具有二元特征的,公平而有差异的体育设施适应性规划理论创新,强调社会体育需求的差异决定规划供给的差异,社会需求差异性包括设施的差异、流动的差异、地域的差异。三峡库区城市体育设施规划存在以行政组织层级吸纳体育设施层级,使体育设施由于供给的区域类型线性化、城市布局中心化、设施建设模式化而不适应社会发展需求和人们生活需要的相关问题。目前的研究偏重于以"发展"为目标,对体育设施布局的地理覆盖范围和城市空间的物理邻近特性进行研究。这种视角对体育与社会的相互影响关系认识不足。体育服务,既是社会公共服务的基本需求,也是体现社会文明发展与进步的综合需求。笔者以"时空结构化"双螺旋为研究基础架构,以流动空间理论为突破点,提出时空结构化的技术整合需要适应"流动空间"——信息化、全球化时代的社会空间形态。在信息时代,体育设施具有"地方空间"和"流动空间"两种有差异的形态特征,三峡库区目前的城市体育设施建设和规划现状尚不能充分适应这两种形态的社会需求。本书研究理论的主观意愿尝试融合流动空间理论、人居环境理论和适应性理论,创新构建适应三峡库区社会发展需求的,公平而有差异的三峡库区体育设施适应性规划理论框架。

7.2.2　方法创新

通过对三峡库区体育设施适应性情况的量化评价和分析,针对区域层面均质的体育空间战略与独特的三峡库区体育资源不适应的矛盾,研发三峡库区体育设施适应性空间结构规划关键技术。针对城市层面社区体育设施布局与城市体育设施用地模式不适应的矛盾,研发三峡库区日常类体育设施集约用地关键技术。创新三峡库区城市体育设施规划的适应性规划技术体系以适应日益丰富的社会体育需求。

首先,区域层面以空间体系对接为目标,通过重大赛事—区域旅游—区域交通综合空间决策体系,以区域级竞赛体育设施和体育旅游重要赛事 IP 组合形成网络化空间结构,对接三峡库区城镇体系空间结构。三峡库区独特的自然资源能够通过体育赛事集聚全球性要素流动,将其与区域竞技体育设施组合成综合网络体系,纳入区域体育设施空间格局研究,尚属首次。

其次,城市层面以空间模式优化为目标,目前有对学校体育设施向社会开放的研究和体育公园研究,但将城市体育设施划分为 3 个层级多种类型,在地域性特设城市空间形态基底上,提出空间布局方法,并成体系地进行多种功能整合的集约化空间模式构建,尚属首次。

7.3 研究不足

本书虽然总结了三峡库区体育设施适应性规划的基础理论,探索了规划方法和关键技术,但仍存在研究范围界限过于明确,研究并没有深入到场地规划设计环节以及没有包含农村体育设施等不足。

1)缺乏体育设施与城市其他功能空间的相互作用研究

本书的分析都是聚焦于城市体育设施这一具体对象,即使是考虑到城市因素和地形地貌影响,也是在宏观、中观层面考虑与城市体育设施的相互关系,但没有探讨与城市其他功能空间的相互作用。城市是一个复杂的巨系统,任何设施和空间要素在城市中都是相关联的,因此,在整个城市中的空间布局也应该保持有机的相互关系,特别是在山地城市土地资源不充裕的前提下,集约型的规划用地方式是一种解决办法,但更微观、更实际的规划设施方法也同样重要。

2)缺乏对微观体育设施规划设计的研究

本书的主要针对背景是三峡库区的城市,主要研究的是城市体育设施规划布局的方法和规划选址技术。但体育设施规划设计也是重要的一部分,特别是市级、区级这样占地面积大,功能综合投入巨大的综合性体育设施,其功能布局和空间设计的合理与否也会直接影响规划适应性。近年来快速发展的城市体育公园,将公园功能与体育功能相结合是一件好事,但需要科学、合理的设计才能兼容两者的功能,达到集约用地并且保持满意度的效果。后续需进一步针对具体综合性体育设施或体育公园的空间布局做针对性的研究。

3)缺乏对农村体育设施规划的设计

农村体育设施空间布局的特点与城市区别较大,以综合性体育设施为例,农村地区居住分散,路程不便,难以实现大、中型综合体育设施布局,适应农村体育需求的恰恰是分散的小型体育场地或对山水环境进行微改造形成运动空间,体育设施服务的空间范围和集聚的人口数量与城市有很大的不同。更重要的是,农村地区还存在具有深厚历史文化底蕴的民间体育运动,代表了当地祖祖辈辈、代代相传的文化传统,这样的空间需求如何? 布局的特殊性如何? 都需要进行深入的调研才能获得关键问题。本书因聚焦的区域所限,没有对农村地区的进行研究,但在乡村振兴的背景下,未来一定是一个重要的研究方向。

7.4　研究展望

城市体育设施的适应性研究在新型城市化战略的持续推进下必将成为未来城市规划、城市公共服务研究的主要内容之一,也是城镇化质量评估的重要方面。本书尝试提出了针对三峡库区城市体育设施现状空间布局的适应性规划研究框架、规划方法与选址关键技术,并在三峡库区城市进行实证研究。在未来研究中,笔者认为有以下几个可以继续深化研究的领域:一是研究范围可以逐渐扩大,将适应性规划理论、方法及评价体系运用到全国其他地区体育设施规划研究中;二是能够将研究类型逐渐扩大,对体育设施的研究理论也可以应用在城市文化服务设施及其他基础公共服务设施的适应性规划研究中;三是对三峡库区城市和山地城市来说,在设施层面应该多加线性空间的体育设施设计方法的研究,解决靠山用地、靠水用地长条形、线性用地多的实际问题;四是可以将城市体育设施适应性规划思想沿用到乡村体育设施或体育设施的城乡一体化规划研究中。

附　录

附录1　作者在攻读博士学位期间发表论文的情况

[1] 李长东:《现代墓园的情感缺失与再生》,《土木建筑与环境工程》2012 年第
　　S2 期,第 21-25 页.

[2] 李长东、孙爱庐、贾莹:《城市中心商圈空间品质评价意义及指标体系研
　　究》,《西部人居环境学刊》2014 年第 4 期,第 98-106 页.

[3] 赵万民、贾幕昕、李长东、曹梓煜:《山地都市地下空间人性化设计评价体系
　　研究——以重庆市六大商圈为例》,《西部人居环境学刊》2017 年第 6 期,
　　第 5-11 页.

[4] 李云燕、李长东、雷娜、束方勇:《国外城市雨洪管理再认识及其启示》,《重
　　庆大学学报(社科版)》2018 年第 5 期,第 34-43 页.

[5] 庞文东、李长东、魏小芳:《乡村振兴战略背景下的乡村"三生"空间发展研
　　究——以重庆市南岸区为例》,《建筑与文化》2019 年第 1 期,第 194-195 页.

[6] 赵万民、李长东、尤家曜:《城市公园适老运动环境影响要素聚类研究》,《中
　　国园林》,2021 年第 5 期,第 50-55 页.

附录 2 作者在攻读博士学位期间参加的科研项目及获奖情况

［1］西南山地典型历史文化城镇"生态—人文—技术"耦合机制与规划干预研究（编号：51508047），时间：2016—2018 年。

［2］山地城镇防灾减灾的生态基础设施体系建构研究（编号：51678086），时间：2017—2020。

［3］"重庆山地历史文化城市（镇）保护理论创新与实践应用"，荣获 2017 年度住建部华夏建设科学技术一等奖。

附录3　三峡库区城市体育设施适应性评价表

目标号	要素集合层	序号	要素指标层	分数									
				1	2	3	4	5	6	7	8	9	10
供给完成度指标	多样性完成度指标	1	是否经常参加体育锻炼										
		2	是否经常在市级体育设施运动										
		3	是否觉得市级体育设施使用便利										
		4	是否经常在区级体育设施运动										
		5	是否觉得区级体育设施使用便利										
		6	是否经常在学校体育设施运动										
		7	是否觉得学校体育设施使用便利										
		8	是否经常在社区体育设施运动										
		9	是否觉得社区体育设施使用便利										
	均等性完成度指标	10	步行5分钟是否有体育设施										
		11	步行10分钟是否有体育设施										
		12	步行15分钟是否有体育设施										
		13	是否有地域特色										
		14	是否结合山地地形										
		15	是否结合水体										
	集约性完成度指标	16	是否方便停车										
		17	是否方便换洗										
		18	是否有康体设施										
		19	是否有好的环境										
		20	是否能与同伴一起										

续表

目标号	要素集合层	序号	要素指标层	分数									
				1	2	3	4	5	6	7	8	9	10
需求满意度指标	多样性满意度指标	21	是否满意现有体育设施数量										
		22	是否满意现有体育设施质量										
		23	是否有自己喜欢的体育设施										
		24	是否设施数量能够满足										
		25	是否设施质量能够满足										
		26	是否有精彩赛事资源										
	均等性满意度指标	27	是否出行距离短										
		28	是否出行时间少										
		29	是否方便到达										
		30	是否可识别度高										
	集约性满意度指标	31	是否方便参与山地项目										
		32	是否方便参与水上项目										
		33	是否与其他功能区有紧密联系										
		34	是否有好的设施管理										
		35	是否有好的指导										
		36	是否有好的配套服务										

附录4　三峡库区城市居民体育设施需求调查表

一、基本信息：

您的性别_____　　　　　　年龄_____　　　　　　职业_____

受教育水平_____　　　　　居住地_____

调查地点_____

调查日期_____

二、体育需求信息

1. 您对体育设施的需求情况是？

A. 非常需要　　　　B. 需要　　　　　　C. 可有可无　　　　D. 不需要

2. 您最喜爱的体育项目是？（请选择3项）

A. 足球　B. 篮球　C. 网球　D. 羽毛球　E. 乒乓球　F. 跑步　G. 散步

H. 游泳　I. 健身　J. 瑜伽　K. 民间体育运动　L. 滑冰　M. 赛车

N. 极限运动　O. 高尔夫　P. 马术　Q. 跳舞

您选择的3个项目是_____

3. 您最希望参加的体育项目是？（请选择3项）

A. 足球　B. 篮球　C. 网球　D. 羽毛球　E. 乒乓球　F. 跑步　G. 散步

H. 游泳　I. 健身　J. 瑜伽　K. 民间体育运动　L. 滑冰　M. 赛车

N. 极限运动　O. 高尔夫　P. 马术　Q. 跳舞

您选择的3个项目是_____

4. 您每周参加日常休闲体育运动的次数是？

A. 不到1次　　　　B. 1~2次　　　　C. 3~5次　　　　D. 5次以上

5. 您每周参加社区球类体育运动的次数是？

A. 不到1次　　　　B. 1~2次　　　　C. 3~5次　　　　D. 5次以上

6. 您每年参加业余训练、比赛的次数是？

A. 10 次以下　　　B. 10~20 次　　　C. 20~50 次　　　D. 50 次以上

7. 您每年参与职业竞技体育的次数是？

A. 不到 1 次　　　B. 1~5 次　　　C. 5~10 次　　　D. 10 次以上

8. 您最希望参加日常休闲体育运动的地点是？

A. 体育场　B. 体育馆　C. 学校体育设施　D. 社区体育设施　E. 小区体育设施　F. 公园

9. 您最希望参加社区球类体育运动的地点是？

A. 体育场　B. 体育馆　C. 学校体育设施　D. 社区体育设施　E. 小区体育设施　F. 公园　G. 广场

10. 您最希望参加体育训练、比赛的地点是？

A. 体育场　B. 体育馆　C. 学校体育设施　D. 社区体育设施　E. 小区体育设施　F. 公园

11. 您最希望参与职业竞技体育的地点是？

A. 体育场　B. 体育馆　C. 学校体育设施　D. 社区体育设施　E. 公园

F. 广场

12. 您最希望参加日常体育运动的常用出行方式是？

A. 步行　　　　B. 自行车　　　　C. 公共交通　　　D. 开私家车

13. 您最希望参加社区球类运动的常用出行方式是？

A. 步行　　　　B. 自行车　　　　C. 公共交通　　　D. 开私家车

E. 地铁

14. 您最希望参加业余训练、比赛的常用出行方式是？

A. 步行　　　　B. 自行车　　　　C. 公共交通　　　D. 开私家车

E. 地铁

15. 您最希望参与职业竞技体育的常用出行方式是？

A. 公交　　　　B. 地铁　　　　C. 开私家车　　　D. 飞机

E. 高铁

16.您最希望参加日常体育活动的出行时间是?

A. 5 min 内   B. 10 min 内   C. 15 min 内   D. 20 min 内

E. 20 min 以上

17.您最希望参加社区球类运动的出行时间是?

A. 5 min 内   B. 10 min 内   C. 20 min 内   D. 30 min 内

E. 60 min 内   F. 60 min 以上

18.您最希望参加业余训练、比赛的出行时间是?

A. 5 min 内   B. 10 min 内   C. 20 min 内   D. 30 min 内

E. 60 min 内   F. 60 min 以上

19.您最希望参与职业竞技体育的出行时间是?

A. 30 min 以下   B. 1 h   C. 2 h   D. 3 h

E. 半天   F. 1 ~ 3 天   G. 3 天以上

20.您最希望参加日常体育活动的出行距离是?

A. 500 m 以内   B. 1 000 m 以内   C. 1 500 m 以内   D. 2 000 m 以内

E. 2 500 m 以内   F. 3 000 m 以内   G. 3 000 以上

21.您最希望参加社区球类运动的出行距离是?

A. 2 km 以内   B. 5 km 以内   C. 8 km 以内   D. 10 km 以内

E. 12 km 以内   F. 15 km 以内   G. 20 km 以内   H. 20 km 以上

22.您最希望参加业余训练、比赛的出行距离是?

A. 10 km 以内   B. 12.5 km 以内   C. 15 km 以内   D. 20 km 以内

E. 25 km 以内   F. 35 km 以内   G. 35 km 以上

23.您最希望参与职业竞技体育的出行距离是?

A. 20 km 以内   B. 50 km 以内   C. 200 km 以内   D. 500 km 以内

E. 500 km 以上

24.您最希望增加的体育设施是?（请选择 3 项）

A. 居住区体育设施   B. 社区体育设施

C.训练、比赛体育设施   D.综合体育公园

E.专项体育设施   F.综合体育中心设施

您选择的 3 个项目是：＿＿＿＿＿＿

25.您参加体育运动的目的是?

A.朋友聚会   B.业余比赛   C.锻炼身体   D.娱乐休闲

26.您觉得影响您参加体育运动最大的动力因素是?（请选择 3 项）

A.释放压力   B.身心健康   C.提高运动能力   D.保持体形

E.兴趣爱好   F.人际关系   G.设施便利   H.环境舒适

27.您觉得影响您参加体育运动最大的限制因素是?（请选择 3 项）

A.没兴趣   B.没设施   C.设施太远   D.设施质量差

E.消费太高   F.没时间   G.交通不便   H.环境太差

I.运动能力差   J.没运动伙伴

您选择的 3 个项目是：＿＿＿＿＿＿

附录 5　三峡库区城市体育设施访谈调查提纲

问题 1：您的主要体育需求是什么？（休闲、爱好、准职业、竞赛）

问题 2：您参加体育运动主要是在什么时候？

问题 3：您所在的城市居住区体育设施数量情况如何？使用方便情况如何？

问题 4：您所在的城市社区体育设施数量情况如何？使用方便情况如何？

问题 5：您所在的城市城市级体育设施数量情况如何？使用方便情况如何？

问题 6：您所在的城市区域级体育设施数量情况如何？使用方便情况如何？

问题 7：您所在城市体育设施发展的问题是什么？

问题 8：您最希望增加哪种或哪几种类型的体育设施？

参考文献

［1］夏佑新.走进毛泽东遗物馆［M］.湘潭:湘潭大学出版社,2008.

［2］吴良镛,赵万民.三峡库区人居环境的可持续发展［A］∥朱光亚.中国科学技术前沿.上海:上海教育出版社,1998.

［3］赵万民,等.三峡库区人居环境建设发展研究:理论与实践［M］.北京:中国建筑工业出版社,2015.

［4］吴良镛,赵万民.三峡工程与人居环境建设［J］.城市规划,1995,19(4):5-10.

［5］邹师,章思琪,孙丽雯.建国以来我国区域体育发展战略研究取得的成就与发展对策［J］.新中国体育60年理论研讨会文集,2009:388-398.

［6］章苗英.关于我国公共体育设施若干问题的研究［J］.浙江体育科学,2001,23(4):14-16.

［7］郑志明.特大城市公共体育设施布局规划研究:以成都市为例［D］.成都:西南交通大学,2009.

［8］蔡云楠,谷春军.全民健身战略下公共体育设施规划思考［J］.规划师,2015(7):5-10.

［9］李泽新.三峡库区人居环境建设综合交通体系研究［M］.南京:东南大学出版社,2008.

［10］黄勇.三峡库区人居环境建设的社会学问题研究［M］.南京:东南大学出版社,2011.

[11] 段炼.三峡区域新人居环境建设研究[M].南京:东南大学出版社,2011.

[12] 聂晓晴.三峡库区城市居住空间重构研究[M].南京:东南大学出版社,2011.

[13] 魏晓芳.三峡人居环境文化地理变迁[M].南京:东南大学出版社,2014.

[14] 郭辉.三峡库区城市"公共安全空间单元"研究:基于灾害链视角[M].北京:中国建筑工业出版社,2017.

[15] 刘畅.三峡库区人居环境的生态及产业发展研究[M].北京:中国建筑工业出版社,2018.

[16] 周琎.三峡库区社会基础设施协同规划理论与方法[M].重庆:重庆大学出版社,2021.

[17] 潘建华,谭宏.三峡库区移民体育消费研究[J].重庆大学学报(社会科学版),2007,13(4):99-103.

[18] 潘建华,谭宏,严小波.三峡库区社区体育与经济发展相关分析[J].重庆大学学报(社会科学版),2008,14(3):8-10.

[19] 娄方平.三峡库区城乡体育一体化发展模式及对策研究[J].重庆大学学报(社会科学版),2009,15(3):111-115.

[20] 张世威,宋成刚.构建三峡库区"两江四岸"体育旅游长廊的设想[J].体育学刊,2008,15(4):44-47.

[21] 张世威.蓄水后三峡库区体育旅游业发展的对策分析[J].吉林体育学院学报,2011,27(2):35-37.

[22] 田至美.体育服务设施的空间组织优化问题[J].人文地理,1995(2):61-72.

[23] 马志和,马志强,戴健,等."中心地理论"与城市体育设施的空间布局研究[J].北京体育大学学报,2004,27(4):445-447.

[24] 卢耿华.上海城市生活体育设施功能形态布局研究[J].体育科学,2004,24(6):10-14.

[25] 李建国,卢耿华.都市体育生活圈建设研究[J].体育科研,2004,25(1): 5-6.

[26] 申亮,岳利民,肖焕禹.城市体育的新范式:都市体育圈——都市体育圈 的发展规划及其空间布局模式的探讨[J].天津体育学院学报,2005,20 (2):88-92.

[27] 金银日.城市居民休闲体育行为的空间需求与供给研究[D].上海:上海体 育学院,2013.

[28] 彭立新,郭卫勇.基于GIS城市体育场最佳选址问题的研究[J].武汉船舶 职业技术学院学报,2011,10(1):22-25.

[29] 朱丽娜.山东省地级以上城市体育场馆布局研究[D].北京:北京体育大 学,2008.

[30] 郭敏,刘聪,刘买如,等.我国体育场地建设的发展历程及其启示[J].北京 体育大学学报,2009,32(2):12-16.

[31] 粮勇峰.北京市体育场馆布局现状研究[D].北京:首都体育学院,2008.

[32] 窦海真.我国五大城市群地级以上城市体育场馆布局研究[D].北京:北京 体育大学,2011.

[33] 缪建奇,丁健,郑超,等.大型运动会体育设施建设与城市发展研究[J].体 育文化导刊,2009(1):58-61.

[34] 张萍,张楠.重大体育赛事场馆布局规划思考[J].中外建筑,2005(3): 19-21.

[35] 杨磊,周学荣.城市运营与体育场馆建设规划研究[J].体育文化导刊, 2008(3):78-80.

[36] 张井岩.大中型体育中心总体布局设计研究[D].哈尔滨:哈尔滨工业大 学,2007.

[37] 朱小地,张果,孙志敏,等.北京奥林匹克公园中心区景观规划与设计 [C].//2008北京奥运园林绿化的理论与实践研讨会(首都城市园林绿化

建设与展望研讨会)论文集.2008:1-6.

[38] 徐鹏.北京奥运场馆建筑形态及其外部空间设计研究[D].大连:大连理工大学,2010.

[39] 张文新.北京市人口分布与服务设施分布的协调性分析[J].北京社会科学,2004(1):78-84.

[40] 原玉杰,靳英华.体育场馆布局的影响因素分析[J].北京体育大学学报,2007,30(11):1490-1492.

[41] 王西波,魏敦山.大型体育场馆的规划选址[J].规划师,2008,24(2):27-30.

[42] 韩佐生,杨兰生.现代体育运动空间布局的原则及发展趋势[J].哈尔滨体育学院学报,1998,16(1):10-14.

[43] 樊可.多元视角下的体育建筑研究[D].上海:同济大学,2007.

[44] 蒋蓉,陈果,杨伦.成都市公共体育设施规划实践及策略研究[J].规划师,2007,23(10):26-28.

[45] 柏慧敏.社会阶层差异中的休闲体育文化模式[J].体育科研,2009,30(2):30-32.

[46] 蔡玉军,邵斌,魏磊,等.城市公共体育空间结构现状模式研究:以上海市中心城区为例[J].体育科学,2012,32(7):9-17.

[47] 徐会夫,柴刚军,项冉.大城市公共设施规划的技术难点初探[J].生态文明视角下的城乡规划:2008中国城市规划年会论文集,2008:1-11.

[48] 郑皓怀.城市社区体育设施建设研究[D].上海:同济大学,2008.

[49] 王智勇,郑志明.大城市公共体育设施规划布局初探[J].华中建筑,2011,29(7)120-123.

[50] 吴贻刚,沈佳.上海建设体育城市中的体育场馆建设措施[J].上海体育学院学报,2007,31(6):16-20.

[51] 张玉良,徐婧.浅析城市体育中心的选址[J].城市建筑,2011(7):

123-124.

[52] 林显鹏.现代奥运会体育场馆建设及赛后利用研究[J].北京体育大学学报,2005,28(11):1441-1444.

[53] 陈元欣,王健.政府主导:政府大型体育场馆设施供给中的作用研究[J].南京体育学院学报(社会科学版),2010,24(6):51-55.

[54] 钱文军,徐中华.城市居住区公共体育设施规划研究[J].南阳师范学院学报,2011,10(12):105-107.

[55] 赵克,徐卫华,黄文仁,等.我国大、中城市居民住宅区体育设施配套建设的可行性研究[J].体育科学,2004,24(12):42-45,53.

[56] 王乔君.城市居民住宅区体育设施规划的构想[J].体育科学,2004,24(2):4-5.

[57] 李骁天,王凯珍,李璟圆.我国城市社区与学校体育设施共享理论构建研究[J].北京体育大学学报,2009,32(4):83-87,98.

[58] 赵克,郑旭旭,兰自力,等.城建居民小区体育设施配套建设立法研究[J].体育科学,2001,21(4):5-7

[59] 徐卫华,黄雪琳,赵克.厦门市城市居住区体育设施配套建设相关法规实效性的研究[J].天津体育学院学报,2003,18(4):16-19.

[60] 陈彦,张军,李蕾.西安市住宅小区体育设施配套建设实施现状及立法保障研究[J].西安体育学院学报,2011,28(4):391-395.

[61] 陈旸.基于GIS的社区体育服务设施布局优化研究[J].经济地理,2010,30(8):1254-1258.

[62] 任平,王家宏,陶玉流,等.都市体育圈:概念、类型和特征[J].武汉体育学院学报,2006,40(4):5-8.

[63] 周亦瑾,王红.都市体育圈城市规划与体育生活的关系研究[J].体育科技文献通报,2006,16(6):99-101.

[64] 常乃军,乔玉成.社会转型视域下城市休闲体育生活空间的重构[J].体育

科学, 2011,31(12): 14-20,72.

[65] 王茜,苏世亮,苏静.社会地理学视域下的城市休闲体育空间重构[J].广州体育学院学报,2009,29(1): 65-69.

[66] 王玉扩,潘中立,郑道远,等.论体育与城市的整体发展[J].中国环境管理干部学院学报,2005,15(4): 90-93.

[67] 都胜君.城市大众体育设施规划设计策略研究[J].南京:南京工业大学,2006.

[68] 刘华冰.体育场馆设施与城市功能及形象关系研究[J].河北体育学院学报,2007,21(2): 22-23.

[69] 徐向阳,张俊伟.体育与城市人居环境建设的研究[J].山西师大体育学院学报,2006, 21(4): 9-11.

[70] 杨凤华.公共体育场馆服务的有效供给[D].北京:北京体育大学,2007.

[71] 蔡玉军.城市公共体育空间结构研究[D].上海:上海体育学院,2012.

[72] 金坤.产业化进程中浙江省公共体育场馆的建筑设计特征研究[D].杭州:浙江大学,2013.

[73] 王占坤.浙江省公共体育服务体系建设研究[D].福州:福建师范大学,2015.

[74] 李蓉.重庆市主城区公共体育设施需求及分布研究[D].重庆:西南大学,2009.

[75] 巴艳芳.城市体育设施空间布局与体育产业发展对策研究[J].武汉:华中师范大学,2006.

[76] 史兵.体育地理学理论体系构建研究[J].体育科学,2007, 27(8): 3-24.

[77] 马国馨.持续发展观和体育设施[J].建筑学报,1998(10): 18-20.

[78] 马国馨.社会化产业化的体育及体育设施[J].世界建筑,1999(3): 16-22.

[79] 杜志娟,苗大培.体育公共物品的供给方式:公共服务与非营利组织理论

的视角分析[J].成都体育学院学报,2007,33(1):31-34.

[80] 殷飞.试论城市大型体育设施公共产品性质及赛后运营政策设计[J].南京体育学院学报(社会科学版),2009,23(3):50-53.

[81] 李建国.《全民健身条例》背景下的城市体育服务变革[J].体育科研,2010,31(4):3-4,67.

[82] 谢洪伟,赵克,张红艳,等.城市居住社区体育场地、设施有效供给的经济学分析[J].体育科学,2011,31(11):12-20,26.

[83] 王进.公共体育场馆的属性及其产品供给方式选择:公共经济学视角下的理论分析[J].南京体育学院学报(社会科学版),2008,22(6):17-20.

[84] 王子朴,梁金辉,陆卫平,等.国家体育场投融资模式及赛后运营财务分析[J].体育科学,2010.30(1):16-29.

[85] 陆林飞.上海市中心城区台球馆空间分布的实证研究[D].上海:上海体育学院,2010.

[86] 史兵,刘建峰,张西平,等.西安市羽毛球馆空间分布研究[J].中国体育科技,2010,46(2):45-50,60.

[87] 卢锋.休闲体育学[M].北京:人民体育出版社,2005.

[88] 郭继平.大连开发区城区居民体育需求心态的调查研究[J].大连大学学报,2002,23(4):79-82.

[89] 徐波,向家俊,刘黎明,等.体育休闲主体的需要与参与动机论析[J].南京体育学院学报,2012,26(4):76-82.

[90] 钟宁.现代体育观及不同人群体育动机研究[J].西南师范大学学报(哲学社会科学版),1996,22(4):77-80.

[91] B F CORDON. Olympic Architecture[M]. John Wiley & Sons. 1983.

[92] B J NEILSON. Dialogue with the City:The Evolution of Baseball Parks[J]. LANDSCAPE, 1986(9):39-45.

[93] COMER, C JONATHAN, T H NEWSOME. Recent patterns of professional

sports facility construction in North America[J]. Sport Place: An International Journal of Sports Geography, 1996, 10(1): 22-39.

[94] R BFLYNN, BERNIE GOLDFINE. Facility Planning for Physical Education, Recreation, and Athletics [M]. Dubuque: Kendall Hunt Publishing Company, 1999.

[95] M S ROSENTRAUB, M PRZYBYLSKI, D R MULLINS. Sport and downtown development strategy: If you build it, will jobs come? [J]. Journal of Urban A airs, 1994, 16(3): 221-239.

[96] BAADE, A ROBERT Professional sports as catalysts for metropolitan economic development[J]. Journal of Urban Affairs. 1996. 18(1): 1-17.

[97] J CMELANIGHY. The impact of stadiums and arenas[J]. Real Estate Issues. 1996. 21(3): 36-59.

[98] M N DANIELSON, HOME TEAM Professional Sports and the American Metropolis[M]. NJ: University Press, 1997.

[99] Neil de Mause, JOANNA CAGAN. Field of Schemes: How the great stadium swindle turns public money into privateprofit [M]. Monroe. ME: Common Courage Press, 1998.

[100] RHEE FOON. Twins still on the fence over moving: Meeting with stadium landlords inconclusive[J]. The Charlotte Observer, 1998(6): 21-45.

[101] R J KEATING. Sports Pork: The Costly Relationship Between Major League Sports and Government[M]. Washington. D. C. : Cato Institute, 1999.

[102] ROD SHEARD. Geraint John, Ben Vickery. Stadia: A Design and Development Guide [M]. Architectural Press, 1988.

[103] DANIELSON, N MICHAEL. Home Team: Professional Sports and theAmerican Metropolis [M]. Princeton, NJ: PrincetonUniversity Press, 1997.

[104] BACHELOR, LYNN W. Stadiums as solution sets: Baseball, football and the revival of downtown Detroit [J]. PolicyStudies Review, 1998. 15 (1): 89-101.

[105] R J KEATING. Sports Pork: The Cosily Relationship Between Major League Sports and Government[M]. Washington, D. C.: Cato Institute,1999.

[106] F P JOZSA, American Sports Empire: How the Leagues Breed Success[M]. Praeger Publishers, 2003.

[107] 曾建明. 我国大型体育赛事场馆的空间布局研究[D]. 武汉:华中师范大学, 2013.

[108] 冯伟. 大学科技园适应性规划设计模式的探索研究[D]. 西安:西安建筑科技大学,2008.

[109] 王中德. 西南山地城市公共空间规划设计的适应性理论与方法研究[D]. 重庆:重庆大学,2010.

[110] 肖哲涛. 山水城市视野下秦岭北麓(西安段)适应性保护模式及规划策略研究[D]. 西安:西安建筑科技大学,2013.

[111] 陈崇贤. 河口城市海岸灾害适应性风景园林设计研究[D]. 北京:北京林业大学,2014.

[112] 方小山. 亚热带湿热地区郊野公园气候适应性规划设计策略研究[D]. 广州:华南理工大学,2014.

[113] 郭晓峰. 基于我国城市特征的 BRT 适应性研究与规划设计[D]. 南京:东南大学,2015.

[114] 袁艳华. 山地城市复杂系统生态适应性模型研究:以福建长汀为例[D]. 南京:南京大学,2015.

[115] 史靖塬. 重庆乡村人居环境规划的生态适应性研究[D]. 重庆:重庆大学,2018.

[116] 赵万民. 西南山地人居环境的理论探索与实践[J]. 广州:东南大学出版

社,2011.

[117] 宗轩.中国高校体育建筑发展趋向与设计研究[D].上海:同济大学, 2008.

[118] 卢元镇.东西方文化对接中的奥林匹克运动[J].体育学刊 2006,13(6):1-4.

[119] 李立坚,林岚.论我国近现代学校体育思想的发展与演变[J].北京印刷学院学报,2006,14(6):66-67.

[120] 王丽娟.城市公共服务设施的空间公平研究[D].重庆:重庆大学,2014.

[121] 曹琳琳.资本空间的伦理研究[D].南京:南京师范大学,2017.

[122] 米歇尔·福柯.规训与惩罚[M].刘北成,杨远婴,译.上海:生活·读书·新知三联书店,2007.

[123] 孙成林.我国体育设施政策演进及优化[D].武汉:华中师范大学, 2013.

[124] 崔乐泉,杨向东.中国体育思想史[M].北京:首都师范大学出版社, 2008.

[125] 荣高棠.当代中国体育[M].北京:中国社会科学出版社.1984.

[126] 李志实.学校体育设施[M].北京:北京体育大学出版社.2004.

[127] 姜同仁,黄海燕澳大利亚体育产业发展方式及其经验借鉴[J].西安体育大学学报 2015,32(3):257-263.

[128] 赵万民.我国西南山地城市规划适应性理论研究的一些思考[J].南方建筑, 2008(4):34-37.

[129] 吴良镛.人居环境科学导论[M].北京:中国建筑工业出版社,2001.

[130] 赵万民.山地人居环境七论[M].北京:中国建筑工业出版社,2015.

[131] 胡卫华.高层办公建筑空间适应性设计研究田[D].北京:北京工业大学, 2009.

[132] 伊藤真次.适应的肌理[M].方爽,译.北京:中国环境科学出版社, 1990.

[133] 霍华德.明日的田园城市[M].金经元,译.北京:商务印书馆,2010.

[134] 帕特里克.格迪斯.进化中的城市:城市规划与城市研究导论[M].李浩,等译.北京:中国建筑工业出版社,2012.

[135] 伊利尔.沙里宁.城市:它的发展、衰败和未来[M].顾启源,译.北京:中国建筑工业出版社,1986.

[136] 拉普波特.宅形与文化[M].常青,徐菁,等译.北京:中国建筑工业出版社,2007.

[137] 包亚明.现代性与都市文化理论[M]上海:上海社会科学院出版社,2008.

[138] 曼纽尔·卡斯特.网络社会的崛起[M].夏铸九,等译.北京:社会科学文献出版社,2003.

[139] 周敏.古典西南山地城市生态空间结构历史研究[D].重庆:重庆大学,2012.

[140] 徐坚.山地城镇生态适应性城市设计[M].北京:中国建筑工业出版社,2008.

[141] 赵钢.城市化进程中山地城市生长空间研究[D].重庆:重庆大学,2006.

[142] 黄光宇.山地城市学原理[M].北京:中国建筑工业出版社,2006.

[143] 胡畔.基本公共服务设施区位评价的框架、模型、应用:基于公平与效率的视角[D].南京:东南大学,2013.

[144] 简内特.新公共服务:服务而不是掌舵[M].北京:中国人民大学出版社,2004.

[145] 杨吾扬.区位论与产业、城市和区域规划[J].经济地理.1988(8):3-7.

[146] 李小建.经济地理学[M].北京:高等教育出版社,1999.

[147] 钟泓.漓江流域生态旅游资源开发的空间结构演变研究[D].北京:北京林业大学,2009.

[148] 刘继生,张文奎,张文忠.区位论[M].南京:江苏教育出版社.1994.

[149] 杨吾扬,梁进社.高等经济地理学[M].北京:北京大学出版社.1997.

[150] 陈文福.西方现代区位理论评述[J].云南社会科学.2004(2):62-66.

[151] 丁元竹.基本公共服务均等化:战略与对策[J].中共宁波市委党校学报.2008,30(4):5-12.

[152] 丁元竹.促进我国基本公共服务均等化的战略思路和基本对策[J].经济研究参考.2008(48):11-12.

[153] 赵怡红,李峰.基本公共服务地区间均等化:基于政府主导的多元政策协调[J].经济学家,2009(5):28-33.

[154] 高尚全.推进基本公共服务均等化实现人的全面发展[J].财会研究,2008(5):19.

[155] 迟福林,殷仲义.中国农村改革新起点:基本公共服务均等化与城乡一体化[M].北京:中国经济出版社,2009.

[156] 夏锋.基本公共服务均等化与城乡差距分析[J].经济前沿.2007(10):38-43.

[157] 罗震东,韦江绿,张京祥.城乡基本公共服务设施均等化发展的界定、特征与途径[J].现代城市研究.2011(7):6-13.

[158] 徐德信.公共经济学[M].合肥:中国科学技术大学出版社,2011.

[159] 王谦.城乡公共服务均等化问题研究[M].济南:山东人民出版社,2009.

[160] 约瑟夫·E.斯蒂格利茨,卡尔·E.沃尔什.经济学:上册[M].3版.北京:中国人民大学出版社,2005.

[161] 吴健安,聂元昆.市场营销学[M].5版.北京:高等教育出版社.2014.

[162] 曹珂.山地城市设计的地域适应性理论与方法[D].重庆:重庆大学,2016.

[163] 魏晓芳.三峡人居环境文化地理变迁研究[D].重庆:重庆大学,2013.

[164] 杨爱华,李英,易定恩.三峡库区少数民族传统体育特点的研究[J].北

京体育大学学报,2002,25(3):303-305.

[165] 许江红.三峡库区民族传统体育文化的传承与发展[J].重庆三峡学院学报,2009,25(3):1-3.

[166] 马维波.城市游憩空间分析与整合[M].北京:科学出版社,2009.

[167] 段炼.三峡区域新人居环境建设研究[D].重庆:重庆大学,2009.

[168] 张鲁雅.中华体育之最[M].北京:人民体育出版社,1990.

[169] 邹师,章思琪,孙丽雯.体育强国目标下我国区域体育发展战略研究结构与特色[J].体育与科学,2010,31(1):9-11.

[170] 黄文仁.体育文化发展的历史曲线[J].沈阳体育学院学报,2002(2):6-7.

[171] 张京祥,陆枭麟,罗震东,等.城市大事件营销:从流动空间到场所提升:北京奥运的实证研究[J].国际城市规划,2011,26(6):110-115.

[172] 郑也夫.《城市社会学》[M].北京:中信出版集团,2018.

[173] 胡畔,谢晖,王兴平.乡村基本公共服务设施均等化内涵与方法:以南京市江宁区江宁街道为例[J].城市规划,2010,34(7):28-33.

[174] 刘卫东.土地资源学[M].上海:百家出版社.1994.

[175] 张康之,张桐.世界的中心—边缘结构[M].北京:中国社会科学出版社,2016.

[176] JOHN FRIEDMANN. Regional development policy:A case study of Venezuela[M].Cambridge,Mass:M. I. T. Press,1966.

[177] 郑长德,钟海燕.现代西方城市经济理论[M].北京:经济日报出版社,2007.

[178] 王旭.美国城市发展模式:从城市化到大都市区化[M].北京:清华大学出版社,2006.

[179] ANDREW COPUS. From core-periphery to polycentric development:Concepts of spatial and aspatial peripherality[J]. European Planning Studies,2009,9

(4):539-552.

[180] 张桐.基于"中心—边缘"结构视角的区域协调发展研究[J].城市发展研究,2018,25(8):7-12.

[181] 陈秀山.区域经济理论[M].北京:商务印书馆,2003.

[182] 马勇.三峡库区体育旅游资源优势研究[J].成都体育学院院报,2007,33(2):20-22.

[183] 张建华.一种简便易用的基尼系数计算方法[J].山西农业大学学报(社会科学版),2007,6(3):275-278,283.

[184] 杜果.高铁网络化背景下重庆市旅游空间结构分析与优化[D].重庆:重庆师范大学,2018.

[185] 吴文龙,李欣悦,张洋洋,等.基于GIS的城市公共体育设施可达性研究[J].体育研究与教育,2014,29(5):39-43.

[186] 赵万民.三峡工程与人居环境建设研究[D].北京:清华大学建筑学院,1995.

[187] 童丹.三峡库区现代高密度城市公共空间评价与优化研究:以巫山为例[D].重庆:重庆大学,2015.

[188] 林显鹏,刘云发.国外社区体育中心的建设与经营管理研究:兼论我国体育场馆建设与发展思路[J].体育科学,2005,25(12):12-16,27.

[189] 朱晓东,颜景昕,卢青,等.上海市日常体育生活圈的公共体育设施配置研究[J].人文地理,2015,30(1):84-89.

[190] 毕红星."点—轴"系统理论与城市公共体育设施建设布局[J].上海体育学院学报,2012(6):29-32.

[191] 蔡玉军,邵斌.问题与策略:我国城市公共体育空间集约化发展模式研究[J].天津体育学院学报,2015,30(6):467-473.

[192] 闫永涛,许智东,黎子铭.面向全民健身的公共体育设施专项规划编制探索:以广州为例[J].2015,31(7):11-16.

[193] 赵光.2008 年北京奥运会场馆建设规划及后期的利用[J].南京体育学院学报(社会科学版),2003,17(1):18-21.

[194] 周蓓.基于现代生活方式的城市广场功能演进与空间营造[D].西安:长安大学,2011.

[195] 李德华.城市规划原理[M].3 版.北京:中国建筑工业出版社,2001.

[196] 田莉.我国城镇化进程中喜忧参半的土地城市化[J].城市规划,2011(2):11-12.

[197] 偶春,姚侠妹,张建林.三峡库区迁建山地新城绿地景观生态结构构建[J].城市发展研究,2012,19(1):116-122.

致 谢

行文至此,未有想象的那般波澜壮阔。求学十余载,披荆斩棘,摸索前行,特别是在论文写作的三年多时间里,仿佛置身于四处都逸散着无限可能的漆黑旷野中,阅读与思考是遥远的明灯,交流与追问像脚下的步履,辗转寻觅,终见曙光。此刻唯心存感恩。

首先,非常感谢我的导师赵万民教授。先生常教导我们三句话:①人要活在文化之中;②识进退,知深浅;③一人,一生,只得一种精彩。先生言传身教的不仅是丰富我们头脑的知识,还是提高我们生命境界的情感,更是我们应该树立起的独立的人格和真正的人生信念,我们不应追寻那些急功近利的目标,而应先安顿好自己的心,以出世之精神做入世的事情,吾心便是宇宙,宇宙即是吾心,头脑的风暴何以比得了心灵的风暴!未来我应谨记先生教诲,立志做收拾精神、独立思考、安心立命、返本开新的大丈夫,奉献微薄的力量予真理、予天下。

然后,我要特别感谢我的父母,想说一些不曾说过的话。自己的求学之路很长,只有你们跟我一起扛下了所有,耐心持续了十余载,期望持续了十余载,等待持续了十余载,奉献持续了十余载,默默守护持续了十余载。在你们身上我真正看到了勇敢、担当、乐观与豁达。文字仿佛不足以表达你们给予我的力量,此刻我才感受到心中陡然升起的波澜和在双眼中沸腾的泪水。好男儿志在四方,好男儿更应该为你们做做菜,和你们聊聊天,我不奢望时间慢一些,只能告诉自己,爱你们多一些。

　　同时要感谢重庆大学山地人居环境科学研究团队的李泽新教授、段炼教授、黄瓴教授、黄勇教授、魏晓芳副教授、李云燕副教授、朱猛副教授,廖波博士、孙爱庐博士、杨光博士、何静博士、束方勇博士、冯矛博士、王华博士、李震博士、赵璇博士,以及郭辉、刘畅、史靖源、阴怡然、杨欣师兄,周珊、刘柳、杨黎黎师姐,还有本人论文写作时在工作室学习的 2014 级研究生邓明敏、马佳琪、刘雅莹、王光伟、张涛,2015 级研究生余珍、朱圆玉润、李雅楠、裴沛然,2016 级研究生邓宇、杨静雯、贾慕歆、马晨曦、庞文东,2017 级研究生刘晓东、韩沛卓、赵益麟、代光鑫、李泽伟,2018 级研究生王婷、卢彦君、陈嘉欣、陈智鹏、廖心治、王智、方国臣。特别感谢学妹尤家曜对本人期刊论文的帮助。

　　最后,要感谢参加论文评阅和答辩的诸位专家学者的宝贵意见。感谢已故校友孙才新院士的鼎力推荐,感谢校友唐立新先生的奖学金资助。感谢家人及朋友们的支持和鼓励。

　　推案停笔,山高水长。

李长东
2021 年 3 月 于重庆